Gloy — Was ist Schönheit?

Em. Prof. Dr. Dr. h.c. Karen Gloy promovierte und habilitierte sich in Heidelberg in Philosophie, lehrte dann als Ordinaria an der Universität Luzern (Schweiz), war jahrelang Gastdozentin in Wien, Ulm und an der Ludwig-Maximilians-Universität München.

Karen Gloy

Was ist Schönheit?

Königshausen & Neumann

Bibliografische Information der Deutschen Nationalbibliothek

Die Deutsche Nationalbibliothek verzeichnet diese Publikation in der Deutschen Nationalbibliografie; detaillierte bibliografische Daten sind im Internet über http://dnb.d-nb.de abrufbar.

Gedruckt auf säurefreiem, alterungsbeständigem Papier
Umschlag: skh-softics / coverart
Druck und Bindung: Rudolph Druck, Schweinfurt

Printed in Germany

ISBN 978-3-8260-7647-3

www.ebook.de
www.buchhandel.de
www.buchkatalog.de

Inhalt

I. Einleitung: Begriffsklärungen und Konzeption

Der Begriff Schönheit und sein Oppositum Hässlichkeit sind in aller Munde, nicht nur in der Kunst und Kunsttheorie, sondern auch und gerade im Alltag; denn jeder Mensch will schön sein, sich selbst und insbesondere anderen gefallen, imponieren, von anderen begehrt und geliebt werden; darüber hinaus schmückt er sich mit schönen Gegenständen, indem er schöne Kleider und Schmuck anlegt, wobei er sich oft nicht mit dem bloß äußeren An- und Ablegen von Accessoires begnügt, sondern seinen Körper nachhaltig und teils unrevidierbar mittels Piercing, Tätowierung und kosmetischen Operationen nach dem neuesten Trend verschönern lässt. Auch das Ambiente, mit dem er sich umgibt, Wohnung, Möbel, erlesene Kunstgegenstände dienen seinem Schönheitskult. Das Schönheitsbedürfnis scheint ein allgemein menschlicher Trieb zu sein, der sich bis ins Tierreich hinein verfolgen lässt, indem der Pfau durch Radschlagen bei der Balz zu imponieren versucht, der Auerhahn durch das Spreizen seiner Schwanzfedern, der Kampfläufer (*Philomachus pugnax*) durch das Aufplustern seiner weißen, schwarzen oder orangefarbenen Halskrause, Paradiesvögel mit ihren Schmuckfedern durch Balztänze, der Hirsch mit seinem durchdringenden Röhren bei der Brunft usw.

Doch was bedeutet Schönheit, die man begehrt, bzw. das Gegenteil Hässlichkeit, das man zu vermeiden sucht? Will man eine Abhandlung, sei es ein Buch, einen Artikel, eine Studie über Schönheit abfassen, so gilt es als erstes, den Themenbereich abzustecken und gegen mehr oder weniger ähnliche Umgebungsbegriffe abzugrenzen, kurzum, zu definieren. Da jede Definition letztlich subjektiv ausfällt, ist zunächst die Basis für einen möglichst breiten Konsens zu schaffen. Da es eine Unmenge von Ansichten über Schönheit gibt, in denen sich die persönlichen Meinungen der Autoren spiegeln, hieße der Versuch, gleich anfangs eine Definition von Schönheit geben zu wollen, was Schönheit ist oder sein soll, die Reihe der subjektiven Meinungen, Vorstellungen und Redensarten nur um eine weitere privat-subjektive zu bereichern.

Sucht man im Internet, in philosophischen oder ästhetischen Lexika oder Wörterbüchern nach einer generellen Definition von Schönheit, so sieht man sich enttäuscht, da man eine überzeugende Grunddefinition nicht zu finden vermag. Entweder werden gänzlich deplazierte Angaben gemacht, die der Forderung nach einer echten, adäquaten Definition im platonischen Sinne der Wesensangabe nicht genügen, wie die Schillersche: Wahrheit sei für den Weisen, die Schönheit nur für ein fühlend Herz, oder die Humesche:

die Schönheit der Dinge lebe in der Seele dessen, der sie betrachte, die Morgensternschen: Schönheit sei eigentlich alles, was man mit Liebe betrachtet, die Strindbergsche: wahre Schönheit könne ohne Gutes nicht existieren, die Einsteinschen: das Schönste sei das Geheimnisvolle usw.[1] Wir wollen jedoch nicht wissen, wo Schönheit auftritt und mit welchen anderen Bestimmungen sie einhergeht, sondern was sie ist, wozu eine identifizierende Erklärung erforderlich wäre. Da eine solche eine systematische Gesamtschau über das Seiende voraussetzte, die wir niemals haben werden, müssen wir stets von einem beliebigen Punkt ausgehen und von diesem aus größere Zusammenhänge erschließen, die jedoch beliebig bleiben, da auch ein anderer Ausgangspunkt gewählt werden könnte. Solange wir nicht im Besitze des Ganzen sind, bleibt jede Definition vorläufig, und es gilt das, was Augustin in seiner berühmten Stellungnahme in Bezug auf die Zeit sagte: „Wenn niemand mich fragt, was Zeit ist, so weiß ich's, soll ich's einem Fragenden erklären, so weiß ich es nicht"[2]

Ein nicht selten gewählter Ausgangspunkt unter diesen Umständen ist die Etymologie. Da der Begriff Schönheit und sein Gegenteil Hässlichkeit in den Bereich der Kunst, der Ästhetik, fallen und Ästhetik auf das griechische αἴσθησις = ‚sinnliche Wahrnehmung' zurückgeht, worunter alle sinnlichen Vermögen, vorzüglich das Sehen und Hören, fallen, weniger ausgeprägt der olfaktorische, gustatorische und tastatorische Sinn, wird mit Schönheit vor allem Optisches (schöne Dinge) und Auditives (schöne Melodien) angesprochen, während wir in den anderen Bereichen die Begriffe ‚gut' bzw. ‚schlecht', ‚angenehm' bzw. ‚unangenehm' präferieren. So sprechen wir von einem guten oder angenehmen Geschmack, einem guten oder angenehmen Geruch, einem guten oder angenehmen Tastgefühl, z.B. bei Anfühlen eines Stoffes. Auch von Wohlgeruch oder Wohlgeschmack ist die Rede. Sowohl innerhalb einer Sprache wie zwischen den Sprachen wechseln und modifizieren sich die Begriffe, indem sie entweder allgemeiner und neutraler oder differenzierter und spezieller ausfallen. Statt einfach ‚schön' oder ‚hässlich' brauchen wir dann distinktere Bezeichnungen wie ‚zart', ‚weich',‚sanft' oder ‚grob', ‚hart', ‚süß' oder ‚sauer' usw.[3]

Von alters her unterliegt die sinnliche Wahrnehmung einer Ambivalenz, indem sie sowohl für rein sinnliche Daten gebraucht wird wie auch für begrifflich-kategorial interpretierte, zumindest prästrukturierte Wahrnehmungsgegenstände. Immanuel Kant hat diese Differenz durch einen Un-

1 Liste der Schönheitszitate im Internet http://zitate.net/schönheit-zitate.

2 Augustin: *Confessiones,* Kap. 14: „Sie nemo a me quaerat, scio, si quaeraenti explicare velim, nescio."

3 Auch im Englischen beziehen sich *beautiful* und *pretty* auf Optisches, das allgemeinere und unpräzisere *good* auf *taste* und *smell.*

terschied am Anschaulichen herausgearbeitet, indem er zwischen Form der Anschauung und formaler Anschauung unterscheidet.[4] Ebenso legte Edmund Husserl Wert auf die Unterscheidung von rein sinnlichen Daten und der begrifflich prästrukturierten Wahrnehmung. Schon im Griechischen zeigt sich die Anlage und Tendenz, von der reinen Sinnlichkeit überzugehen zur sinnlich fundierten Begrifflichkeit in den Wahrnehmungsgegenständen, indem beispielsweise νοεῖν ursprünglich sinnliches Schnuppern, Betasten, Beobachten meinte und dann zur geistigen Schau, zum Vernunftbegriff (νοῦς) überging. Ähnliches gilt für das griechische ἰδεῖν, das vom rein sinnlichen Sehen seinen Ausgang nahm und zur geistigen Schau überging und letztlich in den Ideen, dem begrifflich Gefassten, intellektuell Angeschauten, gipfelte. Diese interne Tendenz von der rein sinnlichen Ebene zur geistig intellektuellen nutzte bekanntlich Platon im *Symposion*[5] für seine Schönheitskonzeption, die einen Aufstieg vorsieht von der sinnlich gestalthaften Ebene, welche der Bereich des Künstlers bei seinen idealtypischen Gestaltungen ist, über das geistig Gestaltete wie Gesetze, Verfassungen, Institutionen bis hin zum rein geistig Schönen, der Idee der Schönheit selbst. Er zeichnete so einen im Wahrnehmungsschönen angelegten und von ihm ausgehenden Stufenweg nach.

Verbunden ist damit gleichzeitig, dass sich Schönheit – Entsprechendes würde für Hässlichkeit gelten – nicht oder nicht nur auf rein sinnliche Daten bezieht, sondern stets auf die begrifflich interpretierte Kombination von Daten, also auf die Zusammennahme derselben zu einem Ganzen, eine Einheit aus Vielheit. Nicht das einzelne Datum: blau, rot, grün, hell, dunkel ist schön, vielmehr die Bläue des Himmels, das Smaragdgrün des Meeres, die Form des Gesichts oder des Körpers, die aus Einzelteilen und ihrer spezifischen Synthesis besteht. Sowohl in Bezug auf die Natur wie in Bezug auf die Kunst, in der die Natur abgebildet oder dargestellt wird, mithin in Bezug auf das Natur- wie das Kunstschöne, geht es um die besondere Art der Zusammenstellung und -fügung der Teile zu Ganzheiten, wie sie in Lebewesen, Gegenstände, Landschaften u.ä. vorkommen.

Wenn wir nach Schönheit oder Hässlichkeit fragen, eröffnet sich sofort ein Streit darüber, ob diese Begriffe objektiver oder subjektiver Art sind, d.h. im Objekt oder im Subjekt gründen oder in der Relationalität zwischen beiden. Ist Schönheit bzw. Hässlichkeit in der Objektivität der Dinge und Verhältnisse vorgegeben oder seitens des Subjekts gemacht? Grob umrissen zeichnen sich in der abendländischen Geschichte drei Stadien ab. Während Antike und Mittelalter einen Objektivismus vertraten, Schönheit und ihr

4 Immanuel Kant: *Kritik der reinen Vernunft* B 67.

5 Vgl. ausführlich S. 129 ff. dieser Arbeit..

Oppositum als objektive Gegebenheiten konstatierten, war die Neuzeit von einem Subjektivismus, einer rein subjektivistischen Schönheits- bzw. Hässlichkeitsauffassung in der Emotionalität des Menschen, im Gefühl oder Geschmack überzeugt, während die Gegenwart eine gewisse Berechtigung beider Konzeptionen anerkennt und die Lösung in der Relationalität zwischen Objekt und Subjekt sieht. Suchte die antike Philosophie und in ihrem Gefolge die mittelalterliche nach objektiven Kriterien von Schönheit und Hässlichkeit und meinte, solche vor allem in Ordnung und Maß, in Proportionalität, Symmetrie und Harmonie oder ihrem Gegenteil zu finden, so war die Neuzeit davon überzeugt, dass Schönheit bzw. Hässlichkeit ausschließlich in Empfindung und Gefühl, im subjektiven Geschmacksurteil bestehe. Die Querelle des Anciens et des Modernes hatte Auswirkungen auch auf den Begriff von Schönheit und Hässlichkeit. Schon 1625 hatte Francis Bacon in seinen *Essayes or councels civil and moral*[6] die These vertreten, dass Schönheit sich nicht in Gesetze und Regeln fassen lasse. Und im Jahre 1683 begründete Claude Perrault diese Wende damit, dass er jede mathematisierbare, berechenbare objektive Schönheitsvorstellung mit den Worten bestritt:

> „Die sogenannten harmonischen Proportionen sind [...] durch zufällige Verknüpfungen [...] im Verlaufe der Zeit durch gewohnheitsmäßige Verwendung zu Normen herangewachsen. Genau so gut hätten andere Zahlenverhältnis ihren Platz einnehmen können.“[7]

Zum geflügelten Wort wurden im 18. Jahrhundert Formulierungen wie: ‚Schön ist, was gefällt‘, ‚hässlich ist, was missfällt‘ oder ‚Über Geschmack lässt sich nicht streiten‘ (*de gustibus non est disputandum*) sowie ‚Schönheit und Hässlichkeit liegen im Auge des Betrachters‘, und zwar einzig in diesem, womit die reine Subjektivität betont und begründet wird.

Der englische Empirismus, vertreten durch David Hume, der auch Immanuel Kant nicht unbeeinflusst ließ, führte die objektive Ästhetik auf die rein subjektive Emotionalität, das Empfindungsvermögen des einzelnen Subjekts, zurück. In seinem Essay *Of the Standard of Taste* erklärte er, dass „Schönheit und Häßlichkeit noch mehr als süß und bitter [...] nicht Eigenschaften von Objekten [sind], sondern [...] ganz und gar auf dem Gefühl [beruhen].“[8] Nicht anders bestritt auch Edmund Burke die klassische Theorie

6 Francis Bacon: *Essayes or councels civil and moral* XLIII („Of beauty“).

7 Claude Perrault: *Ordonnance des ciqe espèces de colonnes selon la Méthode des anciens*, Paris 1683 (übersetzt v. Verf.).

8 David Hume: *Of the Standard of Taste*, in: *Four Dissertations* (*The Natural History of Religion, Of the Passions, Of Tragedy, Of the Standards of Taste*, London 1757), deutsche Überset-

von der Proportionalität und lehnte jede Geometrisierung und Mathematisierung der objektiven Schönheit ab.

Beeinflusst einerseits von dem Empiristen David Hume, andererseits von dem Rationalisten Alexander Gottlieb Baumgarten, der ästhetische Urteile über Schönheit und Hässlichkeit als Erkenntnisurteile, wenngleich unbestimmte, definierte, deren sinnliche Basis durch logische Begriffe ihre Vollendung erhielten, ging Kant von einer eigentümlichen Mittelstellung der Ästhetik zwischen Erkenntnis und Handlung aus. Während die Erkenntnistheorie die materielle Vorgegebenheit der Gegenstände voraussetzt, auch wenn diese der Form nach vom Subjekt konstituiert werden, und die Handlungstheorie (Ethik) die Dinge im zweckgebundenen Handeln nach intelligiblen Ideen hervorbringt, nimmt die Ästhetik eine mittlere Position ein, indem sie die Dinge zwar voraussetzt, welche im individuellen Subjekt ein Gefühl der Lust oder Unlust erzeugen, unterstellt aber im Geschmacksurteil das Hinzukommen eines subjektiven Allgemeinbegriffs, der einerseits subjektiv bleibt, andererseits Anspruch auf Allgemeinheit erhebt, d.h. im Klartext auf ein Expertenwissen abzielt. Erzeugt werden soll im ästhetischen Urteil ein interesseloses Wohlgefallen, was nichts anderes heißt als eine Zwecksetzung, die dennoch ohne Zweck ist. Da wegen dieser Widersprüche die Kantische Ästhetik von ihren Vorgaben her nicht verständlich ist, hat sie trotz ihrer häufigen Zitation in der Literatur auf die neueren Ästhetiken keinen sonderlichen Einfluss gehabt. Die *Kritik der Urteilskraft* hatte für Kant die eigentliche Aufgabe, die zwei vorausgehenden Kritiken, die *Kritik der reinen Vernunft* und die *Kritik der praktischen Vernunft*, in einer dritten zu verbinden.

Widmeten sich die antike und die mittelalterliche Ästhetik vorrangig der begrifflichen Klärung des Schönheits- bzw. Hässlichkeitsbegriffs und der Auffindung objektiver Symptome für beide und die neuzeitliche Ästhetik vorrangig der subjektiven Empfindungs- und Gefühlsdimension, so kommt die moderne Ästhetik nicht umhin, auf die Relation bzw. Wirkung des objektiven Natur- oder Kunstschönen auf das Subjekt und sein Empfinden einzugehen. Auch wenn die heutigen Theorien jeweils aus der Perspektive ihres Faches und Zugangs diese Relation interpretieren, beispielsweise die Psychologie Sigmund Freuds das Schönheitsstreben als geistige Ersatzfunktion der physischen Libido, die Neurophysiologie als neuronale Vorgänge und Vernetzungen im Gehirn, die biologische Evolutionstheorie als Selektion und Vererbung von Symptomen, die zwischen den Geschlechtern als schön oder hässlich gelten, so kommt keine Theorie umhin, die objektiven Kriteri-

zung: *Über die Regeln des Geschmacks*, in: *Materialien zu Kants ‚Kritik der Urteilskraft'*, hrsg. von Jens Kulenkampff, Frankfurt a. M. 1974, S. 43-64, bes. S. 45.

en der Schönheit bzw. Hässlichkeit herauszufinden, die im Subjekt einerseits das Wohlgefallen und Wohlbefinden, andererseits das Abgestoßensein und den Ekel auslösen. Von Lust und Unlust, von denen man früher sprach, soll hier abstrahiert werden, da diese mehr in den Bereich exzentrischer Erfahrungen gehören, wie sie bei ekstatischen Tanzveranstaltungen, beim Skifahren im Pulverschnee oder Rafting in Wildbächen auftreten als bei der stillen, andächtigen Bewunderung eines Madonnenbildes von Raffael.

Nach diesen Vorüberlegungen lässt sich nun schon genauer bestimmen, wonach wir in dieser Abhandlung suchen. Wir suchen nach objektiven Kriterien für Schönheit bzw. Hässlichkeit, die in uns notwendig ein Gefühl des Wohlbefindens oder des Abscheus auslösen oder, noch schärfer formuliert, wir suchen nach einem Universalbegriff von Schönheit und Hässlichkeit, der immer und überall, zu allen Zeiten und in allen Kulturen auftritt, nicht nur in gewissen Epochen und bei spezifischen Völkern und Gruppen oder gar nur bei einem einzelnen Individuum. Ob es einen solchen zeit- und kulturübergreifenden Allgemeinbegriff gibt, muss vorerst unentschieden bleiben.

Auf der einen Seite stellen wir einen rasanten Wechsel der Mode fest, der nicht nur das Aussehen von Personen betrifft, ihre Frisuren, Barttracht, Kleidung, Wohnungen, ihre Gebrauchsgegenstände, sondern auch ihre Verhaltensweisen, Ideale, ethischen und moralischen Prinzipien und was daran hängt, die juristischen Begriffe und *last but not least* die Sprache und ihr Vokabular. Vergleichen wir die Schönheitsvorstellungen der Großväterepoche mit gebügelten weißen Hemden, steifen Manschetten und sogenanntem Vatermörderkragen mit der legeren sportlichen Bekleidung der Gegenwart oder den Wandel der Automodelle von den schwerfälligen Gefährten um die Wende des 19. Jahrhunderts zum 20. mit den Sportwagen von heute, die allerdings auch durch die Entwicklung und den Fortschritt der Technik bedingt sind, so ist die Veränderung unübersehbar. Was wir gestern schön fanden, erscheint uns heute altmodisch, ungefügig oder langweilig und damit unschön oder gar hässlich. Jede Zeit, jede Gesellschaft und auch jede Kultur hat ihre eigenen Vorstellungen von Schönheit und dem Oppositum und meist nicht nur jedes Kollektiv, sondern auch jedes Individuum. Was ich als schön empfinde, muss mein Nachbar noch lange nicht gelten lassen. Wie sehr die Vorstellungen von Schönheit und Hässlichkeit zwischen den Kulturen divergieren, zeigte jüngst ein ethnologischer TV-Film von einem sibirischen Volk von Rentierzüchtern, die eine für die westliche Zivilisation grausame und hässliche Jagd auf Ren vornehmen durch Fesselung eines der Hinterbeine und doppelte Fesselung der Vorderläufer, wodurch das Tier qualvoll zu Boden gezogen wird, dann durch das Durchtrennen des Halses und Enthäuten und den rohen Verzehr des blutigen Fleisches, weil nur so die Menschen Kraft zum Überleben haben. Der Volksstamm wehrt sich vehement gegen westliche Tötungsmethoden, die er für grausam und hässlich hält, während er an seinen ‚schönen' alten Traditionen und Ritualen unbehindert festhalten will.

Auf der anderen Seite lässt sich nicht bestreiten, dass die antike Schönheitsvorstellung durch die abendländische Geschichte hindurch bis heute als Maßstab und Paradigma gewirkt hat,[9] und selbst wenn es heute eine ‚hässliche Kunst' gibt und vom Schönheitsideal generell Abschied genommen wird und in der modernen, abstrakten Ästhetik andere Maßstäbe gelten wie Experimentierfreude und Farbkompositionen, wird man nicht bestreiten können, dass die antiken Figuren und Statuen noch immer als schön empfunden werden. Scheint dies nicht auf einen Generalbegriff der Schönheit zu weisen? Und so verschiedenartig die kulturellen Schönheitsideale sein mögen, sei es in Fernost, Afrika oder Südamerika, beurteilen wir nicht nach einer Phase der Überwindung des Fremden und Ungewohnten die einen Kunstgegenstände als kunstfertiger, aussagekräftiger und schöner als die anderen? Wir maßen uns an, in Museen die einen Gegenstände für älter und weniger ausgefeilt, die anderen für jüngere und fortgeschrittener zu halten, auch wenn es sich um fremde Kulturen handelt. Deutet das nicht auf einen wenngleich nur schwer formulierbaren Universalbegriff der Schönheit? Einwenden ließe sich, dass ‚fortgeschrittener' und ‚aussagekräftiger' nicht gleich ‚schön' bedeuten. Selbst ein griechischer Satyr ist aussagekräftig, aber damit nicht schön. Und verlangt nicht die Überwindung der Fremdheit und des für uns Hässlichen zunächst eine Erziehung und Gewöhnung und Tradition im Rahmen eines ganz anderen Kontextes, um als schön akzeptiert zu werden?

Die Frage nach einem Allgemeinbegriff läuft in der Tat darauf hinaus, ob es bezüglich Schönheit und Hässlichkeit letztlich nur zeit- und kulturspezifische Vorstellungen gibt oder eine universelle.

Methodisch hat die Arbeit mit einem Problem zu kämpfen: Wir suchen nach einem Universalbegriff der Schönheit bzw. Hässlichkeit, müssen tatsächlich aber kultur- und epochenverhaftet von unseren gegenwärtigen Vorstellungen ausgehen, welche in anderen Kulturen und anderen Zeiten nicht selten als das Gegenteil betrachtet werden und somit der Relativität unterliegen. Das Problem lässt sich nur so lösen, dass wir von der eigenen kulturellen Gegenwart ausgehen und die fremden, andersartigen Kulturen und

9 Auf der anderen Seite darf nicht vergessen werden, dass die Griechen nicht nur schöne Personen und Dinge abbilde-ten und literarisch beschrieben, sondern auch hässliche gnomische, chthonische, dionysische, die in den Depots der Museen den Augen der Öffentlichkeit verborgen werden. Literarisch in den Dramen sind sie eher zugänglich.

Zeiten zum Vergleich heranziehen, die das, was wir schön nennen, gegebenenfalls für hässlich erklären und umgekehrt.

Auf der Suche nach Kriterien gehen wir von allgemeinmenschlichen Zugängen und Erschließungsweisen aus, die sich in allen Kulturen und Zeiten finden, wie biologische, psychologische, soziologische, erkenntnistheoretische, mathematische, ethische usw., so dass sich die folgende Einteilung ergibt:

1. Schönheit als Attraktivität von Personen, Gegenständen und Verhältnissen (persönliche, landschaftliche und gesellschaftliche Attraktivität) auf evolutionstheoretischer Basis,
2. Schönheit als Verschönerungssucht des Menschen aufgrund eines angeborenen Verschönerungstriebes,
3. Schönheit als Magie von Zeichen und Ornamenten auf soziologischer Basis,
4. Schönheit als „Ins-Werk-Setzen" der Wahrheit, wie Heidegger sich ausgedrückt hat, womit er den Ausdruck des Typischen an den Dingen in epistemologischer Hinsicht meint,
5. Schönheit als Struktur von Ordnung, Maß, Proportanalität u.ä auf der Basis einer mathematisch-geometrischen Analyse,
6. Schönheit als Spiegelung des Inneren im Äußeren auf ethischer Basis.

Möglicherweise lassen sich weitere Zugänge finden, obgleich diese die meist genannten und diskutierten sind.

Obzwar jeder dieser Zugänge ein einzelner und spezifischer ist, ermöglichen sie erst in ihrer Gesamtheit die Vorstellung von Schönheit, denn es wäre unvorstellbar, dass Maß, Proportionalität, Harmonie usw. aufträten, ohne dass dies Attraktivität auslöste und umgekehrt oder dass Wahrheit ans Licht käme, ohne dass dies zugleich Spiegelung des Inneren im Äußeren wäre. Die Zugangsweisen und Kriterien sind untereinander vernetzt. Man könnte die Situation mit der platonischen συμπλοκὴ τῶν γενῶν, der Gleichoriginalität und Gleichrangigkeit der Bestimmungen vergleichen. Nichtsdestoweniger wird sich zeigen, dass auch ihre Opposita noch keine absolute Schönheit ausmachen, vielmehr stets das Gegenteil hinzukommen muss, um nicht für monoton und langweilig zu gelten.

Zu unterscheiden ist noch zwischen dem Nicht-Schönen, der bloßen *Negation* von Schönheit, und der *Opposition* zum Schönen, dem Hässlichen. Der Unterchied ist insofern wichtig, als wir seit dem 18./19. Jahrhundert gewohnt sind, Kunst mit den *belles arts* zu identifizieren und so eo ipso mit Schönheit zusammen zu denken. Angesichts der Tatsache, dass es heute auch eine ‚hässliche Kunst' gibt, wäre dies eine *contradictio in adiecto*, es sei denn, man verstünde ‚hässliche Kunst' als ‚Kunst des Hässlichen', was implizierte, dass das Sujet zwar hässlich ist, die Darstellung und Darstellungsmittel aber schön und mildernd wirken und so die Kunst zum Medium auch für Hässliches machen.

Im weiteren Verlauf der Diskussion um Schönheit werden nicht nur strukturelle Fragen im Mittelpunkt stehen, sondern auch metaphysische, speziell ontologische, die letztlich auf einen theologischen Horizont[10] weisen, was in unserer Denk- und Sprachstruktur begründet ist, die auf Letztbegründung zielt.

Der Begriff Schönheit ist traditionell austauschbar mit den Begriffen des Guten und Wahren (Gutheit und Wahrheit), die für die transzendente göttliche Dimension stehen, unterscheidet sich aber von diesen durch die Besonderheit des Ausstrahlens des Göttlichen auf die reale Welt, des Hineinscheinens in diese. Damit wird ein traditionell theologisches Problem anvisiert, das der Beziehung der Transzendenz zur Immanenz, das aus dem europäischen Denkkonzept der Absolutheit und Relativität nicht wegdenkbar ist.[11]

Anvisiert werden sollen drei Möglichkeiten bezüglich Schönheit und Hässlichkeit, die auch der historischen Entwicklung entsprechen. Die erste Position, die von der platonischen Philosophie verkörpert wird, geht von der grundsätzlichen Zugänglichkeit der Transzendenz aus, wofür ein besonderes Vermögen angesetzt wird, sei es der νοῦς, die intellektuelle Anschauung oder das μύειν, wie es die Mystik in der Versenkung, praktiziert, auch wenn die rationale Bestimmung der Transzendenz durch die Negation aller endlichen Prädikate, positiver wie negativer, bestehen bleibt. Die Konsequenz ist eine Koinzidenz des Schönen und des Hässlichen im Göttlichen, während ihre Entäußerung das Schön-Hässliche oder das Hässlich-Schöne ist. Diese Position nimmt weiter ein Hineinreichen oder Scheinen der Transzendenz in die Immanenz an, die den Schein innerhalb der Welt begründet.

Mit dem historischen Verlust des Zugangs zur Jenseitigkeit und der epistemologischen Verhaftetheit im Diesseits wird das Problem von Sein und Schein fragwürdig, könnte es doch sein, dass die Relation des Diesseits zur jenseitigen Welt entfällt und bloßer Schein bleibt. Die Welt wäre nicht mehr Erscheinung eines Dings an sich, sondern bloßer Schein, wenngleich schöner Schein. Die Konsequenzen lassen sich am Narziss-Problem studieren. Wie kann innerhalb eines nur noch selbstreferentiell zu denkenden Ganzen,

10 Theologisch meint hier nicht eine bestimmte Konfession, sondern ein Grundproblem europäischer Philosophie.

11 Vgl. dazu: Karen Gloy: *Vernunft und dass Andere der Vernunft*, Freiburg, München 2001, S. 102-105; dies.: *Zwischen Glück und Tragik*. Philosophische Daseinsdeutungen, München 2014, S. 29-65; dies.: *Die Philosophie des deutschen Idealismus*. Eine Einführung, Würzburg 2021, S. 94-100.

einer solipsistischen Welt, das Gegenüber des Ich-Subjekts, das Objekt, als das Eigene, Substantielle erkannt werden und nicht als bloßer Schein? Der Dichter Arthur Rimbaud hat die Schwierigkeit durch die Formel wiedergegeben: „Je c'est un autre", die Jacques Lacan fortgeführt hat in seiner Psychologie, dass jedes Selbst ein scheinhaftes ist, was auch für die Konstruktion einer solipsistischen Welt gilt.

Mit der letztinstanzlichen Setzung der Immanenz, der diesseitigen Welt als Scheinwelt, konzentriert sich das Interesse auf die alleinige Analyse dieser und entdeckt in ihr heterogene, ja oppositionelle Momente: schöne harmonische wie unschöne disharmonische oder, mit Nietzsche zu reden, Apollinisches und Dionysisches. Anhand von Thomas Manns Novelle *Der Tod in Venedig* soll die destruierende Verführungsmacht des Schein-Schönen aufgezeigt werden, die zum Untergang führt.

Der geschichtliche Weg, den unsere Tradition am Leitfaden der Schönheit gegangen ist, erscheint so als ein sachlich begründeter, nicht ein nur zufälliger Verlauf. Für die Suche nach einem Universalbegriff Schönheit bedeutet dies, dass im Göttlichen Schönheit und sein Oppositum Hässlichkeit zusammenfallen, während sie in der Welt koexistieren als Schön-Hässliches bzw. Hässlich-Schönes und in den jeweiligen Kulturen und Epochen getrennt und relativiert als Schönes und als Hässliches bzw. als das jeweilige Gegenteil auftreten. Dass wir aufgrund dieser sachlichen Konstruktion und Relativität keinen Universalbegriff Schönheit finden (ebensowenig einen der Hässlichkeit), versteht sich von selbst, und so ist es nicht verwunderlich, wenn Theodor Adorno konzediert, dass es keine Definition für Schönheit gibt.

II. Hauptteil A: Funktionsspezifische Begründung

1. Schönheit als Attraktivität – evolutionsbiologische Begründung

Die phänomenologisch nicht zu bestreitende Relation zwischen der Schönheit eines Objekts, sei es eines Menschen, seiner Umgebung oder der Gesellschaft, in der er lebt, und dem Wohlgefühl des Subjekts, die sich als Kausalverhältnis auffassen lässt, findet in neueren und modernen Theorien eine evolutionsbiologische Erklärung, die qualifiziert zu sein scheint, einen universellen, zumindest einen generellen Schönheitsbegriff zu legitimieren; denn was ließe sich weniger bestreiten als eine naturalistische Erklärung, die sich experimentell bestätigen lässt. Hier hätten wir es nicht nur mit einer willkürlichen Hypothese zu tun, sondern mit einer unbestreitbaren Tatsache.

Diese Theorie geht prinzipiell auf Charles Darwin zurück, der sie in Bezug auf alle Lebewesen – menschliche, tierische wie pflanzliche – anwandte. Er nahm an, dass gewisse Merkmale und Merkmalskomplexe, wie immer sie entstanden sein mögen, ob durch kontingente Mutation oder umweltbedingte Notwendigkeit, sich für eine bestimmte Art von Lebewesen, z.B. für den Homo sapiens (ebenso wie für eine bestimmte Tier- oder Pflanzenart) als wohlgefällig und attraktiv erweisen, sprich, als schön, so dass sie durch sexuelle Selektion immer wieder vererbt wurden und werden und so auf lange Sicht eine anthropogene Stabilität begründen, die die jeweilige Art typenmäßig auszeichnet. Obgleich die Evolution ein Prozess ständiger Veränderung und Adaptation ist, der nicht nur die Entstehung der heute lebenden Arten herbeigeführt hat, sondern auch die Entstehung neuer Arten in Zukunft nicht ausschließt, hat er für jede der heute vorfindlichen Arten den ihr zugehörigen Typ von Schönheit hervorgebracht und auf lange Zeit festgelegt, ganz abgesehen von den kulturell, geologisch, geographisch, klimatisch und anderweitig bedingten Modifikationen.

Wenngleich Darwins Theorie rein biologisch ist und auf die Erklärung der äußeren Erscheinung, des Aussehens der Lebewesen, hier speziell des Menschen, gerichtet ist, darf sie von Anfang an nicht zu eng gefasst werden, da sie auf das Überleben der Menschengattung abzielt, hierzu aber nicht nur die Vererbung und Weitergabe der äußeren geschlechtsspezifischen Schönheitsmerkmale eine Rolle spielt, sondern auch der Lebensraum, der die natürliche Umgebung des Menschen ausmacht, in der er lebt und sich einrichtet, und soziologisch die Gesellschaft, die ihn trägt. Diese sind mit zu bedenken, obwohl die bisherigen Theorien und Studien fast ausschließlich auf die geschlechtsspezifischen physiologischen Schönheitsmerkmale abstellen.[12] Unsere Untersuchung wird daher alle drei Gebiete umfassen, *erstens* die äußere Gestalt des Menschen, *zweitens* die Umgebung, die Landschaft, in der er lebt und arbeitet, und *drittens* die Gesellschaft, der er sozial angehört und die er präferiert.

(1.) Körperliche Schönheit[13]

Darwin war der erste, der auf die markanten, imponierenden Schönheitsattribute und -gebaren im Tierreich beim Paarungsverhalten hinwies, die inzwischen um ein Vielfaches erweitert wurden, deren imposanteste und merkwürdigste nicht nur das großartige, farbenprächtige Rad des Pfaus und das Röhren der Hirsche und ihre Schaukämpfe sind, sondern das Anlegen und Schmücken von Lauben und Tanzplätzen mit ausgesuchten bunten Beeren der Laubenvögel, besonders des Goldlaubenvogels, oder der sogenannte Moonwalk der Gelbhosenpipras, der an Michael Jacksons Tanzschritte erinnert, die alle auf das Imponieren beim anderen Geschlecht und auf Aufmerksamkeitserheischung abzielen. Entsprechend der Darwinschen These vom *survival of the fittest*[14] ist *fittest* identisch mit *prettiest.* Der schönste unter den männlichen Bewerbern ist der, der die meisten Chancen bei den Weibchen hat, um seine Gene an die Nachfolgegeneration weiterzugeben. Kraft, Mächtigkeit, Größe, Überlegenheit und Durchsetzungsfähigkeit des männlichen Geschlechts und entsprechend auf der Seite des weiblichen Fertilität und Maturität sind hier die Kriterien von Schönheit und Attraktivität, und so lautet ein Buchtitel der amerikanischen Feministin Nancy Etcoff *Survival of the Prettiest.*[15] Eingehend schildert sie sowohl in der Natur wie speziell im menschlichen Bereich die Schönheitsmerkmale beider Geschlechter und ihre Entstehung, die die Attraktivität auslösen.

> „In the animal world, gaudy plumage and huge body ornaments

12 Eine Ausnahme bildet Klaus Richter: *Die Herkunft des Schönen.* Grundzüge der evolutionären Ästhetik, Mainz 1999, S. 129-148.

13 Zu diesem Kapitel vgl. Manfred Hassebrauck, Reiner Niketta: *Physische Attraktivität,* Göttingen, Bern, Toronto, Seattle 1993; Mona Mons, Isabelle Tacheron: *Schön wär's!* Junge Frauen zwischen Idealvorstellungen und Realität, Lucerne University of Applied Sciences and Arts, Luzern 2015; Matthias Huber: *Die Ästhetik des Menschen.* Ästhetisches Erleben, Attraktivität, Schönheit und Liebe, Diss. phil. Universität Münster (Westf.), 2009, bes. S. 205-248.

14 Vgl. Charles Darwin: *The Works of Charles Darwin*, ed. by Paul H. Barett and Richard Broke Freeman, Vol. 22: *The Descent of Man and Selection in Relation to Sex*, Part 2, London 1989, S. 373 ff. (Chapter XIII: „Sexual Characteristics of Birds").

15 Nancy Etcoff: *Survival of the Prettiest.* The Sience of Beauty, New York 1999.

> emerge at sexual maturity, and animals reserve their brightest colors for courting displays. Caterpillars turn into butterflies, and peachicks explode into the psychedelic colors of the peacock when it is time to reproduce. Flowers are alluring landing strips for pollinating insects: they are the plant world's sex objects. Throughout the natural world, beauty is the harbinger of sexual reproduction.
> At puberty, male and female bodies shed their string-bean torsos and emerge with new shapes, curves, and angles. Boys' voices deepen, their skin darkens, their muscle mass increases, and their faces acquire dominant jaws and brow ridges. A girl's skin lightens and her lips swell from surges of estrogen. Her body acquires the extra fat it will need to support reproduction, and sequesters it in hips and breasts. Her once tubular torso rounds into an hourglass."[16]

Dieser These ist ex negativo zuzustimmen; denn niemand wird ein von Natur aus deformiertes Geschöpf, sei es einen Wasserköpfigen, Buckligen, Hinkenden oder einen Krüppel und ebenso wenig einen Riesen- oder Zwergwüchsigen oder einen Einäugigen wie Polyphem aus der griechischen Sage als schön betrachten. Schönheit zielt auf ein Mittelmaß, einen Durchschnitt, wie es gemäß moderner Terminologie heißt, während man früher vom Wesen des Menschen bzw. dem Typischen des Menschen sprach, wobei die Durchschnittlichkeit durch das fotografische oder technische Übereinanderlegen von Gesichtern und Gestalten, das sogenannte Morphing, ermittelt wird. Es zeigt den Durchschnitt der Formen gewöhnlich schöner und symmetrischer, als es die Einzelgestalt in concreto ist. Moderate Abweichungen vom menschlichen Idealtyp, die bei allen konkreten Menschen vorliegen, werden toleriert, während extreme Abweichungen nicht geduldet werden. Das zeigt sich beim Kinderverhalten, das oft erschreckend brutal und grausam gegenüber Abweichlern ist, welche dann gehänselt, gemobbt und aus der Gemeinschaft ausgestoßen werden, bis eine kulturelle Pädagogik sie eines anderen belehrt und zur herrschenden Moral erzieht.[17]

Wie es einen auf das Schema von Säuglingen und Kleinkindern festgelegten Trieb gibt,[18] der auf Fürsorge und Schutz zielt, so gibt es offensicht-

16 A.a.O. S. 57.

17 Empirische Studien mit Kleinkindern, die noch nicht kulturell auf ein bestimmtes Schönheitsideal geprägt sind, sollen angeblich belegen, dass Kinder, wenn man ihnen Fotos unterschiedlicher Gesichter und Gestalten vorlegt, länger bei schönen Gestalten verweilen.

18 Der sogenannte Kindchenschema-Trieb, vgl. Manfred Hassebrauck, Reiner Niketta: *Physische Attraktivität*, a.a,O., S. 19.

lich auch einen Schönheitstrieb, der auf natürliche Schönheit im Sinne eines menschlichen Mittelmaßes fixiert ist und der Abweichungen von ‚nicht schön' bis ‚hässlich' innerhalb eines bestimmten Rahmens konstatiert.

Dass die Schönheitsvorstellung nicht unabhängig von Sexualität ist, und zwar von der beider Geschlechter, bezeugt die oft gehörte Redeweise: „Das ist eine schöne Frau" bzw. „Das ist ein toller Mann" im Sinne, der oder die ist sexy, auch wenn nicht geleugnet werden kann, dass es nicht erregende, kühle Schönheitsideale gibt, wie die altägyptische Nofretete-Büste oder, auf die Moderne bezogen, die kühle, abweisende Schönheit der Grace Kelly, der späteren Fürstin von Monaco, oder, bezüglich des männlichen Geschlechts, alte, weißhaarige, edle Gestalten, die Macht und Würde ausstrahlen, wie der venezianischen Doge Andrea Gritti auf einem Gemälde oder der von Platon geschilderte etwa 60jährige Parmenides im gleichnamigen Dialog.

Der physiologische Schönheitsbegriff, der auf die äußere Erscheinung, die Gestalt, abgestellt ist, kann in verschiedenen Kulturen und selbst innerhalb derselben Kultur zu verschiedenen Epochen variieren. Während die heutige Schönheitsvorstellung im Westen – bezogen auf das feminine Geschlecht – das Schlankheitsideal präferiert bis hin zur Magersucht und Dürre der Twiggyfigur mit eckigen und kantigen Körperformen, der Models mit einer Kleidergröße 36, die, abgemagert bis zum Gerippe, oft an Bulimie und Essstörungen leidend, über den Laufsteg stolpern, gab es andere Zeitalter, die Korpulenz und Leibesfülle à la Rubenscher Figuren bis hin zur Adipositas präferierten.

Bekannt ist, dass die afrikanische Schönheitsvorstellung von der westlichen insofern abweicht, als sie bestimmte Körperteile wie Gesäß und Oberschenkel akzentuiert. In Fertilitätsidolen werden diese nicht nur dargestellt, sondern auch verehrt. Wenngleich diese einen magischen Charakter haben und der Wunscherfüllung dienen sollen, handelt es sich um Wunsch- und Idealvorstellungen, die Schönheit definieren. Auf den Wänden nubischer Tempel und Gräber wird die Kandake, die weibliche Form von Pharaonen, die das Land regierte,[19] oft anstelle eines unmündigen Königs und Thronerben oder auch ganz selbständig aufgrund ihrer Macht,[20] gleichrangig mit den Göttern und den männlichen Pharaonen dargestellt und wie diese idealtypisch schön, aber wesentlich korpulenter und fülliger als ihre männlichen Pendants, was auf ein anderes Schönheitsideal deutet. Ebenso ist bekannt, dass Südseevölker ihre heiratsfähigen Mädchen auf spezielle Inseln schickten, um sie dort mit Hähnchen füttern zu lassen, um ihnen ein gesünderes und schöneres Aussehen zu verleihen. Dabei lässt sich feststellen,

19 Das Suffix *ke* weist auf den Inhaber von Institutionen, Ämtern und Besitzungen.

20 Sie waren dann Ehefrau und Schwester eines verstorbenen Pharaos gemäß Geschwisterehe.

Pylon eines nubischen Tempels
links schlanker Pharao, rechts füllige Kandake
Foto: Karen Gloy

Tempelwand: links korpulente Kandake,
rechts schlanker Pharao
Foto: Karen Gloy

dass das Nahrungsangebot eine nicht unwesentliche Rolle bei der Festsetzung von Schönheit spielt. Kulturen mit reichlichem Nahrungsangebot wie unsere Wohlstands- und Überflussgesellschaft präferieren im Kontrast das Schlankheitsideal, solche, die an Nahrungsmangel leiden und am Existenzminimum leben wie Naturvölker oder unterentwickelte Völker, präferieren hingegen Fülle, die sogenannte Vollschlankheit, die dem Wunschziel nach Nahrungsfülle entspricht.

Auf maskuliner Seite verhält es sich eher umgekehrt. In androgenen Gesellschaften wie der antiken griechischen, in der das männliche Ideal im Vordergrund stand, war es der kräftige, sportlich trainierte, edle, symmetrische Körper, wie er in den Gestalten des Hermes von Praxiteles, dem Diskuswerfer, dem speerschwingenden Zeus oder dem polykletischen Doryphoros zum Ausdruck kommt, der das Ideal abgab. Ebenso betonen die altägyptischen Darstellungen der Pharaonen durch den frontal ansichtigen Thorax und die Oberarme, die durch das Halten eines Gegenstandes, ursprünglich einer Papyruspflanze, gestrafft und gestärkt erscheinen, das kräftige maskuline Ideal, während die heutige westliche Schönheitsvorstellung, wie sie von der Bodybuildingindustrie unterstützt und gefördert wird, auf Muskelprotze vom Typ der Schwergewichtheber geht und zum Vorbild den Filmschauspieler Arnold Schwarzenegger, den heutigen Gouverneur von Kalifornien, hat. In Japan scheinen auch die hähnchengefütterten, aufgeschwemmten Sumokämpfer ein maskulines Bild von Schönheit abzugeben.

Die Schönheitsideale mögen innerhalb des vorgegebenen Rahmens voneinander abweichen, sogar gegensätzlich sein, sofern es sich gemäß der evolutionsbiologischen Begründungsthese von Schönheit um die sexuellen Merkmale beider Geschlechter handelt, zielen sie auf Fertilität, Erzeugung einer Nachkommenschaft, Erhaltung des Individuums, der Art und der Gattung. Sie laufen auf Eigenschaften hinaus, die diese fördern und unterstützen, wie Jugend, da das Pubertäts- und Adoleszenzalter hierzu qualifiziert ist, auf Gesundheit, Kraft und Stärke, welche hierzu erforderlich sind, ebenso auf Symmetrie und Proportionalität des Körperbaus, die das optimale Austragen eines gesunden Kindes ermöglichen. Und doch sind die Volksstämme von unterschiedlicher Größe bzw. Kleinheit und haben ihre je eigenen, selbst widersprüchlich erscheinenden Maßstäbe, so dass die Schönheitsvorstellungen eines Pygmäenstammes nicht unbedingt unseren Vorstellungen konform sein müssen. Auch andere Kriterien wie Haarfülle als Indiz für einen guten hormonellen Zustand oder glatte Haut, ebenmäßiger Teint als Indiz für die Absenz von Parasiten können bei einer bestimmten Kultur hinzukommen, bei einer andern ausfallen.[21] Wenn darüber hinaus Schön-

21 Vgl. Nancy Etcoff: *Survival of the Prettiest*, S. 170, 196, 203 usw.

heitsmerkmale für Frauen angegeben werden, wie ein bestimmtes Verhältnis von Oberweite, Hüfte und Taille, die sogenannte Sanduhrfigur[22], auszusehen habe oder aufgeschwemmte Lippen, die wie Gummiboote aussehen und artifiziell durch Hyaluronsäure-Einspritzung hergestellt werden, so sind dies Vorstellungen einer speziellen Kultur wie der gegenwärtigen westlichen. Allerdings haben sie sich mit der Globalisierung weltweit ausgebreitet, so dass auch Iranerinnen diesem Ideal huldigen und Asiatinnen sich die Mandelaugen wegoperieren lassen.[23]

Das Fazit des biologischen Ansatzes ist, dass bestimmte *physiologische* Merkmale, die sich als lebens- und überlebensfördernd herausgestellt haben, als schön betrachtet wurden. Sie erhielten eine Signalfunktion, die zur genetischen Reproduktion einer Nachkommenschaft aufforderte und die auch weiterhin besteht. Schönheit wird hier für beide Geschlechter auf Fortpflanzungsqualität reduziert und mit ihr identifiziert.

Diesbezügliche Theorien unseres Kulturkreises unterscheiden sich noch darin, dass sie je nach Auffassung des evolutionär entstandenen Resultats relativistische oder absolute Ansprüche erheben. Evolution ist von Natur aus ein Prozess mutativer Veränderungen, der kontinuierlich oder sporadisch erfolgt. Je nachdem, ob man das Schwergewicht auf die Prozessualität und den damit verbundenen ständigen Wandel der Typen legt oder auf die Stabilität des Resultats, das über einen langen Zeitraum, über Jahrhunderte oder Jahrtausende wie beim Homo Sapiens dasselbe bleibt und innerhalb dieses Zeitraumes für universell gilt, resultiert daraus ein relativer oder universeller Anspruch. Diese Differenz mag an den Theorien zweier amerikanischer Feministinnen demonstriert werden, deren eine von Naomi Wolf in ihrem Buch *The Beauty Myth*[24] stammt und deren andere auf Nancy Etcoff in ihrem Buch *Survival of the Prettiest*[25] zurückgeht.

Dem relativistischen Modell zuzurechnen ist die amerikanische Soziologin Naomi Wolf insofern, als sie kulturtheoretisch-soziologisch die gegenwärtige Schönheitsideologie der westlichen Welt, die sich allerdings weitgehend global expandiert und durchgesetzt hat, nachzeichnet und kritisch analysiert. Ermöglicht wurde diese Ideologie nach Wolf durch die Industrialisierung mit ihrer Reproduktionsmaschinerie und Vermarktungsstrategie,

22 90 cm zu 60 cm zu 90 cm.

23 Zu Schönheitsoperationen vgl. Beate Lüttenberg, Arianna Ferrari, Johann S. Ach (Hrsg.): *Im Dienste der Schönheit?* Interdisziplinäre Perspektiven auf die Ästhetische Chirurgie, Berlin 2011.

24 Naomi Wolf: *The Beauty Myth.* How Images of Beauty are used against Women, 2. Aufl. New York 2002.

25 Nancy Etcoff: *Survival of the Prettiest*, a.a.O. Eine Gegenüberstellung der Positionen findet sich auch bei Nick Zangwill: *Beauty.* Chapter 18, in: *The Oxford Handbook of Aesthetics*, hrsg. von Jerold Levinson, Oxford, Oxford University Press 2004, S. 225-343, bes. S. 337.

mit der massenhaften Herstellung und Verbreitung von Schönheitsprodukten und -operationen, akzeptiert wurde sie allerdings erst seit den sechziger Jahren des letzten Jahrhunderts.

Da Wolf grundsätzlich von einer Pluralität von Schönheitskonzeptionen ausgeht, wie sich solche historisch nachweisen lassen und schon von Darwin aufgezeigt wurden, ordnet sich Wolfs Theorie trotz der gegenwärtig weltweiten Verbreitung und Herrschaft eines Modells der relativistischen Variante zu.

Nach Wolfs Ansicht wurde dieses Modell von einer männlich dominierten patriarchalischen Gesellschaft aufgestellt und den Frauen aufoktroyiert in der Absicht, die männliche Dominanz aufrechtzuerhalten und zu festigen und bestimmte Frauentypen, die nach Gleichberechtigung, gleichen Bildungs- und Berufschancen, politischen Mitspracherechten strebten, zu unterdrücken und zu diskriminieren. Das Schönheitsmodell dieser Gesellschaft schreibt vor, wie man auszusehen und sich zu verhalten habe, was gesellschaftlich gefordert und geschätzt wird, was genereller Bestandteil der Gesellschaft ist. Dieses Modell ist am äußeren Aussehen, an der Erscheinung und am äußeren Verhalten orientiert, indem es Jugendlichkeit, Attraktivität, sexy-Aussehen fordert, was nicht selten mit Attributen wie Naivität, Unreife, Kindlichkeit, Einfältigkeit, sogar Dummheit[26] verbunden wird und geeignet ist, die Frau unterdrückt zu halten. Dazu trägt auch die Forderung nach Schlankheit bei, die die Frau entkräften und schwächen soll.

Nicht nur die patriarchalische Gesellschaft hat nach Wolf ein Interesse an der Aufrechterhaltung dieses Bildes aus Gründen eigener Machtgelüste, sondern auch die Kosmetik und plastische Chirurgie aus Gründen der Profitgier.

Die Deskription und kritische Analyse Wolfs mag ihre Berechtigung haben, sie lässt sich aber schwerlich in Verbindung bringen mit der biologischen Evolutionstheorie, denn die von dieser vertretene Selektion bestimmter sexuell attraktiver Merkmale, die sich dann durch Vererbung durchsetzen, indem die Partner immer wieder gerade auf diese Merkmale achten und ansprechen, braucht Jahrhunderte, ja Jahrtausende, während nach Wolfs Ansicht die Schönheitsmodelle schnell wechseln, allzu schnell, als dass sie eine männliche Dominanz der Interessen und der Kosmetikindustrie hätten aufbauen und durchsetzen können.

Da inzwischen auch die Männerwelt – zumeist der gesellschaftlich aufstrebende smarte Typ – sich pflegt und verschönert, sei es durch auffällige Frisuren, Bartschnitt, Tätowierung, Piercing, Kleidung und immer häufiger

26 Als Beispiel hierfür könnte man Marilyn Monroe nennen mit ihrem Geburtstagsständchen zu Ehren des amerikanischen Präsidenten Kennedy.

auch durch kosmetische Operationen, zieht das Argument, dass vorrangig Frauen dem Schönheitsideal huldigen und dem gesellschaftlichen Diktat folgen, nicht mehr, zumal eine Reihe natürlicher Prozesse wie Zeugung und Geburt durch künstliche Befruchtung, Samenspeicherung auf Datenbanken, Leihmutterschaft u.ä. zunehmend verdrängt wird. Das Argument von der evolutionären Signalwirkung bestimmter Eigenschaften besticht mit der obigen Begründung nicht mehr.

Während Naomi Wolf auf soziologischer Ebene eine relativistische Schönheitstheorie vertritt, begegnet in Nancy Etcoffs Buch eine tendenziell absolutistische.

Etcoff geht von der Signalwirkung von Fortpflanzungsmerkmalen auf den jeweils anderen Geschlechtspartner und der dadurch bedingten sinnlich-physischen Attraktivität aus, die auch sie in bestimmten Eigenschaften wie Jugendlichkeit, jugendlichem Aussehen, Gesundheit, Symmetrie des Körperbaus, Glätte der Haut und Fülle des Haars sieht, wobei sie präferentiell die feminine Attraktivität im Auge hat, doch auch die maskulinen Merkmale der Kraft und Stärke, der dunkleren Stimme erwähnt. Diese durch genetische Selektion herausfiltrierten und über Jahrtausende vererbten Merkmale machen nach Etcoff die kulturübergreifende Schönheit und Attraktivität aus und begründen damit einen universellen Schönheitsbegriff, mag es über diesen hinaus noch kultur- und epochenspezifische Differenzen geben.

Ihrer Argumentation liegen zwei Strategien zugrunde. Die eine zielt auf Durchschnittlichkeit und Normativität des Menschen, derzufolge der Mensch bei der Partnerwahl seinesgleichen sucht, auf Ähnlichkeit mit sich qua Mensch achtet und nicht auf die des mit ihm Nächstverwandten, des Orang-Utans. Die Evolution versucht, extreme Abweichungen zu vermeiden. Solche können in der Geschichte vorkommen, wie es die Entstehung des Homo sapiens mit aufrechter Statur und aufrechtem Gang sowie hoher, nicht mehr abgeflachter Stirn und Vergrößerung des Gehirns aus dem Homo erectus war. Hat sich eine solche Abweichung einmal durchgesetzt, so bleibt sie über lange Zeiträume relativ stabil. Das meine man – so Etcoff –, wenn man von einem Universaltyp Mensch oder Schönheit spricht.

Die zweite Strategie identifiziert Schönheit speziell mit sexuellen Merkmalen, die eine reiche Nachkommenschaft versprechen, abgesehen von der Erhaltung der Art und Gattung überhaupt. Etcoff diskutiert sie hauptsächlich in Bezug auf feminine Merkmale der Gegenwartskultur.

> „The argument is a simple one: that beauty is a universal part of human experience, and that it provokes pleasure, rivets attention, and impels actions that help ensure the survival of our genes. Our extreme sensitivity to beauty is hard-wired, that is,

> governed by circuits in the brain shaped by natural selection. We love to look at smooth skin, thick shiny hair, curved waists, and symmetrical bodies because in the course of evolution the people who noticed these signals and desired their possessors had more reproductive success. We are their descendants."[27]

Dazu gehört auch das Bild der „hyperfeminity"[28], das die Durchschnittlichkeit übersteigt und aufgrund der Akzentuierung der sexuellen Merkmale, besonders der Gesichtszüge, als besonders begehrenswert gilt und die männliche Phantasie und Wünsche anregt. Dieses Ideal schwebt nicht nur jungen, noch unreifen Personen als erstrebenswertes Paradigma vor, sondern auch alternden und alten Frauen, die sich entsprechend zu verjüngen streben und notfalls kosmetische Operation heranziehen. Umgekehrt scheint die „hypermasculinity" nicht ebenso zu wirken. Studien von David Perrett und seinen Kollegen zeigten, dass maskuline Gesichter dann besonders attraktiv wirken, wenn sie leicht femininisiert oder gemildert („softened") sind.[29]

Die evolutionsbiologische Argumentation ist der Versuch, Schönheit mit Sexualität und sinnlich-physischer Anziehungskraft zu identifizieren und damit genetisch zu begründen und auf allgemeinmenschliche Bedürfnisse zu reduzieren. Ihr liegt eine typisch moderne, auf die eigene Gegenwartskultur bezogene und globalisierte Vorstellung zugrunde, die historische und ethnologische Forschungen weitgehend übergeht. Dass sexuelle Kriterien eine wesentliche Rolle bei der Definition von Schönheit spielen, soll nicht geleugnet werden, aber sie sind nicht die einzigen bei der Partnerwahl. Die Argumente, die gegen eine solche Identifikation sprechen, sind folgende:

(a.) Nicht in allen Kulturen spielt Schönheit für Paarung und Zeugung die entscheidende Rolle. Völker, die am Rande des Existenzminimums leben und sich um ihr Überleben zu kümmern haben, können sich den Luxus der Schönheit als Auswahlkriterium nicht leisten wie Gesellschaften, die sich einer hinreichenden ökonomischen Basis und Absicherung erfreuen, im Überfluss leben und sich ein ‚Mehr' über das Notwendige hinaus leisten können, welches Schönheit ausmacht. Für die ersteren ist die Arbeitskraft und die Qualifikation im wirtschaftlichen Überlebenskampf ausschlaggebend.

27 Nancy Etcoff: *Survival of the Prettiest*, a.a.O., S. 24.

28 A.a.O., S. 158 f.

29 Vgl. a.a.O., S. 158 f. Vgl. Auch D. I. Perrett, K. J. Lee, I. Pennon-Voak, D. Rowland, S. Yoshikawa, D. M. Burt, S. P. Henzi, D. Castles and S. Akamatsu: *Effects of sexual dimorphism on facial attractiveness*, in: *Nature*, Bd. 394 (1998), S. 884-887 und I. Perrett, K. A. May, S. Yoshikawa: *Facial shape and judgements of female attractiveness*, in *Nature*, Bd. 368 (1994), S. 239-242.

Bei den indigenen Stämmen Papua-Neuguineas lautet eine Liebes- und Heiratserklärung nicht: „Du bist schön, deswegen möchte ich dich heiraten", sondern: „Ich sah dich im Garten arbeiten, z.B. beim Taro-Anbau. Du kannst gut arbeiten, darum möchte ich mit dir zusammen leben."

Wenn in Papua-Neuguinea oder Irian Jaya Frauen eines fremden Stammes gestohlen werden, dann nicht wegen ihrer Schönheit und Attraktivität, sondern wegen ihrer Arbeitskraft. Auch in Kulturen, in denen ein Brautpreis üblich ist, der an die Eltern der Braut entrichtet wird, richtet sich dieser nicht nach der Schönheit der Braut, sondern nach der den Eltern entgangenen Arbeitskraft. Kommt der Brautpreis der Braut zugute, beispielsweise in Form von Silberschmuck, so dient er der Braut bei Verstoßung zum Lebensunterhalt, der sich nach der für den Mann aufgewendeten Arbeitskraft schätzungsweise bemisst. Er hat eine rein ökonomische Bedeutung.

In vielen Kulturen besteht noch immer wie in der Vergangenheit auch bei uns die Arrangierung der Ehe durch die Eltern, bei der sich die Brautleute eventuell überhaupt nicht kennen, nie gesehen haben und erst am Tag der Hochzeit erstmals zu Gesicht bekommt. Hier entscheiden Stand und Rang und Reichtum, um beiden Partnern ein gesichertes Leben zu garantieren, nicht die Schönheit. In Königs- und Fürstenfamilien waren ausschließlich Macht- und Besitzverhältnisse sowie der Zugewinn von Hoheitsgebieten für eine Verbindung ausschlaggebend, auch wenn die Braut ausgesprochen hässlich war, jedoch Thronerbin. Sogar wenn der Bräutigam noch ein Kind war wie bei dem Arrangierungsversuch zwischen dem noch minderjährigen französischen Thronfolger Karl (VIII.) und der reichen burgundischen Erbin Maria von Burgund (1457-1482), wurde eine Ehe aus dynastischen Gründen angestrebt. Auch unsere Zeit ist nicht ganz frei von solchen Überlegungen. Bekannt wurde ein Fall aus einer islamischen Migrationsfamilie, in der eine Minderjährige mit ihrem 60-jährigen Onkel verheiratet wurde, um ökonomisch und sozial abgesichert zu sein.

In Bhutan wie im Nordosten Indiens und Nordwesten Chinas ist Polyandrie nichts Ungewöhnliches, wobei eine Frau meist drei Brüder heiratet, um den Besitz zusammenzuhalten und die Reisfelder rentabel bewirtschaften zu können, wobei der eine Ehegatte die Feldwirtschaft übernimmt, der zweite eventuell Handel betreibt und der dritte vielleicht Lastwagenfahrer ist und für längere Zeit abwesend ist.

Etwas übertrieben könnte man sagen, Schönheit ist und war stets das Vorrecht der Reichen und, gesamtgesellschaftlich gesehen, das Vorrecht saturierter Gesellschaften und Überflussgesellschaften, die nicht auf Arbeit und Auskommen schauen müssen. Schönheit ist eine typische Erfindung von Kulturen, deren Lebensgrundlage gesichert ist und deren Bedürfnisse über das Lebensnotwendige hinausgehen. Damit gehört Schönheit auf die Seite des Überflusses, des Nicht-Notwendigen.

(b.) Die Zuneigung der Partner ist zumeist instinktiv, nicht bewusst und rational zu erklären. Es gibt die Liebe auf den ersten Blick wie auch das langsame Hineinwachsen und die sukzessive Steigerung der Verbundenheit. Treten Personen in das Pubertätsalter ein und stehen nicht genügend Partner oder Partnerinnen zur Verfügung, dann spielt das ästhetische Kriterium keine oder nur eine untergeordnete Rolle. Vielmehr überwiegt das Triebverhalten. Auch dieses Argument widerspricht der Identifikation von Triebverlangen und Schönheit..

(c.) Ob es in Sachen Schönheit/Hässlichkeit legitim ist, wie Darwin den Vergleich zwischen Menschen und Tieren anzustellen, das uns Menschen bewundernswert erscheinende imposante Rad des Pfaus, die Schmuckfedern und Tänze der Paradiesvögel, die Rot- und Blaufärbung des Kehlkopfes bei Vögeln während der Balz zur Anlockung des Weibchens als schön zu bezeichnen im Unterschied und Gegensatz beispielsweise zu felllosen, nackten Hundearten oder bepelzten, unförmigen Maulwürfen, die wir gewöhnlich für ästhetisch für hässlich halten, darf bezweifelt werden. Was uns als hässlich erscheinen mag, mag der jeweiligen Tiergattung als schön vorkommen. Möglicherweise haben die einzelnen Tiergattungen ihre eigenen ästhetischen Vorstellungen bei der Partnerwahl oder sind gar nicht auf den Gegensatz Schönheit/Hässlichkeit fixiert und dressiert, sondern auf reine Sexualität, auf Dominanzverhalten, Durchsetzungskaft, Geschicklichkeit u.ä., auf Qualitäten, die für die Vererbung wichtig sind.

(d.) Schönheit im menschlichen Verständnis geht über reine Sexualität hinaus. Ist letztere ein Grundphänomen animalischen Verhaltens, eine *conditio sine qua non*, so stellt Schönheit eine zusätzliche Qualität dar, die ein ‚Mehr' bedeutet. Das zeigt sich beispielsweise daran, dass äußere Schönheit oft mit innerer Tugendhaftigkeit und Makellosigkeit verbunden wird, wobei Ästhetisches mit Ethischem verschmilzt. Im Mittelalter, in der Renaissance, im Barock und Rokoko und noch im 18. Jahrhundert musste nach einer stehenden Redewendung die Frau schön und tugendhaft sein, d.h. äußere und innere Vorzüge aufweisen.

Auch der Umstand, dass die äußere Schönheit einer Person oft mit einem Strahlen von innen heraus begleitet wird, einem Leuchten der Augen, einem Glanz des Göttlichen, wie Goethe sich ausdrückte, weist auf ein ‚Mehr', das in Schönheit liegt und das vorerst nur als inneres oder nicht-physisches, geistiges Moment bezeichnet werden kann.[30]

(e.) Die Identifikation der ästhetischen Qualität der Schönheit mit dem darwinistischen Zweckprinzip des Überlebens und der Durchsetzungsfähigkeit (*the prettiest = the fittest*) erscheint uns abwegig, da das uns so schön erscheinende Rad des Pfaus im Grunde ein Beispiel für Unpraktisches, Unzweckmäßiges ist, das den Pfau veranlasst, die langen, schweren Schwanzfedern ständig hinter sich her auf dem Boden zu schleifen und auf erhöhten Plätzen wie Bäumen Platz zu nehmen und zu ruhen, um die langen Schwanzfedern ungestört herabhängen lassen zu können. Die darwinistische Formel vom *survival of the fittest* geht auf Nützlichkeit bzw. Zweckmäßigkeit in der Meinung, dass der Überlebensfähigste der ist, der sich auf bestmögliche Weise an die Vorgegebenheiten der Umgebung anpasst und in diese einfügt. So sind beispielsweise die flugunfähigen Pelikane, die Darwin auf den Galapagos kennenlernte, trotz ihrer Unterlegenheit gegenüber den flugfähigen Pelikanen bestmöglich an ihre Umwelt, nämlich die fischreichen Gewässer, angepasst, so dass sie es nicht nötig hatten, auf das offene Meer hinauszufliegen wie ihre Artgenossen in anderen Gegenden, sondern einen ‚gedeckten Tisch' um sich herum vorfanden. Weder mit Schönheit noch mit Sexualität hat dies etwas zu tun.

Die evolutionsbiologische Erklärung und Begründung von Schönheit als Angelegtsein auf Sexualität ist unhaltbar, zumindest nur bedingt gültig. Beide sind zwar objektive Kriterien, artikulieren ein gleiches Ziel der Attraktivität, haben gleiche Intentionalität, sind jedoch mitnichten identisch. Schönheit überlagert Sexualität, lässt sich jedoch nicht auf diese reduzieren. Vielmehr weist sie darüber hinaus, indem sie deren rein sinnlich-physische Ebene übersteigt in eine geistige Dimension. Sie ist ein ‚Mehr', das die Engführung und Festlegung der Schönheit auf bloß sexuelle Attraktivität und Reizwirkung verhindert.

30 Näheres S. 105 ff. dieser Arbeit.

(2.) Landschaftliche Schönheit

Der Versuch, Schönheit evolutionstheoretisch zu begründen und mittels der darwinistischen Formel *survival of the fittest* zu verstehen, bezieht sich nicht nur auf die Schönheit des Menschen, sein Gesicht, seinen Körperbau und bestimmte auffällige Merkmale, sondern auch auf den Raum, in dem sich der Mensch niederlässt und ansiedelt. Auch er muss schön und attraktiv sein und Wohlbefinden im Menschen auslösen, wenn dieser nachhaltig in ihm leben und wirken und d.h. überleben soll. Wird wie nach der evolutionstheoretischen Erklärung *fittest* in der obigen Formel mit Überlebensfähigkeit, Anpassung und Durchsetzungsfähigkeit, mit Selbsterhalt und nicht zuletzt mit der Möglichkeit der Erzeugung von Nachkommenschaft gleichgesetzt, dann muss der Raum bestimmte Merkmale aufweisen, die genau dies ermöglichen. Empirische Studien haben ergeben, dass Menschen offene oder halboffene Landschaften mit lichtem, grünem Baumbestand und Flussläufen und Seen präferieren, die man als Savannenlandschaften identifiziert hat, da die ersten Menschen vom Typ des Homo sapiens in solchen Landschaften Afrikas nachweisbar sind und diese offensichtlich prägend wurden.

Diese Landschaftsprägung des Menschen lässt sich insofern rechtfertigen, als der Mensch einerseits zu seinem Schutz Weite und Offenheit braucht, um anrückende Feinde rechtzeitig von fern zu erkennen und sich und die Seinen in Sicherheit zu bringen, zum anderen Wasser zum Durstlöschen und Erd- und Baumfrüchte zur Ernährung benötigt.

Der Mensch ebenso wie viele vierfüßige Wirbeltiere sind durch die Möglichkeit der Aufrichtung – den aufrechten Gang beim Menschen, das sogenannte Männchen-Machen bei den Tieren – befähigt, Gegenden zu überblicken, diese nach Gefahren wie nach Essbarem abzusuchen. Auch wenn diese Probleme in heutiger Zeit gelöst sind, haben sie sich aus archaischer Zeit bis in die Gegenwart als angeborene Verhaltensweisen an das Umfeld erhalten.

Auch *ex negativo* lassen sich diese Merkmale legitimieren. Ein dichter, undurchdringlicher Dschungel, ein wildes Gestrüpp, eine Hochgebirgslandschaften mit schroffen, steilen Graten, spitzen Felsen, tiefen Schluchten und Abgründen oder versengte, ausgedorrte Wüstenlandschaften oder ein Eismeer mit Gletschern, Schnee und Todesstarre wirken abweisend, erschreckend und furchterregend, nicht faszinierend und attraktiv, so dass man sich in ihnen nicht niederlassen möchte. Das Gegenteil von Attraktivität, nämlich Zurückweisung, Distanzierung ist der Fall. Darüber können auch die Gemälde des 19. Jahrhunderts, beispielsweise von Hochgebirgslandschaften, nicht hinwegtäuschen, als die Faszination der Berge, das Verweilen bei ihnen und die Überquerung der Pässe begann und der Run der Engländer auf die Schweizer Alpen einsetzte. Kunst verschönert, mildert und übertüncht, überlagert die Härte und Schroffheit mit weichem Nebel, Dunst und Wolken, mildert die eckigen, scharfkantigen Formen der Gebirgsspitzen ab, taucht sie in weiches Licht und verschönert unwirtliche Gegenden. Das gilt auch für das Meer und die Wüste, die mit attraktiven Sonnenuntergängen versehen werden.

Das Abweisende bestimmter Landschaften hat sich in ihrer Namensgebung erhalten, so in Teufelsschlucht, Höllental, Höllenschlucht, Glutofen. Auch der Name Schwarzwald bezeichnet von seinem Ursprung her einen dunklen, abweisenden, furchterregenden Wald, der Grauen und Schrecken einflößt, von denen noch manche Räubergeschichten und Raubüberfälle erzählen.[31] Wenn Schrecken erregende Landschaften gleichwohl eine Faszination ausüben, dann aus der Ferne und im sicheren Abstand genau in dem Sinne, in dem Aristoteles das Vergnügen der Zuschauer an Tragödien begründete, nämlich aus der Distanz heraus, nicht selbst betroffen zu sein, also nicht unmittelbar am Schicksal des Helden teilzunehmen, sondern lediglich mittelbar.

Wenn dennoch in späterer Zeit Menschen aride, unwirtliche Gegenden eroberten und besiedelten wie die Eskimos die Arktis, die Bergbauern die Steilhänge der Alpen, die Tuaregs die Wüste und ihre Oasen, dann geschah dies aus einer Notsituation heraus, sei es aus Raum- oder Nahrungsmangel, aus Furcht und Flucht vor Feinden, aus Schutzsuche u.ä. Aufgrund seiner Intelligenz, Rationalität und Kunstfertigkeit, seiner sophistischen Strategien zum Überleben und seiner Adaptationsfähigkeit gelang es dem Menschen, diese Gegenden zu vereinnahmen.

Die eigentlichen Wunschvorstellungen und Sehnsüchte des Menschen gehen jedoch in offene, überschaubare, sanfte, milde Landschaften, wovon bereits Redewendungen zeugen wie ‚ins Freie streben', ‚am Wochenende einen Ausflug ins Freie machen', ‚zur Erholung ins Grüne gehen'. Wir lassen unsere Augen über weite grüne Flächen streifen, um uns zu erholen, wir siedeln Ferienhäuser, Erholungsheime und Sanatorien im Grünen an, in waldreichen Gegenden, uns zieht das offene weite Meer an, die glatte See, nicht die von Orkanen aufgepeitschte; von Höhen genießen wir weite Ausblicke. Wie sehr unsere Befindlichkeit von Räumlichkeiten abhängt, zeigt die Empfehlung, bei psychologischen Belastungen einen Tapeten- oder Wohnungswechsel vorzunehmen oder durch eine Reise widrigen Umständen zu entfliehen. Ein dunkler Raum erzeugt wie ein Gefängnis Depression und Unwohlsein, während ein heller, weiter, offener, lichtdurchfluteter Raum mit psychischer Weitung, Freude, Glück und Hochstimmung verbunden ist. Umweltstrukturen und psychische Befindlichkeit gehören zusammen und bilden eine Einheit.

31 Vgl. auch den heutigen Ländernamen Montenegro.

Zusammenfassen lassen sich die Bemerkungen dahingehend, dass ein schöner, attraktiver und Wohlbefinden erzeugender Raum ein praktischer Raum sein muss, der zumindest zwei Bedürfnissen entgegenkommt, einerseits dem Schutzbedürfnis, andererseits dem Nahrungsbedürfnis.

Die Frage lässt sich jedoch stellen, ob tatsächlich ein praktischer Raum genügt, um auch ein schöner Raum genannt werden zu können. Reine Praxis meint bloße Funktionalität, wie sie in der Kunstrichtung des Bauhausstils exemplarisch zum Ausdruck kommt, der sich auf Einfaches, Brauchbares, Nützliches, Unverschnörkeltes konzentriert, das dem alltäglichen Bedürfnis entspricht. Schönheit aber scheint mehr zu verlangen als bloße Bedürfnisbefriedigung und Zweckmäßigkeit. Szenerien, die dieses weitergehende Bedürfnis befriedigen, sind uns aus vielen Beispielen bekannt, aus den persischen Paradiesgärtlein, die fruchtbare Oasenlandschaften imitieren, aus dem christlichen Rosengärtlein mit Maria im Mittelpunkt, umgeben von Rosenstöcken und einem Blumenmeer, aus elysischen Landschaften, die ewigen Frühling, ewige Jugend, überreiches Nahrungsangebot suggerieren, aus amönen akkadischen Hirtenlandschaften aus dem Innern des Peloponnes, in denen Hirten, Schafe und Ziegen zu Hause waren und ein idyllisches, naturnahes Leben führten, in denen Pan und Satyr, Symbole der Sehnsucht und Melancholie (siehe Panflöte) einerseits, der Lebenslust andererseits dominierten, aus den Schäferszenarien Marie-Antoinettes in Versailles, die einer Fluchtbewegung aus der urbanen Enge, dem Elend und der Not der Städte in eine Ursprünglichkeit entsprangen, aus den Südseelandschaften Paul Gauguins, die Ausdruck der Sehnsucht nach Ursprünglichkeit, Naturnähe und Naivität im positiven Sinne von Unverstelltheit waren. So verschiedenartig diese Landschaften sein mögen, sie drücken mehr aus als nur Nützlichkeit, Funktionalität und Praktikabilität, sie kommen der Sehnsucht nach einem ‚Mehr' entgegen, das nur durch Schönheitsqualitäten erfüllt werden kann. Diesen können unterschiedliche Interessen zugrunde liegen, indem die eine Kultur Naturnähe und Ursprünglichkeit sucht, die andere das Burleske, die dritte nach Ruhe und Frieden strebt und die vierte nach Lebenslust Ausschau hält.

Im Zusammenhang mit der Landschaft als Umgebung des Menschen darf die Physiognomie der Linienführung, der Formen und Gestalten nicht fehlen, welche die Landschaft durchziehen und Sinn- und Symbolträger sind.

Wir präferieren im allgemeinen das Gerade, nicht das Krumme, Gebogene und Verbogene, das Verwinkelte. Der gerade Weg ohne Umweg, ohne Abweg und Irrung erscheint uns als der beste, effizienteste, auch als der ästhetisch schönste und moralisch beste, was nicht nur für den Weg der Landschaft, sondern auch für den Lebensweg gilt. Umwege, Abseitswege, krumme Touren sollen nach Möglichkeit vermieden werden. Schnurstracks soll man auf sein Ziel zugehen. Dieses Empfinden, das noch auf eine archaisch magisch-mythische Zeit zurückgeht, schlägt sich bis heute bei Naturethnien nieder, indem die Kombai und Korowai in Papua-Neuguinea ihre Lichtungen, auf denen sie ihre Baumhäuser errichten, mit wirren Gestrüpp füllen, um bösen Geistern den Zugang zu erschweren oder unmöglich zu machen. Die alte, am Meer gelegene Seestadt Port Moresby, die nur über Stege zugänglich war, wies ungerade, gewinkelte Stege auf, die den Geistern den Weg versperren sollten. Der Eingang balinesischer Tempelanlagen ist durch eine Quermauer verbarrikadiert, die Dämonen und böse Geister am Eintritt hindert, da diese nicht um die Ecke gehen können. Das Gerade wird als Richtschnur für die Anlage von Landschaftswegen wie für die Lebensführung angesehen.

Eine andere wichtige, sinnschwere Grundfigur ist das Runde, Kreisartige. Auch sie ist ein uraltes Symbol für Schutz im Inneren und Abwehr des feindlichen Außen. Schon im *Gilgamesch*-Epos zieht Enkido um seinen Freund Gilgamesch, den Herrscher von Uruk, auf einer Reise ins Zedernland nachts einen magischen Kreis, um Feinde und böse Geister abzuhalten. Noch in Goethes *Faust I* spielt der Kreis eine Rolle, wenn Mephisto betont, dass nur ein Rattenzahn den magischen Kreis anzunagen und Eintritt zu verschaffen vermag. Auch Kirchen in England sind noch heute von einem Schutzwall in Kreisform umgeben, der den geheiligten, schutzbietenden Ort vom feindlichen Draußen absondert. Die Bannmeile, die bis heute um Parlamente gezogen wird, sichert diesen Intaktheit und Schutz zu und darf nicht durchbrochen werden. Entsprechend hoch waren Wut und Zorn der Amerikaner, als der ehemalige Präsident Donald Trump seine Anhänger zum Sturm auf das Kapitol anfeuerte. Der durch die Bannmeile gezogene Kreis gilt als heilig; in ihm wurden früher die Götterstatuen aufgestellt und bei Gericht musste der Angeklagte in den Ring treten, um dort seine Schuld oder Unschuld zu bekennen.

Doch ebenso wie die Schließung des Kreises als Enge und Beschränkung der in ihm Befindlichen empfunden werden kann, ebenso stellt der Ausbruch aus dieser Enge ins Freie, ins Äußere eine Befreiung dar. Die Seiten sind ambivalent: Was für den einen Schutz und Sicherheit bedeutet, gilt dem anderen als Beengung und Einschränkung, genauso wie für den ersteren das Äußere das Feindliche darstellt, so für den zweiten das befreiende, offene Feld.

Entsprechend der großen Bedeutung des Kreises als Prototyp von Schönheit kehren Kreisstrukturen, sei es in Form von Rundungen, sei es in Form von Schlangenlinien, auf den verschiedensten Ebenen wieder, in der Architektur in Rundbauten (Rotunde, Runddorf), im Tanz im Reigen, oft ausgeweitet bis zum Oval oder zur Gegenüberstellung in der Quadrille, im Gesang im Refrain.

Nicht weniger bedeutsam für unser Schönheitsempfinden sind Horizontale und Vertikale, die erstere als Ausdruck des Erdhaften, Gefestigten, Stabilen, die letztere als Ausdruck des Aufrechten, Geraden, Himmelstürmenden. Die Geschichte der Sakralbauten, der Kirchen und Kathedralen gibt beredtes Zeugnis davon: Wenn die kleinen, massiven Pfeiler romanischer Kirchen Standfestigkeit symbolisieren, physiologisch das Rückgrat stärken und ethisch die Moralität festigen, so sind die schlanken, ranken, hoch aufstrebenden Pfeiler gotischer Kirchen ein Ausdruck für die Jenseitsausrichtung und Himmelserstürmung, während die asymmetrischen, rundlichen Formen des Barock, die oft Muscheln gleichen, ebenso wie die geschwungenen, geschwollenen Formen ein Ausdruck der Sinnenfreude und des Überschwangs nach dem entbehrungsreichen Dreißigjährigen Krieg waren.

Alle diese markanten Formen, die die Landschaft strukturieren, verbinden sich für den Menschen (eventuell auch für das Tier) mit Bedeutungen. Die Tatsache, dass sie als klare, deutliche, prägnante Linien gegenüber vielen anderen wirren, chaotischen oder verschwommenen hervortreten und präferiert werden, deutet auf Attraktivität und Wohlempfindung und damit auf ihre Schönheit. Eine Steigerung erfahren diese Linien, wenn wie in der chinesischen Kalligraphie über die rein grafisch-physische Bedeutung hinausgegangen und die Homogenität durch Verdickung oder Verdünnung, durch Ausziehen oder Einengung modifiziert wird. Da die Schriftzeichen nicht nur eine grafisch-physische Bedeutung haben wie die Linien in Diagrammen, sondern eine symbolische und Bedeutungsträger sind, dürfte in diesem Hinausgehen über die reine Sinnlichkeit die Zutat liegen, die die intelligente Schönheit ausmacht.

Bei der Landschaftsprägung, die sowohl für das Leben des Einzelnen wie für das Überleben der Gattung Mensch von Bedeutung ist, darf die Farbgebung der Natur nicht fehlen. Offensichtlich wirken hier zwei unterschiedliche, voneinander abweichende Systeme zusammen, von denen das eine auf den Kontrast von hell und dunkel abgestellt ist, das andere auf die Ausfüllung des Kontrastes durch ‚bunte' Farben. Dass beide verschieden sind, beweisen Kinderstudien. In der Entwicklung des Kindes werden zunächst hell und dunkel wahrgenommen und durch ihre Kontrastierung und Konturierung unterschieden, noch nicht Farben, die erst in einem späteren Entwicklungsstadium hinzukommen. Hiermit mag zusammenhängen, dass hell und dunkel nicht als eigentliche Farben gelten, sondern in chromatischer Hinsicht ein Nichts sind. Da schwarz und weiß synonym sind, dürfte dies auch erklären, warum beide als Trauerfarben (Nichtfarben) fungieren, schwarz im Westen, weiß im Osten.

Die Kategorisierung der Farben fällt bei den Völkern und Kulturen unterschiedlich aus. Während die Dani in Papua-Neuguinea gerade einmal zwei semantische Bezeichnungen für Farben haben, warm und kalt, jedoch intuitiv imstande sind, eine Vielzahl zu unterscheiden, und die Aborigines über die subtilsten Differenzen von Ockerfarben verfügen, die ihre wüstenhafte Umgebung bestimmt und mittels deren sie sich orientieren – Farben, von denen der Europäer, der in grünen Wald- und Wiesengegenden heimisch ist, keine Ahnung hat –,[32] haben andere Völker je nach ihrer Umgebung, ob Meer oder Land, Wüste oder Wald, eine unterschiedliche Zahl von Begriffen für Farben ausgebildet, die ihnen die Orientierung in Raum und Zeit erlauben. Die Griechen als Meeranrainer entwickelten ein Interesse besonders für die changierenden Farben des Meeres, die Eskimos für das Weißbläuliche des Schnees, dessen Unterschiede für den Erhalt ihrer Rentierherden von Bedeutung sind.

Goethe war einer der ersten, der sich mit der sinnlich-sittlichen Wirkung der Farben befasste.[33] Mit dem etwas missverständlichen Wort ‚sittlich' sind weder Sitte noch Brauchtum gemeint noch moralische Implikationen oder Imperative im heutigen Verständnis, sondern die psychologisch-emotionale Wirkung der Farben auf den Menschen, die sich aus ihrer Komplementarität, ihrer Polarität und Spannung sowie dem daraus resultierenden Einheitsstreben, der Steigerung und Minderung, der größeren oder kleineren Aktivität und Passivität ergibt. Gemeint ist die Aktivierung der Kräfte des Menschen durch Farbeinwirkung bzw. umgekehrt ihre Ruhigstellung. Zur Plausibilisierung bedient sich Goethe in seiner Farbenlehre des von ihm entwickelten Farbkreises. Den Ausgang bilden die Urzustände, die sogenannten Mutterfarben gelb und blau,[34] die im Farbkreis im unteren Drittel rechts und links angeordnet und mit Wärme und Kälte verbunden werden – gelb, die Farbe der Sonne, erwärmt, belebt, weitet und ermuntert das Herz, während blau, wie es im Uni des Himmels und des Meeres, in der blauen Ferne begegnet, etwas Distanzierendes, Zurückweisendes an sich hat, was Kühle ausstrahlt und Ursache einer negativen Stimmung ist. Durch Beimischung einer anderen Farbe, rot, zeigt Goethe in Form eines Aufstiegs die verschiedenen

32 Auf einem Symposion führte ein Künstler, der eine Zeitlang bei den Aborigines gelebt hatte, einen Kasten mit hundert verschiedenen, fein säuberlich getrennten Ockerfarben vor, die das westliche Auge erst nach Sprüngen zu identifizieren imstande war. Das westliche Auge ist aufgrund einer andersartigen Umgebung nicht genötigt und folglich auch nicht gewohnt, derart feine Differenzen zu registrieren.

33 Johann Wolfgang Goethe: *Zur Farbenlehre*. Didaktischer Teil, 6. Abteilung: Sinnlich-sittliche Wirkung der Farbe, in: *Goethes Werke* (Hamburger Ausgabe in 14 Bde.), Bd. 13, Hamburg 1955, 5. Aufl. 1966, S. 494 ff. Zu Goethes Farbenlehre vgl. Karen Gloy: *Wahrnehmungswelten*, Freiburg i. Breisgau 2011, S. 98-105.

34 Vgl. a.a.O., § 802, S. 501.

Grade der Erregung, so auf der einen Seite, der rechten, die Abfolge von gelb, rotgelb (orange), gelbrot (scharlachrot) bis zum reinen Rot, auf der anderen, der linken, ausgehend von blau, rotblau (lila), blaurot und auch hier bis zum reinen Rot aufsteigend die jeweiligen Stufen der Gemütsbewegung. Während gelb, die Farbe der Sonne, die dem Licht am nächsten kommt, erhellend, erweiternd, erwärmend wirkt, mit Freude und Munterkeit verbunden ist, steigert die Beimischung von rot die Energie und Lebendigkeit; alles ist mächtiger und herrlicher als im reinen Gelb.[35] Mit dem Rotgelb verbindet sich das Gefühl von Wärme und Wonne; es ist die Farbe der Glut und der untergehenden Sonne. Noch gesteigerter begegnet alles im Gelbrot, das dem reinen Rot noch näher kommt. Das bisher angenehme, heitere Gefühl, das im Rotgelben vorherrschte, steigert sich hier bis zum unerträglich Gewaltsamen und bewirkt eine unglaubliche Erschütterung,[36] es beunruhigt und erzürnt.[37]

Während die beschriebene Aufstiegsreihe positiv konnotiert ist, ist das Gegenteil bei der Blaureihe der Fall. Der Aufstieg von blau, dem reine Passivität und Kühle nachgesagt wird, über das Rotblau erhält durch die Beimischung von rot eine gewisse Wirksamkeit und Aktivität, die sich als Unruhe und Dissonanz bemerkbar macht. Die Farbmischung lila vermittelt eine Lebhaftigkeit ohne Fröhlichkeit.[38] Die Unruhe steigert sich noch im Blaurot, im Violett, wobei sich Goethe die Anspielung auf die hohe Geistlichkeit und deren violette Kleidung als Indiz für ein unruhiges Vorwärtsdrängen auf den Stufen zum Kardinalspurpur nicht verkneifen kann.[39]

Beide Reihen finden im Rot, das in reinster Form im Karmin- und Pupurrot vorliegt, wie es die Farbe des Blutes, des Lebens, des Feuers, der Glut, des Göttlichen ist, seine höchste Steigerung und Kulmination und damit auch seine ideale Befriedigung.[40]

Unterstützend könnte man hinzufügen, dass die Farbe rot als schön gilt und mit Schönheit identifiziert wird. Der Rote Platz in Moskau ist gleichbedeutend mit dem schönen Platz. Das russische Wort für Schönheit (*krasivyi*), abgeleitet von kirchenslawischen *krasa*, hat den gleichen Stamm wie rot (*krasnyi*) und Blut (*krov*). Auch das ungarische Wort für rot (*vörös*) ist aus einem Vergleich mit Blut (*ver*) und blutig (*véres*) entstanden.[41]

35 Vgl. a.a.O., § 772, S. 496.

36 Vgl. a.a.O., § 776, S. 497.

37 Vgl. a.a.O.

38 Vgl. a.a.O., § 789, S. 499.

39 Vgl. a.a.O., § 791, S. 499.

40 Vgl. a.a.O., § 794, S. 499..

41 Vgl. Klaus Richter: *Die Herkunft des Schönen*, a.a.O., S. 216. Richter weist ebenfalls darauf hin, dass in der australischen Eingeborenensprache Warlpiri rot (*yalyu – yalyu*) gleichbedeutend

Die Mischung von gelb und blau, welche die Farbe grün ergibt, stellt die Komplementärfarbe zu rot dar. Sie bedeutet nicht Erregung, Aktivität, sondern Ruhe und Befriedigung. Wir pflegen ins Grüne zu gehen, um uns zu erholen; das Auge ruht im sanften, satten Grün der Wiesen und Wälder; wir bevorzugen, im Grünen zu wohnen. In etlichen Sprachen hängt etymologisch das Wort grün mit dem pflanzlichen Wachsen und Gedeihen zusammen. So bedeutet im Althochdeutschen das Wort *gruoani* sowohl ‚grün', ‚grün werden' wie ‚wachsen' (*gruoen*), und im Altnordischen haben *grœnn* = ‚grün' und *gras* = ‚Gras' und *grōa* = ‚wachsen' dieselbe Wurzel.[42]

Auch die Zusammenstellung von Kontrastfarben, deren sich Künstler, Maler und Architekten oft bedienen, führt zu Schönheit und Wohlgefallen.

(3.) Soziale Schönheit

In der evolutionsbiologischen Begründung der Schönheit darf ein weiteres Element nicht fehlen, das ebenfalls für das Leben und Überleben des Individuums und der Gattung Mensch von eminenter Bedeutung ist, nämlich die Gesellschaft, in der er lebt und die ihn trägt, ist doch der Mensch von Natur aus, wie Aristoteles es formulierte, ein ζῷον πολιτικόν, ein geselliges und gesellschaftsfähiges Wesen. Daran vermögen auch Sonderlinge und Eigenbrötler nichts zu ändern, die sich aus der Gesellschaft verabschiedet haben und allein leben, ebenso Eremiten, die jedoch Gott zur Gesellschaft wählen, so dass auch sie nicht allein sind.

Welche Gesellschaft und Staatsform der Mensch wählt – wenn er überhaupt wählen kann und nicht in eine hineingeboren wird –, hängt von den kulturellen und geschichtlichen Umständen ab und variiert von Volk zu Volk und auch von Epoche zu Epoche. Ob man wie Platon in seiner *Politeia* eine Hierarchie wählt, ausgehend vom Philosophen-Königtum über die Timokratie, Oligarchie, Demokratie bis zur Tyrannis, ob man die Demokratie, sei es die direkte oder indirekte, als höchste Form ansieht oder sich auf autoritäre, diktatorische Gesellschaften konzentriert, jede Staatsform ist eine geordnete, mithin ein systematisches Ganzes, das nach bestimmten Prinzipien stufenweise oder egalitär aufgebaut ist. Welche Form auch immer in Augenschein genommen wird, zugrunde liegt der Gesellschaft der Solida-

mit Blut ist.

42 Vgl. Friedrich Kluge: *Etymologisches Wörterbuch der deutschen Sprache*, 18. Aufl., bearbeitet von Walther Mitzka, Berlin 1960, S. 274 und 267; ebenso Klaus Richter: *Die Herkunft des Schönen*, a.a.O., S. 217.

ritätsgedanke, da kein Mensch für sich allein zu existieren vermag, weder unmündige Kinder noch schwache Alte, Kranke, durch Unfall oder Krieg Geschädigte noch auch der ganz normale Mensch in seiner Arbeitswelt, in Handel und Gewerbe, in der Produktion und im Austausch seiner Güter mit anderen Menschen wie auch in der Begegnung mit der Natur (Ökologie) und selbst in seiner Freizeit und in seinem Genuss.

Die Anwendung des ästhetischen Begriffs der Schönheit, einer sinnlich-physischen Qualität, auf die Sozietät mag uns heute etwas merkwürdig erscheinen. Man befindet sich jedoch in guter Gesellschaft, insofern auch Platon in seiner Schönheitsskala im *Symposion* den Begriff der Schönheit nicht nur auf die physisch gestalteten Produkte der Künstler anwandte, sondern auch auf die Organisationsformen des Staates, auf Gesetze, Sitten und Gebräuche wie auch auf diese selbst, die ihm als wohlgeordnete schön erschienen. Dabei nahm er sich den geordneten gestirnten Himmel zum Prototyp – Kosmos bedeutet Wohlordnung – und wandte diesen auf soziale Gebilde wie Staaten und des weiteren auf die Organisation der Psyche, der inneren Vermögen des Menschen, an. Der Begriff des Kosmos, der Wohlordnung, hat sich in der Weiterentwicklung zum Begriff Kosmetik = ‚Schönheit' oder ‚Schönheitspflege' erhalten. Wie man im geregelten, geordneten Ablauf des Planetariums eine Schönheit erblicken kann, so auch im wohlgeordneten, funktionierenden Staat, der den Menschen nicht nur ein Überleben, sondern auch ein Wohlbefinden ermöglicht.

Das Gegenteil von Wohlordnung ist Chaos. Bekanntlich haben die Griechen nichts mehr gefürchtet als chaotische Zustände, eine Seins- und Gemütsverfassung, mit der sich Hässlichkeit und Verabscheuungswürdigkeit und Unwohlsein für sie verband. Noch heute identifizieren wir im systemischen Denken Chaos mit Krankheitszustand und Gesundheit mit Wohlordnung. Je weiter wir den Begriff Schönheit von der rein physischen Ebene ablösen und in den geistigen Bereich hinein verfolgen, umso mehr zeigen sich Ordnungsstrukturen wie Zusammenspiel, Geregeltheit, Gesetzmäßigkeit, Harmonie u.ä. als entscheidende Faktoren, die auch auf die psychische Befindlichkeit Auswirkungen haben. Die Betrachtung des Himmels, die sogenannte Kontemplation, wie sie ursprünglich in Antike und Mittelalter den Naturwissenschaften zukam, hatte daher keinen Selbstzweck, vielmehr den Zweck, den Menschen zur inneren Ruhe und Ausgeglichenheit zu bringen. Insofern hat Platon eine richtige Beobachtung gemacht, dass soziale Strukturen, die der Ordnung des Kosmos abgeschaut sind, auf die Befindlichkeit und das Wohlergehen der Menschen zurückwirken. Nicht zu leugnen aber ist, dass Ordnung und Gleichförmigkeit nicht überall und nicht von jedem als Schönheitsideale geschätzt werden, da sie mit der Zeit und in großem Umfang langweilig und monoton werden und nach Veränderung rufen, ist doch die Natur selbst auf Wandel und Veränderung eingestellt. Die Aufhebung der alten Ordnungsstrukturen bedeutet zumeist Übergang in eine neue Ordnung, kann jedoch auch im Chaos enden.

2. Schönheit als freies Spiel – psychologische Begründung

Abgesehen von der Tatsache, dass Menschen sich selbst oder andere schön finden oder auch nicht, indem sie objektive Sachverhalte zur Kenntnis nehmen, gibt es die Tendenz zur Ästhetisierung. Sie ist allgemeinmenschlich und dürfte auf einem Trieb basieren, der bis ins Tierreich reicht, denn auch in diesem sind Verschönerungspraktiken zu konstatieren, beispielsweise wenn bestimmte Vogelarten ihren Tanzplatz sorgfältig auswählen, um von allen Seiten optimal gesehen werden zu können, oder mit Beeren diverser Farben schmücken und die Objekte immer wieder austauschen, bis die Anlage ihnen zusagt und sie sich sicher sind, das Interesse der Weibchen auf sich zu locken.

Der Verschönerungstrieb ist ein Spieltrieb, wie er Kindern und Jugendlichen eignet, wenn sie aus Lust und Übermut im freiheitlichen Spiel ihre Kräfte messen, miteinander ringen und balgen, sich verstecken und wieder hervorkommen, sich verkleiden und demaskieren, ‚Räuber und Prinzessin', ‚Domino' oder ‚Mensch ärgere dich nicht' spielen, zu gewinnen streben und weinen, wenn sie verlieren. Je mehr sie heranreifen, desto bewusster wählen sie ihre Kleidung, sind nicht mehr mit allem einverstanden, was ihnen die Eltern aufoktroyieren, haben eigene Wünsche und Vorstellungen von dem, was schön ist und ihnen gefällt, wetteifern mit den Klassenkameraden und -kameradinnen um den schönsten Ranzen mit Micky Maus oder Teddybär; zunehmend werden sie körperbewusster, verschönern sich mit Bräunen oder Bleichen der Haut je nach Kultur oder schmücken sich wie die arabischen und afrikanischen Mädchen mit Henna, deren Muster auf Hände und Arme aufgetragen werden. Die Tendenz zur Verschönerung setzt sich fort bei den Adoleszenten und reicht bis ins Erwachsenenalter hinein und bestimmt die Menschen während der gesamten Lebensdauer. Jeder Mensch frönt mehr oder weniger seinem Spieltrieb und dokumentiert dies in der Wahl seiner Kleidung, seiner Kopfbedeckung und Beschuhung, im Anlegen von Schmuck und im Tragen von Accessoires, wobei es wichtig ist, nicht nur dass man sich Assessoires zulegt, sondern um welche Marke es sich handelt, und dass man stets der neuesten Mode folgt, auch wenn diese noch so unpraktisch und absurd ist wie enge lange Hosen, in denen man nur stehen, nicht sitzen kann, oder die Wespentaille der Damen des 18. Jahrhunderts, bei deren Zuschnürung man die Luft anhalten musste. Die Fortdauer des Spieltriebs betrifft nicht nur Künstlernaturen und Experimentatoren, denen man nachzusagen pflegt, dass sie bis ins hohe Alter Kinder blieben wegen ihres spielerischen Experimentierens und Ausprobierens.

Insbesondere der menschliche Körper unterliegt der Verschönerung durch äußeres Make-up, Augenumrandungen und Lidschatten und Wimpernverlängerung, durch Wangen- und Lippenrot, durch Nagelpflege und extravagante Feilung, nicht zu vergessen betäubenden Duft, was nicht nur für die Parfümierung von Frauen gilt, sondern auch für das Rasierwasser der Herren. Die Körperpflege dient nicht nur der Hygiene, sondern der ausgesprochenen Verschönerung, die temporär und oberflächlich sein kann, aber auch dauerhaft und nachhaltig wie beim Piercing und Tätowieren, deren Muster in die Körperhaut eingeritzt werden und nicht problemlos wieder entfernt werden können. Erscheinen jemandem Körperkorrekturen erforderlich, die Ausrichtung von Nase und Ohren, die Entfernung hässlicher Flecken, Pusteln und Warzen, so geschieht dies durch Schönheitsoperationen. Und nicht nur Korrekturen werden vorgenommen, sondern ganze Veränderungen der Gestalt wie bei dem Fernsehstar Michael Jackson, der, seiner negroiden Herkunft überdrüssig, sich nach seinem Idol Elizabeth Taylor operieren ließ mit Bändigung des Kraushaares, Formung der Nase usw. Eine ganze kosmetische Industrie und Chirurgie lebt von solchen physischen Eingriffen und verdient daran Unsummen, weil jeder gemäß seinen individuellen Vorstellungen und in Konkurrenz mit anderen oder auch nach der jeweiligen Mode schön aussehen will und die Schönheitsindustrie diesem Wunsch entspricht.

Der Verschönerungstendenz wird nicht nur der eigene Körper unterworfen, sondern auch die Umgebung, indem man seine Wohnung mit geschmackvollen, exquisiten Möbeln ausstattet, handle es sich um antike, barocke, rokokohafte oder moderne Möbelstücke, die an Extravaganz nicht zu übertreffen sind, indem man sich mit erlesenen Kunstgegenständen, Vasen, Malereien, Skulpturen und allerlei Unnützem, jedoch Schönem umgibt. Dasselbe betrifft die Gestaltung von Haus und Garten, die je nach Geldbeutel und Geschmack bis zum Eigenheim, zur Villa, zu Palästen und Schlössern reichen kann und, was Gartenanlagen betrifft, von der bescheidenen Bonsaikultur im Zimmer über die Balkondekoration bis zum Hausgarten und großflächigen Park. Meist geschieht dies nicht nur zum eigenen Vergnügen, sondern mit Blick auf die Nachbarn, um diese zu übertrumpfen und ihren Neid zu erregen.

Noch weiter greift der Lebensstil, da es dem Mensch nicht gleichgültig ist, wie er lebt und sein Leben gestaltet, seine Gesellschaft ausrichtet, seinen Sport, seine Reisen wählt, ob er sich dem Massensport wie Turnen in gewöhnlichen Sporthallen und Fitness in überfüllten Fitnesszentren widmet oder elitären Sportarten wie Reiten und Golfen nachgeht, ob er bei Reisen Naherholungsgebiete oder exotische Fernen aufsucht, ob mit Kreuzfahrtschiffen, die 3000 Menschen beherbergen, oder auf Luxusyachten mit wenigen Personen. Auch hier geht es um Verschönerung des Lebens, um Lebensgenuss, der beliebig gesteigert werden kann und nicht selten aus Überdruss zu einem Umschlag ins Gegenteil führt, ins einfache rustikale Leben zurück. Dass dies nicht nur den heutigen Menschen betrifft, sondern schon den alttestamentlichen König Kohelet, der seines Reichtums, des Genusses und der Schwelgerei überdrüssig wurde, beweist die Bibelstelle:

> „Ich tat große Dinge: ich baute Häuser, pflanzte Weinberge; ich machte mir Gärten und Lustgärten und pflanzte allerlei fruchtbare Bäume darein; ich machte mir Teiche, daraus zu wässern den Wald der grünenden Bäume; ich hatte Knechte und Mägde und auch Gesinde, im Haus geboren; ich hatte eine größere Habe an Rindern und Schafen denn alle, die vor mir zu Jerusalem gewesen waren; ich sammelte mir auch Silber und Gold und von den Königen und Ländern einen Schatz; ich schaffte mir Sänger und Sängerinnen und die Wonne der Menschen, allerlei Saitenspiel; [...] und alles, was meine Augen wünschten, das ließ ich ihnen und wehrte meinem Herzen keine Freude, daß es fröhlich war von aller meiner Arbeit;und das hielt ich für mein Teil von aller meiner Arbeit.

Da ich aber ansah alle meine Werke, die meine Hand getan hatte, und die Mühe, die ich gehabt hatte, siehe, da war alles eitel und Haschen nach Wind und kein Gewinn unter der Sonne.“[43]

Doch auch die bewusste Rückkehr zur Natur, die Schäferspiele von Marie-Antoinettes am Hofe Ludwig des XVI. in Versailles, gehören zum lifestyle und zur Modeerscheinung, ebenso wie die betont einfache Kleidung moderner Aussteiger.

Der dem Vergnügen, Genuss und Spass (*fun*) zugrunde liegende und das Wohlbefinden auslösende Spieltrieb wird gemeinhin als zweckfrei bezeichnet, da er nicht durch Pflichten, Zwänge und Nötigungen gegängelt ist, die üblicherweise das Erwachsenenleben charakterisieren. Es handelt sich – so die Meinung seit Kant – um ein interesseloses Wohlgefallen.

Ihre Berechtigung erfährt die These vom interesselosen Wohlgefallen dadurch, dass die Verschönerung zum Leben und Überleben nicht notwendig und dringlich ist. Stellt sich Hunger ein, so genügt es, irgendetwas Bekömmliches zu essen, bis der Hunger gestillt ist. Ob dies mit den Fingern geschieht oder mit Besteck, tut nichts tut Sache. Stellt sich Durst ein, so genügt es, einfaches Wasser zu trinken, bis der Durst gestillt ist. Ob man hierzu die zur Schale geformte Hand benutzt oder eine Tasse oder aus der Flasche trinkt, ist für das Überleben belanglos und folgt lediglich dem ästhetischen Bedürf-

43 *Kohelet* 1,4-11 (Übersetzung Luther-Bibel).

nis, das über die Notwendigkeit und Dringlichkeit hinausgeht. Dasselbe gilt, wenn man den Essensgenuss durch eine Gourmetküche mit auserlesenen Zutaten und raffinierter Zubereitung maximiert. Lebensnotwendig ist dies nicht. Es steigert lediglich den Kitzel des Gaumens. Dem Mensch scheint es nicht gleichgültig zu sein, ob er sich mit einfacher Speise begnügt oder mit Delikatessen, ob er die Früchte des Waldes und Feldes verzehrt, wie sie in der Natur wachsen, gelegentlich krumm und schief und mit Insektenstichen versehen, oder makellos und glänzend gezüchtet, wenngleich mit Herbiziden und Pestiziden besprüht. Und ebenso scheint es ihm nicht gleichgültig zu sein, ob er gewöhnliche, leicht zugängliche Nahrung zu sich nimmt oder ausgefallene, selten zu erlangende wie Haifischflossen, Schildkrötenfleisch, Vogelnester, die man unter Lebensgefahr aus Höhlen mit Leitern herunterholt und die deswegen Unsummen kosten. In der chinesischen Küche gilt als höchster Genuss, wenn die verwendeten Ingredienzien so hergerichtet und vermischt werden, dass sie keinen Geschmack mehr haben. Nicht anders verhält es sich bei den Getränken. Reicht zum Überleben des Menschen simples Wasser, so steigert es seinen Genuss, wenn er köstlichen Wein trinkt, noch dazu besonders alten, gelagerten in Eichenfässern, der vollmundig, abgerundet, nach Barrique oder Schiefer oder Pfirsich schmeckt, wie die Kenner schwärmen, und bis zu Tausenden von Euros kosten kann. „Je teurer, desto besser" ist die Devise. Auch ist es offensichtlich nicht dasselbe, ob man Speisen und Getränke im Stehen oder Laufschritt als Schnellimbiss einnimmt oder gesittet am gedeckten Tisch mit Damastdecke, Blumengebinde und Kerzen und in festlich gekleideter Gesellschaft. Der Steigerung des interesselosen Wohlbefindens sind keine Grenzen gesetzt.

Die These von der Zweckfreiheit und Interessenlosigkeit ist jedoch nur bedingt wahr; denn schon die Spiele der Kinder und Jugendlichen, erst recht die Verhaltensweisen und Umgangsformen der Erwachsenen sind durchaus nicht zweckfrei. Das Ringen und Balgen der Kinder, das Ballspielen, Laufen und Springen dient nicht nur der körperlichen Ausbildung und Ertüchtigung, sondern auch der Festlegung der Rangordnung, was Wettkämpfe noch steigern. In der Erwachsenenwelt kennzeichnet es die Zugehörigkeit zu bestimmten Klassen und Ständen, die sich im natürlichen Wettkampf herausgebildet haben und von einer Leistungsgesellschaft gefordert werden. Dasselbe trifft auf die spielerische Ausbildung und das Training der geistigen und sittlichen Kräfte zu; nur ihre interne Ausgestaltung ist frei. Durch äußere wie innere Kultivierung versucht der Mensch, den anderen und möglicherweise auch sich selbst zu imponieren, Prestige zu gewinnen und dadurch seine gesellschaftliche Stellung zu festigen. Man steigert so nicht nur sein Selbstwertgefühl und Selbstbewusstsein, sondern auch die Achtung und Ehrerbietung der anderen, was miteinander zusammenhängt. Ebenso gibt man durch sein Benehmen kund, dass man zur Elite gehören will, gegebenenfalls auch aus ihr aussteigen will, wie die Hooligans, Skinheads, Punks oder die sogenannten Aussteiger, die einer anderen Lebensweise frönen, sei es, dass sie auf Motorrädern lautstark in Gruppen durch die Städte knattern, schwarze Lederkleidung und dunkle Brillen tragen, um so auf sich aufmerksam zu machen, sei es, dass sie provokativ ihre Frisur nach Art von Hahnenkämmen mit grüner oder gelber Farbe zurechtstutzen, sei es, dass sie wie die echten Aussteiger sich nach Goa begeben, um dort bei Gurus und in Meditationszentren eine alternative Lebensweise zu praktizieren.

Die verschiedensten Ausprägungen von Ästhetisierung durchziehen die Geschichte, Völker und Kulturen. Man kann die diversen Richtungen der Steigerung der Lebensqualität zusammenfassen zur Kultivierungstendenz, die uns psychologisch innewohnt und uns ständig über uns hinaustreibt, wobei wir der Devise folgen, die zum Leitspruch unserer Gegenwartskultur geworden ist: „immer mehr, immer weiter, immer höher, immer extravaganter". Sie haben keine einheitliche Richtung, sondern wechseln von Kultur zu Kultur, Epoche zu Epoche, Individuum zu Individuum, allenfalls spielen Produktionsmittel, Verfügbarkeit der Stoffe und kulturelle Besonderheiten eine Rolle.

Typisch für unsere Gegenwart ist die Rapidität des modischen Wechsels, was mit der Industrialisierung und der maschinellen Produktion zusammenhängt. Wettbewerb und Konkurrenzverhalten bestehen auf allen Ebenen und setzen sich vom frühen Jugendalter bis ins Erwachsenenleben fort. Die Devise, immer der Beste zu sein, stets an der Spitze zu stehen, Erfolg zu haben, liegt ganz auf der Linie des gegenwärtigen Verschönerungsstrebens und der Steigerung der Lebensqualität.

Trug man früher wegen der Kostbarkeit der Stoffe oder der Aufwendigkeit der Herstellung Kleider jahrelang, eventuell sogar lebenslang, so gibt es heute Frühjahrs- und Herbstkollektion und oft dazwischen noch weitere Innovationen. Ebenso kommen und gehen die Automodelle, die jährlich zweimal in Autosalons ausgestellt werden, um Industrie und Verkauf anzukurbeln. Zudem ändern sich Technik und Ausstattung in einer solchen Rasanz, dass die alten Modelle noch gar nicht überholt und verschlissen sind, wenn die neue Generation auf den Markt kommt. Was heute modisch und modern ist, ist morgen bereits veraltet. Zu einer früheren Olympiade hatte die Stadt München ein Schild aufgestellt mit der Inschrift „München wird modern", was in zweierlei Sinne gelesen werden konnte, einmal als „München wird sich erneuern", zum anderen als „München wird vergehen (= modern)".[44] Die permanente Steigerung hängt mit unserer Art von Ökonomie und ihrer Überproduktion zusammen, welche die Gier der Menschen nach Geld und Innovation immer weiter anstachelt und so zu einem Turbokapitalismus führt.

Dass sich die Kleidung in verschiedenen Ländern und Erdteilen nach dem Klima und der Temperatur, der Wärme oder Kälte, richtet und nach den verfügbaren Materialien, seien es Palmenblätter, sei es geklopfte Baumrinde in der Südsee, Wolle, Fasern, Stoff bei den Mitteleuropäern, Felle und Pelze bei den Eskimos, bedarf keiner weiteren Erklärung, ebenso dass die Ästhetisierung je nach Verfügbarkeit der Materialien durch Straußenfedern, Pelzbesatz oder Perlen vorgenommen werden kann.

Schaut man sich weltweit in der Mode um, so haben schon immer große kulturelle Differenzen bestanden. Verlief die Erziehung und Kleidung in Europa bis in die Nachkriegszeit genderspezifisch, so war es bei Südseevölkern üblich, ein Kind der Familie, meist das letztgeborene männliche, in weibliche Kleidung zu stecken und feminin zu erziehen. Hierfür gab es einen praktischen Grund. Da die Mädchen mit der Heirat in andere Familien wechselten und ihnen im allgemeinen die Fürsorgepflicht oblag, musste ein Kind der eigenen Familie für die Altersfürsorge abgerichtet werden. Mahuts sind gesellschaftlich geachtete Personen, die nach dem Tod der Eltern homo- oder transsexuell heiraten oder auch unverheiratet bleiben können. Ihren Lebensunterhalt verdienen sie oft als Vortänzer und Sänger oder als Barkeeper.

In Europa hat sich der Trend der Emanzipation und Gleichbehandlung vom Männern und Frauen durchgesetzt, was in der Kleidermode zur zunehmenden Anpassung der Frauenmode an die Männermode führte. War es im Barock und Rokoko noch üblich, weite Reifröcke zu tragen, so ging man im Biedermeier des 19. Jahrhunderts dazu über, natürlichere Formen zu präferieren, leger zugeschnittene Kleider, allerdings noch immer lange Röcke, während es im 20. Jahrhundert zur Zeit der schrägen, aufmüpfigen Zwanzigerjahre üblich wurde, sich Bubikopf und Hosen zuzulegen. Im 21. Jahrhundert hinwiederum setzte sich die natürliche Langmähnigkeit und Burschikosität offener Hemden und Kragen durch. Die Rockmode verkürzte sich zunehmend, blieb aber lange Zeit noch sittsam kniebedeckt – beim Lady's Day in Ascot in England gilt noch immer die royale Vorschrift der Kniebedeckung –, während die neueste Mode kurz, kürzer, am kürzesten favorisiert. Die Emanzipation und Gleichstellung von Männern und Frauen hat dazu geführt, dass sich die Frauenmode jener der Männer angeglichen hat

44 Vgl. Wolfgang Welsch: *Unsere postmoderne Moderne,* Weinheim 1987, S. 178 f., der auf diesen Spruch hinwies.

und heute beide Geschlechter Hosen, meist Bluejeans, tragen und ansonsten statt eng anliegender, körperbetonter Kleidung legere Sportkleidung bevorzugen.

So sehr die Mode innerhalb Europas zwischen den Epochen gewechselt hat, würde es noch immer einen stilistischen und moralischen Fauxpas bedeuten, wenn gewisse Stände wie Klerus und Richter sich Make-up auflegten oder Frauenkleidung trügen, da ihre Berufe nach Sein und Schein bemessen werden und nicht durch Äußerlichkeiten verstellt werden dürfen.

Nicht nur das Äußere und die materiellen Dinge und Utensilien werden der Ästhetisierungs- bzw. Kultivierungstendenz unterworfen, sondern auch die Verhaltensweisen und Umgangsformen, das, was wir Höflichkeit und Takt nennen, hinter denen innere Gefühle und Empfindlichkeiten stehen, die letztlich auf Anstand und Sittlichkeit hinauslaufen. Es handelt sich hier um Grußformen und -formeln, Anredeweisen, Glück- und Segenswünsche, Unterschriften, selbst Ausreden, die das gesellschaftliche Zeremoniell regeln wie Verkehrsregeln den Straßenverkehr und den Sinn und Zweck verfolgen, das gesellschaftliche Zusammenleben möglichst reibungslos und störungsfrei zu gestalten. Dass dies auf die unterschiedlichste Weise geschehen kann und in den diversen Kulturen und zu den diversen Zeiten auch geschieht, zeigt bereits der unterschiedliche Rechts- und Linksverkehr auf dem europäischen Festland und der britischen Insel sowie den englisch beeinflussten Ländern. Gleiches gilt für Grußformen, Anredeweisen u.ä. Gilt es in Europa für unschön und unhöflich, sich nicht die Hand bei der Begrüßung zu geben, so ist es in Japan aufdringlich und hässlich, sich die Hand zu reichen; statt dessen verbeugt man sich voreinander. Dass es sich bei alledem nicht um reine Äußerlichkeiten handelt, deren Rituale oft bis zur Unkenntlichkeit und Floskelhaftigkeit degradiert sind, zeigt sich, wenn man einen Gruß nicht erwidert, eine Ehrung übergeht, einen Geburtstag zufällig vergisst, einen Angesprochenen mit keinem oder falschem Titel anredet. Die Übergangenen oder falsch Angesprochenen fühlen sich dann in ihrer Ehre und Würde verletzt, degradiert.[45]

Vor allem im diplomatischen Verkehr, der für gute Beziehungen zwischen den Völkern zu sorgen hat, wird äußerster Wert auf die Erfüllung und Einhaltung der Anstandsregeln, Höflichkeitsfloskeln, Beschwichtigungen und Beschönigungen beim Auftreten von Streitigkeiten geachtet. Häufig werden solche als Schmeichelei und Unehrlichkeit gebrandmarkt. Sie haben jedoch den Sinn, für die Beruhigung erhitzter Gemüter, die Unterbindung von Konflikten und die Rückkehr an den Verhandlungstisch zu sorgen. Sind

45 Allerdings ist in den letzten Jahrzehnten ein Wandel eingetreten, der diese Äußerlichkeiten mehr und mehr ignoriert.

strittige Probleme zwischen Ländern aufgetreten, so mildert man sie ab. Kommt es bei gravierenden Auseinandersetzungen zu keiner Einigung, so heißt es, dass die Verhandlung vertagt wurde und, bei gänzlichem Scheitern, dass man die Sache im Blick behalten werde. Verletzungen von Äußerlichkeiten können als tiefgreifende Ehrverletzung aufgefasst werden und zu Verstimmungen, ja Feindseligkeiten und sogar Kriegserklärungen führen, da stets die Befindlichkeit des anderen, seine Ehre und Würde im Hintergrund mitschwingt

Zum höflichen gesellschaftlichen Umgang und Verhalten, das als schön empfunden wird, gehören Höflichkeits- und Notlügen, die man in unserer Kultur täglich mehrmals benutzt. Nach statistischen Erhebungen des niederländischen Wissenschaftlers Aldert de Vriy[46] soll jeder von uns mindestens zweimal am Tag lügen. Ist eine Verspätung oder ein Versäumnis selbst verschuldet, so ist es zur Floskel geworden, sich damit zu entschuldigen, dass man im Verkehr stecken geblieben oder von jemandem wegen einer dringlichen Angelegenheit aufgehalten worden sei. Das hört sich besser an als die Wahrheit, die oft verletzend sein kann. Jedermann versteht und durchschaut in unserer Kultur die Höflichkeitslügen und akzeptiert sie zur Gesichtswahrung. Ein anderer Umgang wäre äußer- und innerlich unschön und hässlich. Gleichwohl gibt es eine Reihe von Personen, Gruppen und Kulturen, die die Wahrheit unter allen Umständen einzuhalten fordern, z.B. einem Todkranken die niederschmetternde Wahrheit nicht zu verschweigen, während wir gewöhnlich ein solches Vorgehen für verletzend, unsittlich und hässlich halten.

Von diesen Umgangsformen ist auch das Verhalten der Staatsvertreter auf höchster Ebene nicht ausgenommen, was sich während der Corona-Pandemie zeigte. Um den Menschen Mut zu machen und Zuversicht für die Zukunft zu verbreiten, nicht zuletzt Vertrauen in die staatliche Lenkung und Beherrschung der Situation einzuflößen, wurden wissentlich und unwissentlich Lügen über Lügen in die Welt gesetzt. Wurden diese dann dekuvriert, und zwar in Situationen, in denen es um Tod und Leben ging, und mit der Ausrede entschuldigt, dass die Wissenschaft täglich Fortschritte mache und man bestimmte Erkenntnisse zu einem früheren Zeitpunkt noch nicht hätte besitzen können, dann ist das Vertrauen in den Staat grundlegend erschüttert, so dass selbst vernünftige Bürger zusammen mit Demonstranten und Corona-Leugnern auf die Straße gehen.

An dem Problem von Wahrheit und Lüge lässt sich noch ein anderes Problem studieren, das von Sein und Schein.. Es tritt unter zwei Aspekten auf:

46 Vgl. den Artikel von Marcus Knill: *Notlügen, Höflichkeit, Beschönigungen, Übertreibungen*, in: *Kommunikation und Lüge*, http://www.rhetorik.ch/Wahrheit/Wahrheit1.html.Vgl. auch Karen Gloy: *Wahrheit und Lüge*, Würzburg 2019, S. 11-16.

dem schönen Schein als Vollendung und dem bloßen Schein als Täuschung (Scheinhaftigkeit).

Aristoteles[47] hat in seiner Definition von Kunst dieselbe als *imitatio naturae* definiert, jedoch nicht im Sinne eines bloßen Abklatsches, sondern im Sinne einer Vollendung, falls die Natur aus irgendwelchen Gründen an der Verwirklichung ihrer ursprünglichen Anlagen und Intentionen gehindert wurde. Kunst und Verschönerung haben dann die Aufgabe der Vollendung der Natur.

Anders verhält es sich, wenn die Verschönerung derart artifiziell und gestellt ist, dass der schöne Schein eine korrumpierte Wirklichkeit verdecken soll. Dies ist der Fall bei Höflichkeit. Im Grunde ist Höflichkeit eine Unwahrheit als schöner Schein, den die Gesellschaft im allgemeinen braucht und akzeptiert um des reibungslosen Ablaufs des gesellschaftlichen Verkehrs willen. Menschen haben die psychologische Schwäche der Eitelkeit und Selbstgefälligkeit, auf die die Höflichkeit Rücksicht nimmt. Ein Herr, der einer Dame gegenüber in einer eleganten Abendgesellschaft unverhüllt äußert, dass er ihr Kleid hässlich fände statt des erwarteten schön, brüskiert und verletzt und zeigt sich als ungebildeter Rüpel, da jeder die Höflichkeit als gesellschaftliches Ritual und Konzession an die menschliche Schwäche durchschaut und erwartet. Höflichkeit als schöner Schein funktioniert, solange sie durchschaut wird. Da der Mensch aufgrund seiner psychischen Konstitution für Schmeicheleien und Unwahrheiten zugänglich ist, während die brutale Wahrheit verletzt und beleidigt, gehört Höflichkeit in einem gewissen Umfang zum gesellschaftlichen Umgang.

Wird der Schein übertrieben, so dass die Enthüllung überrascht, ja konsterniert und eine ganz andere Wirklichkeit zutage fördert, dann verurteilen wir dies. Gesellschaften benötigen für ihr reibungsloses Funktionieren angesichts der Heterogenität der Individuen und deren Ansichten Verdeckungs- und Beschönigungsstrategien wenigstens in einem bestimmten Ausmaß. Wird die Diskrepanz zwischen der Aufrechterhaltung des schönen Scheins bezüglich der gesellschaftlichen Ideale, mögen diese in Gerechtigkeit, Freiheit, Gleichheit, Solidarität oder was immer bestehen, zur Realität zu groß, dann kollabiert das System. Die Toleranzgrenze ist allerdings empirisch und eine Gewöhnungssache.

Da die vielen gesellschaftlichen Regelungen – sowohl die strengen, strafrechtlich zu verfolgenden Gesetze wie die weniger strengen, aber unendlich mannigfachen kleinen Regeln des Alltags – alle dem gesellschaftlichen Diktat unterstehen und bei den Individuen die Beherrschung der Gefühlsdimension voraussetzen, was dem Einzelnen nichts Geringes abverlangt, insbeson-

47 Aristoteles: *Physik*, II,8 (199a 15 ff.).

dere wenn die Gesetze und Regeln häufig wechseln, die Zeit schnelllebig ist und der Konkurrenzdruck stark, zeigen sich häufig Ausfallerscheinungen wie Burnouts bei Managern, und nicht nur bei diesen, sondern bei ganz normalen Bürgern. Denn in gewisser Weise stellen diese Verhaltensweisen eine Vergewaltigung des individuellen Gefühlslebens dar, die der Einzelne naturgemäß nicht immer und auf lange Sicht aufzufangen vermag.

Gesellschaften haben daher Ventile zur Entladung des aufgestauten Drucks erfunden, die dem Einzelnen zu bestimmten Zeiten und an bestimmten Orten erlauben, seinen Aggressionen freien Lauf zu lassen. Hierzu gehören der Karneval mit seiner sexuellen Freiheit und dem uneingeschränkten Sich-Ausleben, die Maskeradenumzüge, bei denen sich die einzelnen Personen hinter der Maske verschanzen und unbehelligt und ungestraft Kritik an Vorgesetzten, Politikern und Klerus üben können, auch die ekstatischen Tanzveranstaltungen und Biergelage, wie sie heute in Discos und Bars stattfinden, in denen Jugendliche sich bis zur Erschöpfung austoben können. Hier zeigt sich die hässliche Seite der Überforderung der Ästhetisierungstendenz.

Solche Extreme und Exzesse haben eine lange Tradition. Zu ihnen gehört die Narretei. So war es an den Fürstenhöfen vor allem des Mittelalters üblich, sich einen Hofnarren zu halten, dem es erlaubt war, dem Herrscher den Spiegel vorzuhalten und ihm die Wahrheit zu offenbaren. Der Herrscher vermochte dies zu ertragen wegen des niederen Standes und der üblichen Verachtung und Lächerlichmachung des Narren, den er mit einem Fußtritt hinausbefördern konnte.

Aus griechischer und römischer Zeit sind die Mysterienkulte bekannt: der Dionysoskult, der phrygische Kybele- und Attiskult, der Mithraskult, die samothrakischen Mysterien, der römische Kult des Liber pater usw. Euripides' Drama *Die Bakchen* bilden neben den pompejanischen Malereien das aufschlussreichste Zeugnis der sich dabei abspielenden Prozesse. Die bacchantischen Umzüge und Orgien dokumentieren das ekstatische Treiben der Bacchantinnen, die im Rausch und Wahn mit Schaum vor dem Mund durch die Gebirge streiften und nicht nur Tiere töteten und zerrissen, sondern auch Menschenkinder und sie roh verspeisten, wie die Mutter mit ihren Schwestern den eigenen Sohn.

„O Lust für den, der im Bergwald in rasendem
Lauf stürzt hin auf den Grund,
Gehüllt ins heil'ge Hirschkalbfell, dürstend nach

Blut des getöteten Böckleins, nach rohem Genusse.“ [48]

„Erbarm dich, Mutter, meiner, töte […]
nicht dein eignes Kind!“
Die aber, Schaum vorm Mund, die Augen hin und her
wild rollend, nicht vernünftig, wie's Vernunft heischt, war
von Bakchios besessen, hörte nicht auf ihn
Und packend mit den Händen ihm den linken Arm,
Gegen die Rippen tretend des Unseligen,
Risß sie heraus die Schulter; nicht aus eigner Kraft,
Der Gott gab ihren Händen Leichtigkeit des Tuns.
Ino war auf der andern Seite tätig, riß
das Fleisch ihm weg [...]“[49]

Man vermutet, dass es in diesen Mysterien um das Thema des Stirb und Werde ging, das auch dem altägyptischen Osiris-Mythos oder dem indischem Purusha-Mythos zugrunde liegt und die ewige Wiedergeburt der Natur dokumentiert, die hier physisch und psychisch ekstatisch vollzogen wurde

Naturethnien, sei es in Papua-Neuguinea, Irian Jaya, in den Anden, kennen solche Feste, die allerdings streng auf bestimmte Zeiten und Orte fixiert sind und einem Meister unterstehen, der das ganze Ritual überwacht. Rauschmittel wie Pilzgifte, z.B. Meskalin spielen eine große Rolle und steigern die Transformation in einen anderen psychischen Zustand, der oft mit ekstatischer Trance zusammenfällt. In solchen Festen können die Teilnehmer ihren alltäglichen Frust abbauen und ihrer Aggressivität gegen Stammesangehörige freien Lauf lassen und auch Promiskuität üben.[50]

Wie es einen Trieb zur Verschönerung und Steigerung der Lebensqualität gibt, so auch einen entgegengesetzten der Verunzierung und Zerstörung, der einerseits in Selbstverstümmelung (Automutilation) bestehen kann, andererseits in Verwüstungsabsichten und Schädigung anderer. Die Ursachen sind meist psychopathologischer Art, können aber auch religiöser, anthropophager oder kultureller Art sein, wie in Papua Neuguinea, wo sich die Witwe beim Tod ihres Mannes die Fingerglieder aus Trauer über den Verlust abhackt. Auch aus dem antiken Griechenland ist die Sitte bekannt, dass die Priester der Göttin Kybele sich am Frühlingsfest zu Eunuchen entmannten.

48 Euripides: *Die Bakchen,* Übersetzung, Nachwort und Anmerkungen von Oskar Werner, Stuttgart 1968, Vers 135 f.

49 A,a.O., Vers 1120 ff.

50 Auf den Trobriand-Inseln beispielsweise ist den verwitweten Frauen zu dieser Zeit Promiskuität erlaubt.

Die Zerstörungswut in Kriegen oder auch das Ausrasten der Fußballhuligans, die in Ekstase alles kurz und klein schlagen, ist zur Genüge bekannt.

Die uns angesichts dieser Ausführungen interessierende Frage ist die, ob das zweckfreie Spiel der Kräfte angetan ist, der Verschönerung und Kultivierung zu dienen oder nicht selten auch dem Gegenteil. Schon in unseren Breitengraden und in unserer Kultur kann man Zweifel hegen, ob die wechselnden Moden immer dem ästhetischen Urteil genügen oder nicht oft daneben liegen und geschmacklos und hässlich sind. Und bezüglich der anderen, uns fremden Kulturen, denen wir sowieso Unzivilisiertheit und Barbarei vorzuwerfen geneigt sind, kommen Vorstellungen der Lebenssteigerung und Verschönerung vor, die uns hässlich und abstoßend erscheinen, von jenen aber als schön empfunden werden. Der Begriff der Ästhetisierung und Kultivierung erweist sich als ein total relativer.

3. Schönheit als Magie – soziologische Begründung

Überblickt man die Geschichte der Kunst, der künstlichen und der künstlerisch hergestellten Gegenstände, so wird man feststellen, dass die in der Frühzeit produzierten Gegenstände aus Stein, Lehm, Ton, Holz oder aus welchem Material auch immer durchaus nicht schön im heutigen Sinne zu nennen sind, sondern lediglich erkennen lassen, dass man fähig war, etwas herzustellen. Sie hatten eine zweckdienliche Funktion, indem sie als Gefäße zur Aufbewahrung von Nahrung dienten, als Haken (Angel) zum Fischfang, als Pfeile zum Erlegen von Wild oder zum Kampf und als Beigaben der Toten in Gräbern, um den Verstorbenen eine Weiterführung des Lebens im Jenseits zu ermöglichen. In diesem Falle übernahmen sie eine Stellvertreterfunktion. Auch die vielen in Gräbern gefundenen Terrakottafiguren, die nur approximativ ein menschliches Aussehen erahnen lassen, fungierten als Diener und Dienerinnen, als Mitmenschen oder auch als Angehörige, um den Verstorbenen ein gesellschaftliches Weiterleben zu suggerieren. Sie hatten eine zweckdienliche soziale Funktion. Mit der Zeit wurden die Arbeiten feiner, verloren ihre Grobheit und nahmen naturalistische Formen an, die immer ausgeprägter und filigraner ausgearbeitet wurden, so dass wir in den Museen bereits aus der Menge der vielen grob gestalteten Figuren und Gefäße die in unserem Verständnis subtileren, schönen herausfinden können. Der dem Menschen eigene Schönheits- und Verschönerungstrieb führte zunehmend zur Verfeinerung der Arbeiten. Besonders ausgefallene Exemplare wurden den Göttern in Tempeln geopfert, um diese zu erfreuen, gnädig zu stimmen und für die eigenen Wünsche und Anliegen geneigt zu machen, denn eine soziale Beziehung des Gebens und Nehmens, der Unterstützung und der feindlichen Abwehr bestand nicht nur zwischen den Menschen, sondern auch zwischen diesen und den höheren übernatürlichen Kräften, mögen sie Götter oder Geister oder Dämonen genannt werden. Besonders erlesene Stücke sollten besondere Gunst erwirken, wie auch heute noch.

Den Hintergrund des frühzeitlichen Denkens und Handelns bildet ein magisches Weltbild, das von Kräften, attraktiven wie repulsiven, bestimmt ist, die man anzuziehen bestrebt war durch Erzeugung größeren Wohlgefallens oder abzuwehren durch erschreckende, furchterregende Darstellungen, – das eine durch Maskottchen, Amulette, Edelsteine, das andere durch Fratzen und Grotesken.

Die zunehmende Ästhetisierung des Lebens hatte u.a. soziale Gründe, nämlich das Zusammenleben zu fördern, im gegenteiligen Fall zu mindern oder gar zu zerstören. Diente in der Frühzeit die bloße Akzentuierung bestimmter Merkmale wie jener der Fruchtbarkeit wie bei der Venus von Willendorf, die alles andere als eine Venus ist, vielmehr ein reines Fertilitätsidol, zur Attraktion der magischen Kräfte und geradezu zur Erzwingung der Realisation der Wunschvorstellungen,[51] so übernahm mehr und mehr die Ästhetisierung und die mit ihr einhergehende Wirkung des Wohlgefallens und der Attraktivität diese Aufgabe. Ästhetisierung ist ein erster Schritt des Hinausgangs über die reine Zweckmäßigkeit, ein erster Schritt zur Kulturstiftung.

Die gesellschaftskonstitutive und -fördernde Funktion der Schönheit lässt sich an einem speziellen Beispiel demonstrieren, an Zeichen, Punkten, Strichen, Kreuzen, Kreisen u.ä. Mit solchen pflegte man ursprünglich Kinder auf der Stirn zu markieren, um ihre Stammeszugehörigkeit zu dokumentieren, so wie heute Tiere (Schafe, Rinder, Ren) mit Zeichen oder Marken versehen werden, um ihren Besitzer zu kennzeichnen. Wegen der hohen Geburtensterblichkeit waren in früheren Zeiten Kinder als zukünftige Arbeitskräfte ein wertvolles Gut und wurden nicht selten geraubt, so dass ihre Zugehörigkeit sichtbar gemacht werden musste, wie heute noch bei Naturethnien ihre Stammeszugehörigkeit durch ein eingeritztes oder gemaltes Merkmal dokumentiert wird oder wie in Indien die Klassenzugehörigkeit zu einer bestimmten sozialen Klassen durch Zeichen auf der Stirn indiziert wird.

Mit der Zeit wurden diese Zeichen verspielter, zu Mustern und Ornamenten ausgebaut, indem beispielsweise ein signifikantes Zeichen immer wieder repetiert, mit anderen Zeichen in einer Reihe abgewechselt, nach rechts und links, nach oben und unten ausgedehnt wurde, so dass großflächigere Muster und Ornamente entstanden.

Die Schönheit, die in solchen Mustern liegt, ist dem Spieltrieb geschuldet, welcher Menschen wie Tieren eigen ist. Wie Kinder herumtollen, ihre Kräfte für spätere Aufgaben und Tätigkeiten üben, für den Überlebenskampf schärfen, so auch der Erwachsene, der im zweckfreien Spiel, das von Gekritzel bis zu extravaganten Ornamenten reicht, seine Kräfte stärkt. Ob wir Gekritzel oder extravagante Ornamente als Kunst bezeichnen und der Ästhetik zumessen, mag alters-, kultur- und epochenabhängig sein, es handelt sich auf jeden Fall um ein zweckfreies Spiel der Kräfte, das seinen ursprünglichen Grund in der sozialen Zugehörigkeit hat.

Ein beredtes Zeugnis hierfür liefert die samoanische Kunst des Tätowierens, Pe'a genannt, die eine ausgesprochen gesellschaftskonstituierende Funktion hat. Sie ist ein äußerst schmerzhafter Prozess, bei dem den jungen Männern mit einem aus Schildpatt, Stein und Holz bestehenden Kamm und einer dunkelbraunen bis schwarzen Tinte aus dem Saft des Lichtnussbau-

51 Im magischen Weltbild verbindet man die Anrufung von Götternamen mit der Herbeizwingung derselben, daher auch der Ausdruck ‚Zwingname'. Vgl. Ernst Cassirer: *Philosophie der symbolischen Formen*, 2. Teil: *Das mythische Denken*, 8., unveränderte Aufl. Darmstadt 1987, S. 265, der von „Zwangsnamen" (ἐπάναγκοι) spricht.

mes Linien, Punkte oder größere Flecken unter die Haut gespritzt werden, so dass mehr oder weniger engmaschige großflächige Muster entstehen. Da die Muster von der Hüfte bzw. dem Bauchnabel bis zu den Knien reichen, gleichen sie Hosen. Der durch solche Tattoos Verzierte wird respektvoll *Soga'imiti* genannt, der Nicht-Tätowierte als *telefua* oder *telenoa,* d.h. nackt bezeichnet. Das samoanische Pe'a gehört in die Kategorie der Mannbarkeitsrituale, mit deren Überstehen der Adoleszent seine männliche Kraft und Widerstandsfähigkeit sowie seine Selbstbeherrschung dokumentiert, die ihn zum Vollmitglied der Gesellschaft qualifiziert. Die Tortur ist so schmerzhaft, dass nicht jeder diese übersteht und nicht selten Suizid begeht wegen der drohenden gesellschaftlichen Ächtung. Da das samoanische Tattoo nicht nur zur Initiation, sondern auch mehrfach im Leben eingeritzt werden kann, sind die Muster oft Ausdruck verschiedener Reifestadien und haben entsprechende Bedeutungen.[52],[53]

Eine ähnliche Funktion kommt in Papua-Neuguinea, insbesondere im Sepik-Gebiet, den Krokodildesigns zu, die den Adoleszenten bei der Initiation entsprechend dem dort herrschenden Krokodilkult in die Haut geritzt werden, besonders auf Oberarme, Brust und Rücken. Die Einritzung erfolgt mittels messerscharfer Muscheln und heute vermehrt mittels Rasierklingen. Nach überstandener Qual, bei der die jungen Männer ihre Mannhaftigkeit, ihren Mut, ihre Tapferkeit und Widerstandsfähigkeit bewiesen haben, fühlen sie sich so stark wie Krokodile und sagen von sich selbst, dass sie Krokodile seien gemäß dem Partizipationsgedanken. Die sich in dem Krokodildesign ausdrückende Schönheit zeigt noch die ursprüngliche Verbindung von Magie und Schönheit, verbunden mit sozialem Ansehen und Respekt.

In dem folgenden Exkurs möchte ich detailliert eine Initiation beschreiben, die ich Ende des Jahres 2010, Anfang des Jahres 2011 im Blackwater-Gebiet von Papua-Neuguinea miterleben durfte.

Kulturen unterscheiden sich nach Sitten und Gebräuchen, Vorstellungen, Ideen, Riten und Praktiken, und zwar umso mehr, je ferner sie uns geographisch liegen, sei es in Mittel- oder Südamerika, sei es in Afrika, sei es

52 Inzwischen und gerade in jüngerer Zeit hat das samoanische Tattoo auch Einzug gehalten in die Pop-Kultur des Westens, wo es auf Oberarmen, Rücken, Brust, auf jeder Stelle des Körpers angebracht werden kann. Wurden Tattoos ursprünglich von Seeleuten in den Westen importiert und von diesen angewandt, so dass sie auch das Stigma der Matrosen und der Sträflinge hatten, so erfreuen sie sich seit Ende des 20. Jahrhunderts in der Jugendkultur zunehmender Beliebtheit, allenthalben als Schönheitsmerkmale, seltener als Zugehörigkeitsmerkmale.

53 Bemalung, Tätowierung, Piercing, Branding werden auch in vielen anderen Kulturen durchgeführt, selbst bei Frauen, in afrikanischen, arabischen und indischen, insbesondere bei Heirat. Die Bemalung der Hände mit Henna dient nicht nur dem ausgesprochenen Schönheitskult, sondern ist auch Zeichen des Standes und Reifegrades.

im pazifischen Raum. Nicht nur muten sie uns oft eigenwillig und fremdartig an, sondern auch brutal und abstoßend und ziehen uns doch magisch in ihren Bann. Und so machte sich unsere Expedition Ende 2010 in das ferne Papua Neuguinea auf, um dort an Initiationszeremonien im Blackwater-Gebiet teilzunehmen.

Von Port Moresby, der Hauptstadt Papua Neuguineas führte unsere Flugroute nach Wewak auf der anderen Küstenseite der Insel, dort mit einem Transporter in Begleitung zweier Polizisten, die uns vor Raubüberfällen und Mordanschlägen schützen sollten, über Maprik nach Pagwi am Sepik. In Maprik auf halber Strecke besuchten wir die Yamshäuser: das alte efeu-überwucherte sowie das neu erbaute mit einem beeindruckenden Masken- und Figurenfries, in denen Yam gespeichert wird und zur Zeit der Yamsernte Maskentänze aufgeführt werden.

In Pagwi angekommen, bestiegen wir unseren motorisierten Einbaum mitsamt unserer Ausrüstung: Schlafmatten, Moskitonetzen, Proviant, Wasserflaschen und allem, was man zu einer Expedition benötigt.

Wir waren nur eine kleine Expedition, geführt von unserem langjährigen, erfahrenen, umsichtigen und absolut zuverlässigen Guide Albert, der uns nach Möglichkeit jeden Wunsch erfüllte, natürlich gegen Geschenke, einmal einen Rucksack, einmal ein Taschenmesser, dann einen Fotoapparat, eine Schlafmatte oder Kochgeschirr, sowie dem Bootsführer, der uns durch das schwierige weitverzweigte Stromgebiet des Sepik sicher hindurch manövrieren sollte; denn die Wasserläufe und Landschaften, die oft nur aus flottierenden Gras- und Schilfinseln bestehen, ändern sich von Jahr zu Jahr und machen das Gebiet unkartographierbar.

Vorbei ging es an schilf- und grasbewachsenen Ufern, gelegentlich unterbrochen vom Regenwald oder von einzelnen tropischen Bäumen, an Hütten und Dörfern in Richtung des Blackwater-Gebietes. Begegneten uns Einbäume der Eingeborenen, die beim Fischen waren, so wussten wir, dass wir in die Nähe menschlicher Siedlungen kamen, sonst herrschte endlose Weite.

Am Spätnachmittag tauchte die Silhouette der Waskuk Hills auf sowie der Berge im Hintergrund. Nach Einbrechen der Dunkelheit erreichten wir endlich das Dorf Tungambit, in dem die Initiation stattfinden sollte und in dem wir schon erwartet wurden.

Initiationsriten im DorfTungambit in Papua Neuguinea 2010/11

Schnabelmaske Tatjau
Foto: Karen Gloy

Männerhaus in Tungarnbit
Foto: Karen Gloy

nach Feinden Ausschauhaltende Vogelmaske
am Männerhaus, *Foto: Karen Gloy*

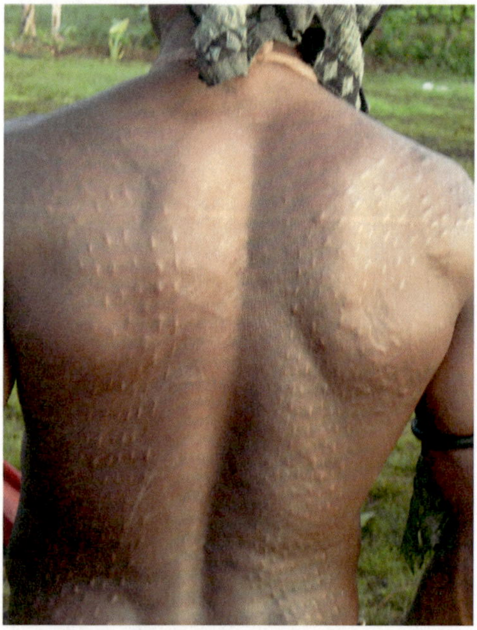

Krokodildesign
Foto: Karen Gloy

Initiationsritus: Einritzen des Krokodildesigns mit scharfer Muschelkante, *Foto: Karen Gloy*

frisch Initiierter mit Krokodilschmuck
Foto: Karen Gloy

Gesichtsbemalung Initiierter mit Seelenlinien
Foto: Karen Gloy

Bewirtungszeremonie der
Dorfbewohner durch frisch Initiierten
Foto: Karen Gloy

Aus dem Männerhaus, dem sogenannten Haus Tambaran, von dessen Giebel ein Vogel in die Weite schaut und nach Feinden Ausschau hält und eine grimmige Maske die Feinde zu verscheuchen sucht, drangen uns bereits die dumpfen Schläge der Garamuttrommeln und der Gesang der tanzenden Männer entgegen. Reichgeschmückte Männer und Frauen, verziert mit dem obligatorischen Schmuck des Sepik-Gebietes, Muschelgehängen, Kasuari-Kopfputz, roten und grünen Blätterbüscheln, tanzten vor und im Männerhaus und leiteten das Fest am Vorabend der Initiation ein.

Am nächsten Morgen in der Frühe um sechs Uhr begann die Zeremonie mit der Opferung eines Hahnes, um die Geister zu besänftigen, falls man bei der Zeremonie einen Fehler begehen sollte. Die Initianten, die bis dahin die Zeit im Männerhaus verbracht hatten, schickten sich an, sich mit den schon initiierten Männern des Dorfes und Helfern vor den Blutsteinen zu sammeln, auf denen früher zur Zeit der Kopfjagd die Gefangenen enthauptet wurden. In weiße Laken gehüllt, Geistern gleich, den Kopf zu Boden gesenkt, wurden sie in einer Reihe aus dem Männerhaus geführt, wo am Ausgang schon die Geister warteten, Schnabelmasken aus Stroh und langen Nasen, *Tatjau* genannt, welche Wassergeister repräsentieren, die spukhaft aus Tür und Fenster wedelten und die Initianten mit Ruten verdroschen. Die Initianten müssen allerlei Mannbarkeitsriten und Mutproben überstehen, um als vollwertige Mitglieder der Gesellschaft akzeptiert zu werden.

Nach dieser Tortur begann die eigentliche Krokodiltätowierung, der Höhepunkt der Initiation.
Dazu legen sich die Jugendlichen auf den Boden, den Kopf gestützt auf den Schoß eines hinter ihnen Knienden, während der Krokodilmeister damit beginnt, das Krokodildesign in die Haut des Initianten zu ritzen, auf die Brust den Kopf des Krokodils – die Brustwarzen fungieren dabei als Augen –, auf Arme und Oberschenkel die Tatzen und auf den Rücken den übrigen Krokodilkörper. Dabei nimmt er eine Hautfalte zwischen zwei Finger und ritzt mit einem Bambusmesser oder einer Rasierklinge millimetertief die Haut ein, so dass aus diesen Wunden später Pusteln, pockennartige Narben, entstehen, die die Höcker der Krokodilhaut imitieren. Während der Prozedur schieben sich die Initianten eine Betelnuss in die Backentasche, auf die sie bei allzu großen Schmerzen beißen. In unserem Fall machten sie allerdings einen ganz entspannten, unverkrampften Eindruck, was auf eine Diät in den Tagen zuvor ohne Rauchen und ohne Betelnuss zurückzuführen war.

Im Sepik-Gebiet, in dessen Sümpfen es vor Süß- und Salzwasserkrokodilen nur so wimmelt, herrscht Krokodilkult. Das Krokodil ist das Totemtier der Eingeborenen, an dem sie durch den Ritus der Krokodiltätowierung auf magisch-mystische Weise partizipieren. Nach überstandener Qual haben sie gemäß ihrer magisch-mystischen Vorstellungsweise nicht nur die Kraft des Krokodils, sondern sind selbst Krokodile.

Die Initiation, die bei vielen Naturstämmen vollzogen wird, früher durchgängig, heute noch bei einer mehr oder minder großen Anzahl, ist die Aufnahme des Jugendlichen in die Gemeinschaft der Erwachsenen, unserer Reifeprüfung vergleichbar, wobei sich die Jugendlichen allerlei Malträtierungen unterziehen müssen, um zu dokumentieren, dass sie Schmerzen ertragen können. Voraus geht eine lebenspraktische Ausbildung von unterschiedlicher Länge. Bei manchen Stämmen wie den Tolai dauert sie eine Woche, bei anderen mehrere Jahre, wobei der erste Abschnitt zwischen dem 8. und 10. Lebensjahr, *make* genannt, der Erlernung basaler Fähigkeiten wie Gartenarbeit, Haushalt und Verteidigung dient, der nächste Abschnitt zwischen dem 10. und 11. Jahr, *imbata* genannt, der Jagd, der Herstellung von Pfeil und Bogen, der Schnitzerei, dem Trommelbau, dem Anpflanzen und Präparieren bestimmter Nutzpflanzen wie Zuckerrohr und Pandanuss, der dritte Abschnitt zwischen dem 12. und 15 Jahr, *moungui* genannt, der Landverteidigung, der vierte, ab dem 25. Lebensjahr, *napos* genannt, dem Ausschau-Halten nach einer Frau und das letzte Stadium, *kamdaupatapla*, der Familienplanung.

Im Sepik-Gebiet bestimmen die Eltern die Länge des Aufenthaltes des Jugendlichen im Männerhaus. Man kann die Lehrjahre unterbrechen, da der normale moderne Schulunterricht in Städten oft einen Internatsaufenthalt erfordert, der nur selten die Rückkehr in das Heimatdorf gestattet. Die Krokodilzeremonie ist Prestigesache. Der eine der beiden Initianten in Tungambit war bereits 32 Jahre und verheiratet, der jüngere Cousin 15 Jahre.

Die blutige Zeremonie, bei der das aus den Wunden quellende Blut immer wieder mit Stroh oder einem Lappen, der unseren hygienischen Verhältnissen Hohn sprach, abgewischt wurde, wurde bei der Rückentätowierung draußen vor den Blutsteinen fortgesetzt, wo festlich geschmückte, mit weißem Muschelkalk bemalte kleine Kinder den Kopf der Initianten hielten und sehr ernsthaft bei der Sache waren.

Zuletzt wurden die Wunden mit Öl eingerieben und mit Tonerde bestrichen, die ständig feucht zu halten war.

Wohl zur Milderung der Schmerzen und zum Eintritt in einen Dämmer- oder Trancezustand wurden im Männerhaus die heiligen Flöten gespielt und die Ruhenden nach überstandenen Qualen umtanzt. Die Schmerzen dauern gewöhnlich eine Woche.

Als wir am nächsten Morgen ebenfalls in aller Frühe uns dem Männerhaus näherten, standen zu unserem Erstaunen initiierte, erwachsene, voll gereifte Männer vor uns, das Gesicht mit weißem Muschelkalk und roter kaolinhaltiger Tonerde kunstvoll bemalt, verziert mit den Seelenlinien, die sich auch sonst auf Masken und Totenköpfen finden, geschmückt mit einem geflochtenen Krokodilkopf, dem obligatorischen Symbol der Männlichkeit, und bunten Blätterbüscheln, gefalteten Pandanussblättern. Sie machten den Eindruck lebendiger Kunstwerke, deren Bewunderung sich niemand entziehen konnte.

Vor den Blutsteinen und umringt von der gesamten Dorfgemeinschaft als Zeuge mussten sie Platz nehmen, um nochmals die Gesetze und Tabus ihres Stammes eingebläut zu bekommen. Bei jeder Nennung eines Gesetzes schlug der Zeremonienmeister mit einem Palmenschaft vor und neben ihnen heftig auf den Boden, quasi um die Gesetze einzupeitschen. Die Gesetze entsprechen von fern den christlichen zehn Geboten: Du darfst nicht stehlen; du darfst nicht fremdgehen, deine Schwester nicht anrühren; du musst deine Mutter und Tante besonders achten und für deinen Clan sorgen; du darfst nicht ohne Grund töten, nur bei Landverteidigung und -gewinnung, du musst die Gesetze des Männerhauses achten und der Tradition folgen, nicht westlichen Einflüssen, Familienstreitigkeiten gemäß dem Stammbaum schlichten usw. Auch uns Europäern wurde gedankt, dass wir von so weit angereist seien, um an ihrer Kultur teilzunehmen.

Dann gab es noch einen Eklat, bei dem ein älterer Mann aus der Menge hervortrat und Anspruch auf den jüngeren der beiden Männer erhob; ihm folgten andere Männer, auch eine Frau, wie sich später herausstellte die Mutter. Der junge Mann war ein uneheliches Kind, der leibliche Vater hatte keinen Brautpreis bezahlt. Von den Stämmen wird die Angelegenheit durch Adoption geregelt, derart dass der ältere Bruder der Mutter das Kind adoptiert, für dessen Unterhalt und Ausbildung aufkommt und damit auch rechtlich Anspruch auf das Kind hat. Nun erhob der leibliche

Vater Ansprüche, was illegitim war, so dass er am Schluss da es innerhalb eines Clans nie zu einem definitiven Bruch kommt, mit einem *sorry, sorry* unter dem Gelächter der Menge abziehen musste.

Am zweiten Tag der Initiation, dem *cooking* oder *feeding*, mussten die Initianten symbolisch zeigen, dass sie kochen und ihre Angehörigen versorgen konnten.

Zwar hatten die Frauen während des Morgens alle Vorbereitungen getroffen: Sago, Kokosnussblätter, Gemüse (*tulip*) und Palmensprossen gesäubert und kleingeschnitten, so dass die Initianten diese nur noch in einen großen Topf zu schütten brauchten. Ihnen fiel die Aufgabe zu, das gesamte Dorf mit einer schleimigen Sagosuppe zu bewirten. Unterstützt wurden sie durch den jeweils älteren Bruder, denn offensichtlich machten sich jetzt die Schmerzen der Wunden bemerkbar, die sie jedoch tapfer aushielten, ohne mit der Wimper zu zucken.

Die Initiation zog sich über Tage hin, indem an den folgenden Tagen nacheinander die Tabus gelockert wurden, denen die Initianten unterstanden. Diese dürfen dann wieder Sago berühren, Kokosnüsse, Palmenherzen essen usw.

Dass Schönheit eine soziale Funktion hat und einen bestimmten sozialen Status anzeigt sowie mit Reputation und Respektierung verbunden ist, beweist bis heute die Tatsache, dass Kleider Leute machen. Obwohl dieser Gemeinspruch heutigentags die genau entgegengesetzte Bedeutung hat wie ursprünglich, nämlich dass schöne Kleider als äußere Hülle weniger Schönes, körperliche Hässlichkeit oder einen niederen Stand, verdecken und einen höheren Standard vortäuschen, war ursprünglich gemeint, dass sich Stand und Würde auch äußerlich in entsprechender Kleidung zu manifestieren haben. Tragen einfache Richter schwarze Roben, so die Richter des höchsten Gerichts, welche früher über Leben und Tod entschieden, rote. Obgleich die Kleidermode immer lässiger und sportlicher wird, verlangen bestimmte Berufe wie die des Bankers, des Geschäftsmannes, des Modeverkäufers noch immer angemessene, ‚anständige' Kleidung. Als extrem konservativ haben sich Talare und kostbare Gewänder je nach Liturgie bei kirchlichen Ämtern und Anlässen erwiesen, besonders denen der katholischen Kirche. Durch ihren Prunk faszinieren sie und tragen wesentlich zur feierlichen Atmosphäre des Gottesdienstes bei. Ihre magische Kraft ist hier noch deutlich spürbar. Aus traditionellen Gründen und zu Repräsentationszwecken unterscheiden sich auch Königshäuser und Fürstenfamilien von gewöhnlichen Bürgern durch die ‚Maskerade' der Haute Couture – häufig nach Art einer Seifenoper –, durch das Tragen von Abendkleidern, edlen Stoffen, besetzt mit Perlen und Edelsteinen, wie Frauenzeitschriften bei Friseuren dies dokumentieren. Ein Leben, das nur der Schönheit gewidmet war wie im Traum, führte auch der Märchenkönig Ludwig II. von Bayern. Trotz aller Veränderungen, die die Zeit mit sich gebracht hat, ist statistisch erwiesen, dass Angehörige höherer Stände auch heute sich weit mehr pflegen und auf ihr Äußeres achten als Angehörige niederer Stände, obwohl sich gerade unter diesen ein lässiges Benehmen als ‚schick' durchgesetzt hat.

Wer es sich leisten kann, umgibt sich darüber hinaus mit erlesenen Dingen, wohnt in einem individuellen Privathaus oder einer Villa statt in einer hässlichen, uniformen Mietskaserne, legt sich schöne Autos wie Sportwagen oder Landrover zu statt eines bescheidenen Dreirads, genießt schöne Fernreisen, statt auf ‚Balkonia' Ferien zu machen. Allerdings ist die ursprünglich magische Bedeutung und Funktion im Bewusstsein der Menschen zurückgedrängt worden und heute fast gänzlich verloren gegangen.

Ob man die Schönheitsattribute direkt am Körper trägt wie Make-up und Kleidung, Tätowierung und Piercing oder indirekt durch das Umgeben mit schönen Gegenständen, ist nicht entscheidend, entscheidend ist allein die Tatsache, dass die Verschönerung der Person und ihres Lebensstils ein soziales Kennzeichen ist und eine soziale Aufgabe erfüllt, nämlich Bewunderung unter den Mitmenschen zu entfachen, eventuell auch Neid zu evozieren.

Es wäre zu kurz gegriffen, wenn man unter Ästhetisierung des Lebens nur das Outfit wie Bemalung, Make-up, Tätowierung, Kleidung, Wohnen u.ä. verstehen würde und nicht auch andere Bereiche der Kultur wie Musik, Gesang, Tanz, Sprache, Dichtung, Theater. Letztere bestehen darin, dass sie durch Rhythmik, Schwung, Klang, Ton zu gefallen suchen und nicht wie die ersteren durch Größe, Wucht, Extravaganz und dadurch noch mehr suggestiv auf den Menschen einwirken als diese. Als dynamische Phänomene beziehen sie den ganzen Menschen in die Bewegung mit ein und stellen soziale Verbindungen her.

Dies beginnt mit der Rhythmisierung durch Iteration, wobei Töne, Silben, ganzen Sätze wiederholt werden. Das Vergnügen, welches dieses bereitet, ist schon bei Kindern zu konstatieren, wenn sie bei Spracherlernung selbst unsinnige Worte permanent wiederholen, da es ihnen offensichtlich Gefallen bereitet. In der Struktur der Sprache selbst schlagen sich Reduplikationen nieder, so im Griechischen im Medium wie auch in etlichen pazifischen Sprachen, was offensichtlich die Nachhaltigkeit stärkt. In Gesängen und Gedichten werden ganze Sätze oder Strophen wiederholt.

Hinzu kommt die Betonung, starke wie schwache. Die Metrik, einst in den graeco-romanischen Sprachen erfunden mit ihren langen und kurzen

Silben, dann auf die germanischen Sprachen übertragen mit ihren starken und schwachen Betonungen, konstatiert folgende Möglichkeiten:

Jamben, bei denen auf eine unbetonte Silbe eine betonte folgt,

x̆ x́ x̆ x́ x̆ x́ x̆
Der Mond ist aufgegangen

Trochäen, bei denen die Betonung auf der ersten Silbe liegt,

x́ x̆ x́ x̆ x́ x̆ x́ x̆
Freude, schöner Götterfunken

Daktylen, bei denen auf eine betonte Silbe zwei unbetonte folgen, was einen weichen, melodischen Klang ergibt,

x́ x̆ x̆ x́ x̆ x̆ x́ x̆ x̆ x́ x̆
Ziehet im Grimm nicht, im Unmut von dannen

In der lyrischen Dichtung, der Poesie, kommen zu Rhythmus und Akzentuierung weitere steigernde Momente hinzu, wie Tonfall, Klang, Präferenz von Vokalen, Reime. Sie alle wirken zusammen, um bestimmte Schwingungen zu erzeugen, die sich auf die Leiblichkeit des Menschen übertragen und in diesem Wohlbefinden und Gefallen auslösen und auch eine soziale Verbindung unter Menschen herstellen. Im Lied, das man mitsummt oder mitsingt, im Tanz, den man physisch mitvollzieht und dadurch die Bewegungen und Schwingungen verstärkt, erreicht dies seinen Höhepunkt. Wie schon die Rhetorik anregen, aufmuntern, aufpeitschen, in Ekstase versetzen, nicht weniger beruhigen, besänftigen und beschwichtigen kann, so vermag dies noch mehr die Musik und der bis zur Exzessivität gehende Tanz. Wir unterscheiden Marschmusik mit Pauken und Trompeten, die durch ihre Lautstärke und ihren Gleichklang die Einzelnen zu einer homogenen Masse zusammenschmelzen und den Mut zum Kampf anfeuern, von weichen, elegischen Tönen der Flöte, z.B. der Panflöte, die die Seele erweichen und Sehnsüchte auslösen. Wir unterscheiden beschwingte, erheiternde Musik von traurig stimmender, bedrückender u.ä. Die Wirkung der Klänge, wie sie in Stimme, Rezitation und Musik vorliegt, auf Mensch und Tier lässt sich dadurch bestätigen, dass durch gutes Zureden, das weich und suggestiv ist, die Gemütslage und Gestimmtheit so beeinflusst wird, dass z.B. beim Kamel- und Pferdeflüstern über physiologische Veränderungen eine Kamelmutter, die ihr

Junges verstoßen hat, dieses wieder annimmt, oder ein störrisches Pferd wieder besänftigt wird. Wie es hohe und tiefe Töne, Klänge und Rhythmen gibt, die Wohlbefinden erzeugen, so gibt es auch Misstöne, schrille, quietschende, krächzende, gebrochene Stimmen, die das Gegenteil bewirken, nämlich Unwohlsein. So kann eine rauhe, harte Stimme, ein agressiver, furchterregender Tonfall einen Schreck durch den ganzen Körper jagen, so dass nicht nur die Physis, sondern auch die Psyche betroffen ist und verändert wird. Natürliche Veranlagung, auch Gewöhnung, Tradition und Kultur können hier mildernd wie verstärkend wirken.

So wie es eine äußere Kultivierung des Lebens gibt, so gibt es auch eine innere, die zu tugendhaftem Verhalten und bei hinreichender Kontinuität zu einem edlen Charakter führt. Dass Außen und Innen in einem Zusammenhang stehen und das eine das andere beeinflusst, war seit je zumindest in der westlichen Kultur Gemeingut. Seit der Antike bestand die Überzeugung, dass äußere und innere Qualitäten korreliert sind und eine schöne Gestalt auch eine edle, tugendhafte Gesinnung spiegelt,[54] während umgekehrt eine hässliche Gestalt wie Richard III. aus Shakespeares gleichnamigem Drama auf eine schurkische, boshafte Persönlichkeit hinweist. Erklären lässt sich dies psychologisch dadurch, dass eine edle Gestalt mit ebenmäßigen Zügen, die jedermann bewundert und der jedermann freundlich begegnet und hofiert, innerlich Frieden findet und Güte an den Tag legt, während ein hässliches Äußeres den Charakrer vergrämt, verhärmt, missmutig macht und zu ebensolchem Verhalten motiviert. Verträgt sich ein Krüppelwesen mit einem Schöngeist, ein verknorztes Aussehen und Auftreten mit einem heiteren, offenen Charakter? Man kann sich kaum vorstellen, dass eine schöne Gestalt mit harmonischen Gesichtszügen verschlagen sein und korrupt handeln kann. Und doch gibt es eminente Beispiele von Humanität bei verkrüppelter Gestalt wie auch von Hinterhältigkeit bei edler Gestalt.

Auch das Phänomen des Charismas, des gewissen Etwas, das nur schwer fassbar ist, das bestimmten Menschen zukommt und andere in Scharen anzieht, gehört in diesen Kontext. Wegen seiner Unerklärlichkeit schreiben es Dichter den Musen zu, die dem Menschen schon bei Geburt Anmut, Grazie und Charme in die Wiege legen, also von Natur aus zuordnen. Auch der Heiligenschein gehört in diesen Kontext, der Personen mit einer Aura umgibt. Ist dieser in jedem Fall Garant des Edlen, so begegnet im Charisma im politischen Bereich nicht selten Verführung durch Demagogie.

Trotz scheinbarer Nähe äußerer und innerer Qualitäten können beide nicht automatisch korreliert werden, da sie verschiedenen Bereichen angehören und es kein neutrales *tertium comparationis* gibt, das eine Korrelati-

54 Dazu Näheres S. 105 ff. dieser Arbeit.

on legitimierte. Zudem sind beide kultur- und zeitabhängig und variieren. So gelten beispielsweise in der christlichen Ethik gemäß den zehn Geboten Wahrhaftigkeit und Ehrlichkeit als ethische Grundforderungen, während in anderen Kulturen, z.B. bestimmten afrikanischen, das Stehlen einer Kuh vom Nachbarn und lügenhaftes Sich-Durchschlagen durch das Leben moralische Anforderungen sind und Ausdruck von Reife und Männlichkeit, die vom Adoleszenten bei der Initiation gefordert werden, um zu beweisen, dass er sich und die Seinen in Notzeiten durchzubringen vermag. Und ebenso lässt sich auf Seiten des Ästhetischen feststellen, dass Schönheit und Hässlichkeit im Urteil der Menschen und Kulturen und Zeiten schwanken. So wenig sich Äußeres und Inneres, Ästhetik und Ethik identifizieren lassen, so wenig lassen sich Schönheitsideale durch soziale Standards eindeutig definieren und umgekehrt. Zwischen Schönheitsvorstellungen und sozialen Standards gibt es keine Eins-zu-Eins-Relation.

4. Schönheit als „Ins-Werk-Setzen der Wahrheit" – epistemologische Begründung

Eine ganz andere Definition von Schönheit als die evolutionsbiologische, die Schönheit vor allem mit sexuellen Merkmalen und deren Attraktivität, Reiz und Signalwirkung definiert, und ebenfalls eine andere Definition als die psychologische, die Schönheit als Steigerung des Lifestyles festlegt, oder die soziologische, die Schönheit als magisch anziehendes Symptom bestimmt, gibt Martin Heidegger in seinem Aufsatz *Der Ursprung des Kunstwerkes*[55], in dem er das Kunstwerk und die implizit mitgedachte Schönheit als „Sich-ins-Werk-Setzen der Wahrheit des Seienden" definiert.[56]

Der Zusammenhang von Kunstwerk bzw. Schönheit und Wahrheit erstaunt zunächst, da Wahrheit in den Kontext erkenntnistheoretischer Überlegungen gehört und Erkenntnis zumindest nach der uns geläufigen thomistischen Definition als *adaequatio intellectus rei,* d.h. als Anmessung des Intellekts an die Sache, definiert wird. Hält man an der Richtigkeit dieser Definition fest, so bezieht sich die Erkenntnis auf einen schon vorgegebenen Gegenstand oder ein schon vorgegebenes Datenmaterial, während die Kunst als produktiver, schöpferischer Akt auf einen erst herzustellenden geht. Ein weiterer Unterschied besteht in der Differenz der Operationsmittel: Erkenntnis als rationale, wenngleich sinnlich basierte, operiert mit Begriffen, während Kunst in Produktion und Interpretation mit Anschaulichem zu tun hat, das sich auf Sinnliches, wenngleich intellektuell zu Interpretierendes bezieht, das ganzheitlich-holistisch wahrgenommen wird. Diese Ganzheit hat stets einen symbolischen Charakter und meint die Zusammennahme einer Vielheit zu einer ganzheitlichen Einheit, was auch dem platonischen Eidos (εἶδος) nahekommt.

Näheren Aufschluss über die Heideggersche Konzeption erhält man, wenn man dem Beispiel folgt, an dem Heidegger seine Theorie demonstriert, dem berühmten van Goghschen Gemälde von einem Paar derber Stiefel, das für Heidegger ein Paar Bauernstiefel darstellt. Das Bild lässt unterschiedliche Beschreibungen und Deutungen zu:

(1.) In dem Stiefelpaar können wir ein reines Ding im Heideggerischen Sinne, ein Sachobjekt, sehen. Handelt es sich nicht gerade um ein Paar holländischer Holzschuhe, die aus Holz geschnitzt sind, oder um ein Paar Bastsandalen, die Bast zum Material haben, dann bestehen Schuhe gewöhnlich

55 Martin Heidegger: *Der Ursprung des Kunstwerkes,* in: *Holzwege,* Frankfurt a. M. 1950, 4. Aufl. 1963, S. 7-68.

56 Vgl. a.a.O., S. 25, 28.

aus Ober- und Unterleder, deren letzteres die Sohle bildet, die mit dem Oberleder durch Nägel, Leim und Schnüre zusammengehalten wird.[57]

(2.) Das Stiefelpaar lässt sich aber auch als Zeug im Heideggerischen Sinne verstehen, als Gebrauchsgegenstand, als Zuhandenes, Dienliches, Funktionales, Zweckmäßiges, das sich zum Gehen auf der Straße oder auf dem Acker eignet und die Füße gegen Unebenheiten, Steine und Schmutz schützt. Wie Stiefel für derbere Gelegenheiten gedacht sind, so qualifizieren sich Tanzschuhe zum Tragen auf dem Tanzboden.[58] Das Verhältnis von Zeug zu Ding hat Heidegger in *Sein und Zeit*[59] im Ausgang vom Zeug festgelegt: Das uns im Leben und alltäglichen Umgang mit den Gegenständen Nächstliegende ist das Zeug, das als Werkzeug zum Arbeiten, als Nähzeug zum Nähen und Stopfen, als Flugzeug zum Fliegen, als Fahrzeug zum Fahren fungiert. Erst bei Auffälligkeit, die verschiedene Grade annehmen kann, geht das handhabbare Gebrauchszeug in das nur noch beobachtbare und zu erkennende Sachobjekt über. Dieser Übergang erfolgt schrittweise in Steigerungsform, *erstens* durch das Auffälligwerden, wenn das Zeug defekt ist, z.B. das Material ungeeignet für die Aufgabe, *zweitens* durch das Aufsässigwerden, wenn das Zeug nicht an seinem gewohnheitsmäßigen Platz liegt, *drittens* durch das in die Quere-Kommen, wenn das Zeug sogar im Wege liegt.

(3.) Heidegger geht jedoch noch einen Schritt weiter und stellt die Stiefel in einen assoziativen Gesamtzusammenhang, der kleiner oder größer ausfallen kann und in diesem Falle das bäuerliche Leben mit seiner Mühsal zwischen Geburt und Tod betrifft. Von ihm gibt er folgende Schilderung:

> „Aus der dunklen Öffnung des ausgetretenen Inwendigen des Schuhzeuges starrt die Mühsal der Arbeitsschritte. In der derbgediegenen Schwere des Schuhzeugs ist aufgestaut die Zähigkeit des langsamen Ganges durch die weithin gestreckten und immer gleichen Furchen des Ackers, über dem ein rauher Wind steht. Auf dem Leder liegt das Feuchte und Satte des Bodens. Unter den Sohlen schiebt sich hin die Einsamkeit des Feldweges durch den sinkenden Abend. In dem Schuhzeug schwingt der verschwiegene Zuruf der Erde, ihr stilles Verschenken des reifenden Korns und ihr unerklärtes Sich-versagen in der öden Brache des winterlichen Feldes. Durch dieses Zeug zieht das

57 Vgl. a.a.O., S. 22.

58 Vgl. a.a.O., S. 22.

59 Martin Heidegger: *Sein und Zeit,*18. Aufl. Tübingen 2001, S. 72 ff.

> klaglose Bangen um die Sicherheit des Brotes, die wortlose Freude des Wiederüberstehens der Not, das Beben in der Ankunft der Geburt und das Zittern in der Umdrohung des Todes. Zur Erde gehört dieses Zeug und in der Welt der Bäuerin ist es behütet. In diesem behüteten Zugehören ersteht das Zeug selbst zu seinem Insichruhen."[60]

Was dem Betrachter beim Anblick von van Goghs Bild aufgeht, ist das Eingebettetsein des einzelnen Zeugs in einen Gesamtzusammenhang, das bäuerliche Leben, in dem alles geordnet und zusammengehalten ist und seine Verlässlichkeit hat. Das in Erscheinung-Treten des Gesamtzusammenhangs, das die Kunst bewirkt, bezeichnet Heidegger mit dem griechischen Begriff der ἀλήθεια = ‚Unverborgenheit', der sich aus dem privativen α und der Silbe λαθ/ληθ = ‚Verborgenheit'[61] zusammensetzt und das Heraustreten aus der Verborgenheit in die Offenheit bedeutet. Es liegt auch jedem Erkenntnisvorgang zugrunde, insofern dieser das Hervortretenlassen von Verborgenem, an sich Seiendem ist. Heidegger konfrontiert seine Konzeption mit der auf Thomas von Aquin zurückgehenden Erkenntnis- und Wahrheitstheorie, welche Wahrheit als Übereinstimmung des Geistes mit der Sache und somit relationstheoretisch als Beziehung zwischen Subjekt und Objekt versteht, während er eine Relation allein im objektiven Bereich im Auge hat, die sich zwischen dem Wesenhaften des konkreten Gegenstandes, dem Ansichsein, und dem konkreten Gegenstand abspielt, wobei das erstere erst aus der Verborgenheit heraustreten muss. Die Konzentration liegt hier nicht auf der Relation zwischen Subjekt und Objekt, sondern allein innerhalb des objektiven Bereichs auf der Relation zwischen Wesen und Gegenstand, der auf der subjektiven Seite die Tatsache entspricht, dass das Wesen aus der empirisch-sinnlichen Anschauung durch intellektuelle Deutung erst herausgearbeitet werden muss.

Unabhängig von Heideggers Terminologie lässt sich der hier beschriebene Vorgang, der sich beim Anblick eines Kunstwerkes abspielt, auch als Explikation eines zunächst verborgenen und dann in die Offenheit tretenden Sinnes verstehen. Kunst ist Explikation, und das in ihr begegnende Schöne ist Ausdruck eines sich entbergenden Explikandums.
Das legt auch eine andere, weniger ambitiöse und sowohl auf das eigene Werk wie das Heideggerische bezogene Interpretation nahe, die Kunsttheo-

60 A.a.O., S. 22 f.

61 Nach der griechischen Mythologie müssen die Toten den Lethe-Fluss, den Strom des Vergessens, überqueren.

retiker wie Wolfgang Metzger[62] oder Julius Meier-Graefe[63] gegeben haben. Wir alle kennen Flieder, der uns als Strauch oder Busch mit seinen lilanen oder weißen Blüten und seinem betörenden Duft im Frühling begegnet, sei es im Garten, sei es am Wegesrand, und Wonnegefühle in uns auslöst. Der Flieder als konkreter Gegenstand erscheint uns als schön, wiewohl er an einigen Stellen wegen verblühter Dolden und verwelkter, gelber Blätter etwas unschön sein mag; er ist überwiegend schön und attraktiv, wenngleich wie alles Konkrete bei genauerem Hinsehen auch ein wenig hässlich, genauso wie das noch so schöne Gesicht eines Menschen auch einige unschöne Stellen wie Unebenheiten oder Flecke aufweisen mag, also schön-hässlich ist.

Das impressionistische Gemälde des Fliederstrauches von Claude Monet bringt ebenso wie das Porträt „La Donna Velata" von Raffael etwas zum Ausdruck, das der konkrete Gegenstand niemals zu erreichen vermag: das Prägnante, Wesenhafte, Typische, Ideale, das Vollkommene, das Schöne an sich. Es ist reiner Ausdruck des jeweiligen Wesens, was Meier-Graefe zu der Aussage inspiriert hat: „Monets Flieder ist, wenn man so sagen kann, weit fliederhafter als die natürliche Blume. Die Malerei gibt das Körnige, das uns an der gewachsenen Blume entzückt, und gibt es sozusagen filtriert, von allem Zufälligen gereinigt."[64] Dasselbe meint Metzger, wenn er in Bezug auf Bambusgewächse sagt: „So bin ich lange durch Japan gereist, ehe ich einen Bambuszweig antraf, der das ‚Bambushafte' so eindringlich verkörperte wie manche Bilder großer fernöstlicher Maler."[65]

Das hier auf Prägnanz Abgestellte lässt sich in der Sinnesphysiologie mit Hilfe der Aktualgenese interpretieren. Hat man beispielsweise eine Reihe von Rechtecken vor sich, in dessen Mitte sich ein Quadrat befindet und in kleinerem und größerem Abstand von ihm verformte Abweichungen, dann strebt unsere Erkenntnis automatisch auf das Quadrathafte in der Mitte als die perfekte, prägnante, signifikante Gestalt und absorbiert auf längere Sicht die anderen abweichenden Formen; sie lässt sie ebenfalls als Quadrate erscheinen, bis ein zu weiter Abstand auf die unterschiedliche Form aufmerksam macht. Auch Platons Erkenntnistheorie, die er anhand einer aufsteigenden Linie demonstriert, welche quaternal eingeteilt ist in einen größeren unteren und kleineren oberen Teil und jeder dieser wiederum nach demselben Prinzip, wobei der untere auf der ontologischen Seite die Abbilder realer Gegenstände, dann diese selbst, im oberen Bereich die anschaulich-geometrischen Gegenstände und Mathematica und zuletzt die Ideen repräsentiert, entsprechend auf sub-

62 Wolfgang Metzger: Gesetze des Sehens, 3. Aufl. Frankfurt a. M. 1975.

63 Julius Meier-Graefe: Impressionisten, 2. Aufl. München, Leipzig 1907.

64 A.a.O. S. 109 f. Vgl. auch Hermann Schmitz: *System der Philosophie*, Bd. III,5, Bonn 1978, S. 162 Anm.

65 Wolfgang Metzger: *Gesetze des Sehens*, a.a.O., S. 226.

jektiver Seite die Abbilderkenntnis, die empirische Erkenntnis und die Arten intellektueller Erkenntnis, ist darauf angelegt, die Idee des Schönen im Aufstieg von der sinnlichen Schönheit, wie sie in der Natur oder im abbildenden Gemälde begegnet, zur intellektuellen Schönheit zu gewinnen und den Aufstieg wie einen Idealisierungsprozess zu interpretieren. Es ist eine Überschreitung der Sinnlichkeit auf ein dahinter stehendes Ideal.

Ein weiteres interessantes Beispiel für diese Prägnanztendenz liefert uns Pablo Picassos Monumentalgemälde *Guernica* von 1937. Als ein symbolisches bzw. allegorisches Gemälde, das bewusst von allem Individuellen, konkret Faktischen abstrahiert, konzentriert es sich ausschließlich auf den generellen Ausdruck des Krieges mit all seinen Schrecken, Gräueln und Leiden. Es dokumentiert alle Symbole des Krieges: den gefallenen Krieger, das Pferd, das auf dem Unterliegenden trampelt, die aus dem brennenden Haus um Hilfe schreiende Frau, den bulligen Stier, das wiehernde Pferd, die alles entzündende Fackel usw. Das Gemälde findet sich in Madrid im „Museo Reina Sofia" und füllt dort mit einer Reihe von Vorarbeiten, Detailstudien, Skizzen und Nacharbeiten mehrere Räume aus. Schreitet man diese ab, hin- und hergehend und abwägend, so kann man sich des Eindrucks absoluter Stimmigkeit des Hauptgemäldes nicht entziehen. Gegenüber den Vor- und Nachstadien trifft es das Thema Krieg und Barbarei mit dem Nagel auf den Kopf. Es ist ein nicht zu überbietender Ausdruck des Wesens des Krieges und seiner Brutalität. Es gibt jenen ‚fruchtbaren Moment' wieder, von dem Goethe sprach, der symbolisch die den Krieg konstituierenden Momente zusammenzieht zu einem symbolischen Gesamteindruck des Krieges, den die reale Anschauung wegen der Abweichungen nicht zu geben vermag; es bringt das Wesen des Krieges in Vollkommenheit zum Ausdruck.[66]

Kunst ist eine Aufstiegsbewegung von der konkreten, oft grausamen und grauenhaften Wirklichkeit, die stets mit dem Makel des Hässlichen und Schrecklichen behaftet ist, zum idealisierten Schönen, dem Kunst-Schönen. Falls durch Idealisierung auch das Hässliche qua Hässliches zur Vollendung gebracht werden könnte, bekämen wir es mit einem Problem zu tun, nämlich der Paradoxie des Schön-Hässlichen bzw. Hässlich-Schönen, wobei zu klären wäre, ob die Idealisierung des Hässlichen Steigerung und Vervollkommnung des Häßlichen an sich heißt oder Abmilderung desselben bis hin zur Aufhebung in Schönheit, so etwa in Schlachtgemälden.

Die Problematik wird unterstrichen durch die Tatsache, dass wir zwar vom Natur- wie auch Kunstschönen sprechen, aber in verschiedener Gewichtung, nämlich mit einem Übergewicht der Schönheit in Bezug auf die Kunst, was dazu geführt hat, dass wir seit dem 18./19 Jahrhundert Schönheit

66 Vgl. auch Karen Gloy: *Zeit in der Kunst*, Würzburg 2017, S. 114 ff.

eo ipso mit Kunst verbinden und von der ‚schönen Kunst' oder den ‚schönen Künste' sprechen.

Seit geraumer Zeit gibt es im Bewusstsein der Experten und der Öffentlichkeit auch die hässliche Kunst. Der Umbruch in der Kunstszene von der schönen zur hässlichen Ästhetik erfolgte nicht zufällig an einem Ort und zu einer Zeit, in der die Ästhetisierung aller Lebensbereiche überhand nahm so dass sich eine Gegenbewegung formierte. Es war die Zeit der Wiener Sezession um 1900, in der die Gesellschaft des Malstils von Gustav Klimt überdrüssig geworden war, der überaus schöne Frauen auf Goldgrund malte. Der radikale Bruch führte zu einer Ästhetik des Hässlichen, die ihren Höhepunkt in den Bildern von Richard Gerstl, Oskar Kokoschka und Egon Schiele fand. Diese stellten sich in Selbstbildnissen in übertriebener Hässlichkeit und Deformation dar als nackte Männerkörper in unschönen Posen, mit ausgezogenem, langgestrecktem Hals, herabhängenden Schultern, schielendem Blick, in ärmlicher Umgebung. Ebenso wurde das dekadente Innenleben der Personen und die Perversität ihrer Psyche, die innere Dekadenz und die Selbstzerstörung, das Fratzenhafte der Gier und Triebe förmlich nach außen geschrien. Schiele erhängte sich schließlich mit einem Messer im Bauch. Die Bilder wirken nicht nur, was die Sujets betrifft, sondern auch den Malstil, die Schnoddrigkeit[67], die flüchtig hingeworfenen Striche und groben Ausführungen, widerlich und nur noch abstoßend, so dass sie auch die Aufgabe der Kritik und des Protestes nicht mehr erfüllen, die sonst häufig mit hässlichen Sujets verbunden ist. Inzwischen ist die Kunst des ausgesprochen Hässlichen gesellschaftsfähig geworden und feiert wahre Triumphe in einer übersättigten Wohlstandsgesellschaft als Kehrseite der Zivilisation und Humanität. Auf einer Ausstellung in der Basler Kunsthalle unter dem Titel „Ungestalt" von 2017[68] stellte Adrián Villar Rojas verfaulte, verrottete Lebensmittel in einem Tiefkühlfach dar. Das mag der Wirklichkeit entsprechen, stellt aber in der Kunst den Tiefpunkt der Geschmacklosigkeit dar. Wenn Kunst und Schönheit eigentlich erfreuen und Lust erzeugen sollen, so wenigstens nach unserer Überzeugung, welche die Kunst überwiegend in Zusammenhang mit den ‚schönen Künsten' (belles arts) bringt, dann haben wir hier eine Beleidigung des Gefühls und Empfindens vor uns.

Allerdings zeigt ein Rückblick auf die Geschichte der Kunst, dass Darstellungen nicht-schöner Gegenstände, Körper und Situationen nicht erst im 20.

67 Julia Schmitz hat ein Gemälde von Gerstl „Laughing Self-Portait" mit den Worten kommentiert „Auf die Leinwand gespuckt", 13. April 2017 (https://www.schirn.de/magazin/kontext/richard_gerstl/richard_gerstl_aesthetik_des_haesslichen/)

68 Siehe Gabriele Detterer: *Die Kunst von heute wird dominiert von einem Kult des Hässlichen*, in: *Neue Zürcher Zeitung* vom 11.4.2018, S. 36, https://www.nzz.ch/feuilleton/geistlos-der-kult-des-haesslichen-und-unstimmigen-ld.1354663.

und 21. Jahrhundert auftreten; Karl Rosenkranz verfasste mit seiner *Ästhetik des Häßlichen* von 1853 die erste theoretische Schrift über das Hässliche. In der Antike, deren großartige Schöpfungen der Schönheit wir so bewundern, war die hässliche, exzentrische Seite der Darstellungen ebenfalls bekannt, so der einäugige Riese, die Gnomen und Satyre, das überschwängliche Ausufern des Lebensgenuss im Dionysoskult. Auch die christlichen Darstellungen von dem Leiden Christi, der Geißelung mit Peitsche und Blutspuren, dem Tragen der Dornenkrone und des schweren Kreuzes, das Jesus auf dem Weg nach Golgatha zusammenbrechen ließ, der blutigen Kreuzigung, dem Wundmal, das durch den Speer des Söldners verursacht wurde, dem unsäglichen Schmerz Mariens und der Angehörigen sind alles andere als schön, sie sind schlicht leiderregend, grausam und hässlich.[69] Wenn das, was dem Auge des Betrachters sonst unerträglich erscheint, in der Kunst gemäßigt und geschönt auftritt, dann entspricht dies der aristotelischen Beobachtung bei der Tragödie, bei welcher der Zuschauer zwar vom Leid des Helden ergriffen wird, aber, da er nicht selbst direkt betroffen ist, sondern den Vorgang aus der Distanz verfolgt, noch Lust und Vergnügen empfindet. In der bildenden und darstellenden Kunst, z.B. in der Malerei, resultiert das Gemäßigte aus der künstlerischen Komposition der Personen und Personengruppen, der Anordnung, der Wahl der Farben, ihrer Kontrastierung und Steigerung und vielem anderen mehr.

Nicht minder schaurig sind die Kriegsgemälde fast aller Epochen. Vergegenwärtigt man sich die Szenarien realistisch, so sind sie unerträglich: das Köpfen, das Zertrampeln der Leiber durch Pferdehufe, die Zerstörung der Städte, das Inbrandsetzen der Häuser, das Inferno brennender Städte, das den Abendhimmel erleuchtet, das Kriegsgeschrei. Wenn dennoch die Gemälde, die oft den Ruhm der Sieger über die Besiegten verherrlichen sollen, nicht die Schaurigkeit und Abscheulichkeit haben wie moderne, realistische Fotografien, wie jenes preisgekrönte Foto eines Journalisten aus dem Vietnamkrieg, das die Erschießung eines flüchtenden Jungen auf offener Straße mit der Pistole an der Schläfe festhielt, dann ist dies die Folge der künstlerischen Gestaltung, der Komposition der Personen und Pferde, der Farbgebung, der bunten Fahnen und Wimpel, der prächtigen Kleider der Landsknechte, des Schmuckes der gesattelten Pferde, des Waffenarsenals, der technischen Errungenschaften u.ä.[70]

69 Die frühen mittelalterlichen christlichen Darstellungen waren weniger als Kunst gedacht denn als Bilderschrift des religiösen Inhalts für ein schriftunkundiges Publikum..

70 Eine andere Erklärung für das Abgestumpftsein gegenüber dem Grauen wäre, dass die Menschen durch die Wirklichkeitserfahrung so abgebrüht sind, dass sie das Grauenhafte als solches nicht mehr wahrnehmen, was sicherlich für die Tagesberichte aus aller Welt in den TV-Nachrichten gelten mag.

Und auch die Hochgebirgslandschaften, die für das Lebensgefühl des 18. und 19. Jahrhunderts, in dem die Durchquerung der Alpen noch keine Selbstverständlichkeit war wie heute, mit ihrer Massigkeit, ihren schroffen Felsformationen und Graten, ihren tiefen, dunklen Abgründen und Schluchten abschreckten,[71] erscheinen in der Kunst gemildert durch Wolken, Nebel, Dunst und Licht, die sie in eine schöne Atmosphäre tauchen.

Selbst die Darstellung der Erschießung der Aufständischen von 1814 von Francisco José Goya während des spanisch-napoleonischen Krieges erscheint geradezu als Sieg und Triumph der Patrioten und als Befreiung durch die Revolution.

Von Francisco de Goya ist eine ganze Serie grauenhafter, dämonischer Gestalten bekannt wie Riesen, die auf einer zu klein geratenen Erde hocken und diese zu erdrücken scheinen, und dies in dunkler Untergangsatmosphäre. In den Dämonen, Teufeln, fratzenhaften Gestalten, Gespenstern schlagen sich Goyas Träume und Angstphantasien nieder. Was sie in der Kunst erträglich macht, ist die Abständigkeit von der Realität mit Hilfe der künstlerischen Darstellung. Wir treffen damit auf das Paradox des Hässlichen, das zugleich eine gewisse Schönheit ausdrückt.

Wie die Geschichte lehrt, gibt es eine nicht geringe Zahl von Gemälden mit nicht weniger schrecklichen und hässlichen Themen als in der sogenannten hässlichen Kunst. Nur besteht ein prinzipieller Unterschied zu dieser darin, dass zwar die Inhalte hässlich sind, die Darstellung jedoch den Kriterien der Schönheit genügt. Wir haben folgende Alternativen:

1. Inhalt und Darstellung sind beide schön (schöne Kunst),
2. Der Inhalt ist schön, die Darstellung hässlich (misslungene Kunst),
3. Inhalt und Darstellung sind beide hässlich (hässliche Kunst),
4. Der Inhalt ist hässlich, die Darstellung ist schön (Kunst des Hässlichen).

Im ersten Fall haben wir es mit Kunst im eigentlichen Sinne, d.h. der schönen Kunst zu tun – die Kriterien lassen sich auch auf die Naturschönheit anwenden –, im zweiten Fall liegt unreife oder defiziente, misslungene Kunst vor, seien es Vorarbeiten, Experimente, die noch nicht zur Reife und Vollgültigkeit gelangt sind oder verworfen werden, der dritte Fall kennzeichnet die Realität, die in jeder Hinsicht hässlich sein kann und dann mit Kunst eigentlich nichts zu tun hat und im Falle einer Dennoch-Ausführung hässliche Kunst ist, im vierten Fall haben wir Kunst vor uns, deren Inhalt zwar hässlich

71 Vgl. Georg Wilhelm Friedrich Hegel in: *Dokumente zu Hegels Entwicklung*, hrsg. von Johannes Hoffmeister, Stuttgart 1936, S. 236: „Der Anblick dieser ewig toten Massen [Eiger, Mönch und Jungfrau] gab mir nichts als die einförmige und in die Länge langweilige Vorstellung: es ist so.“ Vgl. Hermann Schmitz: *System der Philosophie*, Bd. III,4, Bonn 1977, S. 621 Anm.

ist, durch Verschönerung jedoch erträglich gemacht wird und damit bewunderungswürdig ist.

Die heutige moderne hässliche Kunst ist nach unserem westlichen Kunstverständnis ein Widerspruch in sich und gehörte überhaupt nicht in die Gattung Kunst, es sei denn, man akzeptierte alles als Kunst. Sie ist ein Festhalten an der Realität in ihrer Perversität, wie Fälle dieser Art in der Psychologie und Psychopathologie vorkommen. Zwar pflegt man die hässliche Kunst damit zu begründen, dass auch das Hässliche anzieht. Schon Friedrich Schiller bemerkte in der Schrift *Über die tragische Kunst* (1792):

> „Es ist eine allgemeine Erscheinung in unsrer Natur, daß uns das Traurige, das Schreckliche, das Schauderhafte selbst mit unwiderstehlichem Zauber an sich lockt, daß wir uns von Auftritten des Jammers, des Entsetzens mit gleichen Kräften weggestoßen und wieder angezogen fühlen."[72]

Genau das, was Schiller hier formuliert, hatte bereits Platon[73] in einem Bericht über Leontios bemerkt, als dieser auf dem Weg von Piräus nach Athen an der Scharfrichterstätte vorbeikam und sich unwiderstehlich von den Leichnamen angezogen fühlte, näherzutreten, um das Scheußliche wahrzunehmen, wie er sich andererseits abgestoßen fühlte. Diese Eigenschaft menschlicher Neugier soll nicht bestritten werden, nur begründet sie nicht die Existenz einer hässlichen Kunst qua hässlicher. Sofern Kunst das Hässliche mildert und verschönert, erfüllt sie ihre Aufgabe. Ist aber die Tendenz die, das Hässliche qua Hässliches oder das Schreckliche qua Schreckliches ungemindert auf die Leinwand oder Bühne zu bringen oder sonstwo darzustellen, verfehlt sie ihren Sinn. Sie imitiert dann nur eine mögliche Realität.

Demgegenüber ist die Kunst des Hässlichen, die wir gleichwohl bewundern, inhaltlich zwar abstoßend und abscheulich, aber in der künstlerischen Gestaltung und Präsentation schön und ausdrucksstark. Der „Schrei" von Edvard Munch erschüttert inhaltlich zwar jeden und dürfte seine Wirkung auf das Gemüt nicht verfehlen, ist jedoch durch seine Generalisierung und Typisierung, die ihn aller Individualität entkleidet, und durch die verallgemeinerten ovalen Formen des zum Schrei verzogenen Gesichts, denen sich alles andere unterordnet, kunstvoll drapiert und eindrücklich gestaltet. Die „Pieta" von Michelangelo in der Peterskirche in Rom ist vom Thema her erschütternd: Eine Mutter hält ihren toten Sohn in den Armen. Die Komposition der Gruppe, die Stellung und Anordnung der Figuren, die sanften

72 Friedrich Schiller: *Über die tragische Kunst*, in: *Sämtliche Werke*, München 1959, Bd. 5, S. 372.

73 Platon: *Politeia* 439 f.

Bewegungen, die Haltung der Personen sind von einer solchen unübertrefflichen Schönheit und Vollkommenheit, dass das Thema darüber fast verlorengeht.

Wie die vorangehende Erörterung gezeigt hat, gibt es einen zweifachen Umgang mit dem Hässlichen, Grauenhaften und Abscheulichen der Wirklichkeit, zum einen den, welcher Kunst als schöne Hülle und Schein des Hässlichen auffasst, wie sich die traditionelle Kunstauffassung der schönen Künste stets verstanden hat, und eine, die das Hässliche als Realität konstatiert und der Kunst supponiert, wie dies die moderne Kunsttheorie der hässlichen Kunst tut, die ihre Aufgabe aufgrund reiner Verzweiflung an der Wahrheit in Anklage, Protest, Revolution sieht.[74] Zu bedenken gilt noch, dass die Auslegung der Wahrheit situations- und kulturspezifisch ist und durchaus nicht einheitlich, sondern vom Kontext der situativen und kulturellen Gegebenheiten abhängt,[75] so dass alles, was oben über das Verhältnis Inhalt – Darstellung gesagt wurde, auch gilt, wenn der Inhalt, also die Wahrheit, aus einer anderen Perspektive anders konnotiert wird als aus der unsrigen. Wahrheit ist eben ambivalent. So kann es durchaus sein, dass eine Schlacht, die für unser Empfinden grausam und hässlich ist, so pervers das klingen mag, für eine andere Sichtweise vorteilhaft und schön ist. Wie ließe sich sonst erklären, dass immer wieder nicht nur liebliche Sujets präferiert werden, sondern grausame, hässliche, die offensichtlich als schön empfunden werden, zumindest für die Sieger. Die Museen sind voll solcher Schlachtengemälde.

Die Argumentation legt folgenden Schluss nahe: Da Kunst in jedem Fall die Tendenz zur Vervollkommnung und Vollendung hat, auch in Bezug auf die Realität und die Hässlichkeit, kann sie in sich selbst widersprüchlich werden; sie ist dann das „Ins-Werk-Setzen der Wahrheit“, einer in sich widersprüchlichen Wahrheit, wie unterschiedliche Kulturen diese in der Tat auslegen. Kunst ist dann Hervorbringung von Werken in der ganzen Breite ihrer heterogenen Auslegungsmöglichkeiten, so dass Wahrheit und Schönheit auf Deckungsgleichheit hinauslaufen. Und da auch die Darstellungsmittel in den Kulturen ambivalent ausgelegt werden können, ist die Folge eine totale Relativität.

74 Diese zweifache Interpretation des Hässlichen als Relatives oder Absolutes zum Schönen erinnert an die in der Nachfolge Platons ausgetragene Kontroverse bezüglich des Bösen, ob dieses wie nach platonischer Stufenleiter Abständigkeit vom Guten bedeutet oder wie nach christlicher Interpretation absolutes Oppositum zum Guten.

75 Vgl. dazu Karen Gloy: *Wahrheit und Lüge*, Würzburg 2019, bes. S. 22-66.

5. Schönheit als Maß – mathematisch-geometrische Begründung

(1.) Exkurs: „Madonna del Parto"

Um dem Geheimnis der Schönheit näherzukommen, sei von einem Bildnis aus der Renaissance „Madonna del Parto" des Frührenaissancemalers Piero della Francesca ausgegangen, der im Quattrocento (zwischen 1410 bzw. 1420 und 1492) in der Toskana lebte. Obgleich es sich um ein Bild unter anderen handelt, dem unzählige andere gegenübergestellt werden könnten, ist es hier ausgewählt, weil es in die Zeit der Renaissance gehört, eine Epoche, die sich wie keine andere Gedanken über das Wesen der Schönheit machte und diese mit Geometrizität (Mathematizität) und Perspektivität in Zusammenhang brachte.

Die „Madonna del Parto" (Madonna der Geburt oder schwangere Madonna) ist ein Fresko von 260 cm Länge und 203 cm Breite, das ursprünglich für eine Friedhofskapelle, Santa Maria in Silvis in Monterchi, einer Kleinstadt in der Nähe von Arezzo, gedacht war, die jedoch durch Erdbeben beschädigt wurde, so dass das Bild heute restauriert in einem kleinen Museum in Monterchi untergebracht ist.

Es zeigt ein Zelt mit kostbarem rotbraunen Baldachin, in den das Muster von Granatäpfeln gewebt ist, gefüttert mit Fellen, das zwei Engel, rechts und links stehend, durch Zurückziehen des Vorhangs öffnen und so den Blick auf die Madonna freigegeben; zugleich verhindern sie durch das Gegenstemmen ihrer Füße das Eindringen allzu neugieriger Blicke. Die Madonna präsentiert sich genau in der Mitte des Bildes, geringfügig seitlich gewendet, den direkten Blick des Betrachters meidend, indem sie die Augen zu Boden senkt mit in sich gekehrtem Blick. Sie trägt ein schlichtes, hellblaues Kleid mit weitem Rock und bauschigen Oberärmeln, eng anliegender Taille, das geknüpft ist und über dem gewölbten Bauch, der die Schwangerschaft anzeigt, über der Taille aufspringt und durch einen Schlitz das weiße Untergewand zu erkennen gibt. Mit der rechten Hand deutet sie auf den Bauch, mit der linken stützt sie ihre Hüfte ab, wie dies bei schwangeren Frauen üblich ist. Das Thema der schwangeren Madonna war im Mittelalter ein häufiges Motiv.[76] Alle drei Figuren, Madonna sowie die beiden Engel, sind durch einen Heiligenschein gekennzeichnet.

Um das Bild genauer zu verstehen, sind einige Worte über den Maler zu

76 Bei den Restaurierungsarbeiten zeigte sich, dass unter diesem Fresko bereits ein ebensolches Bild einer schwangeren Frau zum Vorschein kam.

verlieren. Francesca, eigentlich Piero Borghese (der Zusatz della Francesca stellt eine Anlehnung an die von ihm ausgemalte Franziskanerkirche in Arezzo dar) wurde zwischen 1410 und 20 in der Kleinstadt San Sepolcro geboren. Seine Malerausbildung erhielt er in Florenz, wo er nachweislich als Lehrling dem Meister Domenico Veneziano zuarbeitete und von bedeutenden Frührenaissancemalern wie Fra Angelico und Masaccio beeinflusst wurde, insbesondere was die Figurenkompositionen betrifft. Nach einem kurzen Aufenthalt in Rom beim Papst arbeitete er vor allem in seiner Heimatstadt und ihrer Umgebung wie Arezzo und Monterchi sowie zeitweise an den Fürstenhöfen von Urbino, Ferrara und Rimini. In Urbino, am Hofe Federicos da Montefeltro, hatte er Zugang zu dem Künstler- und Humanistenkreis der Renaissance mit ihrer Verherrlichung der Antike. Offensichtlich stand Piero della Francesca auch in persönlichem Kontakt mit dem Renaissancetheoretiker Leon Battista Alberti, dessen Theorien der Perspektive er umzusetzen versuchte. Er selbst beschäftigte sich gegen Ende seines Lebens in mehreren theoretischen Schriften mit Mathematik, Geometrie und Perspektive, so in *De prospectiva pingendi*[77], *Trattato d'abaco*[78] und *Libellus de quinque corporibus regolaribus*[79]. Nach neueren amerikanischen Forschungen kam er wahrscheinlich über die Humanistenkreise auch in Berührung mit Archimedes' Geometrie, von dem er eine lateinische Kopie transkribierte (es handelt sich um sieben erhaltene Aufsätze des Archimedes[80]), die er mit einer Vielzahl geometrischer Figuren versah und in seinen Bildnissen umzusetzen versuchte. Eine Befolgung von Geometrie, Mathematik und Perspektive findet sich durchgängig in seinen Gemälden wie kaum bei einem anderen Maler. Und das gilt auch für die Madonna del Parto. Symmetrie, Kontrast, Komplementarität und Perspektivität, senkrechte und waagerechte, diagonale Linien, Dreiecke, Zylinder u.ä. lassen sich mit Händen greifen.[81]

77 *De prospectiva pingendi*, hrsg. von Giusta Nicco Fasola, 3 Bde., Florenz 1984 (Manuskript Reg. A 41/2, Biblioteca Panizzi, Reggio Emilia).

78 *Trattato d'abaco*. Dal Codice Ashburnhamiano 280 (359-291) della Biblioteca Medicea Laurenziana di Firenze, a cura di Gino Arrighi, Pisa 1970 (Testimonianze di storia della scienza, 6).

79 *Libellus de quinque corporibus regularibus*, hrsg. von Cecil Grayson, Marisa Dalai Emiliani, Carlo Maccagni, Florenz, Giunti 1995 (Manuskript Urb. Lat. 632, Biblioteca Apostolica Vaticana Rom).

80 *On the Sphere and the Cylinder*; *On the Measurement of the Circle*; *On Conoids and Spheroids*; *On Spirals*; *On the Equilibrium of Planes*; *On the Quadrature of the Parabola*; *The Sand Reckoner*, in: *World Digital Library* 1450-1460, https://www.wdl.org/en/item/10646/.

81 Zur Biografie und zum Werk von Piero della Francesca vgl. Roberto Longhi: *Piero de' Franceschi*, Rom 1927, deutsche Ausgabe *Piero della Francesca: Fresken*, Stuttgart 1949; Angeli Janhsen: *Perspektivregeln und Bildgestaltung bei Piero della Francesca*, München 1990; Carlo Bertelli: *Piero della Francesca*. Leben und Werk des Meisters der Frührenaissance, Köln 1992; Walter Seitter: *Piero della Francesca*. Parallele Farben, Berlin 1992; *Piero della Francesca*, in: *Wikipedia*, https://de.wikipedia.org/wiki/Piero_della_Francesca; Eugenio Battisti: *Piero della Fran-*

Piero della Francesca: Madonna del Parto (1455-1456)
Foto: Sailko, CC BY 3.0,
https://commons.wikimedia.org/wiki/File:Piero_della_francesca,_Madonna_del_Parto,_1455_ca._02.JPG

Geometrisierung des Bildes
Foto: Karen Gloy

Schmollmund (Detail)

Kleiderschlitze und abgestützte Hand (Detail)

Piero della Francesca: Königin von Saba betet hl. Kreuz an (1452-1455),
linkes Teilbild eines Großgemäldes, Arezzo, Basilika San Francesco
http://www.zeno.org/nid/20004219341

Piero della Francesca: Begegnung der Königin von Saba mit König Salomon (1452-1455),
rechtes Teilbild eines Großgemäldes, Arezzo, Basilika San Francesco
http://www.zeno.org/nid/20004219341

Piero della Francesa: Maria Magdalena (1455-1460),
Dom zu Arezzo, Foto: Quino Arnau, CC BY-SA 4.0,
https://commons.wikimedia.org/wiki/File:Qk-Piero-Mary-Magdalene01.jpg

Piero della Francesca: Madonna mit dem Kinde und Heiligen mit modischem Schmuck (ca. 1472)
(Detail vom Montefeltro-Altar), Pinacoteca di Brera
https://commons.wikimedia.org/wiki/File:Piero_della_Francesca_046.jpg

Versucht man zunächst eine inhaltliche Interpretation des Bildes, so stößt man auf eine Ambivalenz, die sich darin dokumentiert, dass ein Kontrast besteht zwischen dem prunkvollen Zelt mit dem Baldachin aus rotem Damast mit dem Muster des Granatapfels – Symbol der Fruchtbarkeit wie auch Symbol der Ewigkeit des Christentums –, der kostbaren Innenverkleidung mit Fellen, möglicherweise Hermelin, und der Schlichtheit des hellblauen geknüpften Kleides der Madonna. Auch die Gewänder der Engel fallen schlicht aus, nur dass sie über der Taille drapiert sind. Dass Piero della Francesca kostbare und modische Kleidung und Schmuck malen konnte und auch malte, zeigen verschiedene Altarbilder, insbesondere aus der Spätzeit, die Montefeltro-Altartafel „Madonna mit dem Kinde und Heiligen" (1472-74), das Altarbild „Madonna mit dem Kinde und Engeln" (1475-1476) sowie die „Madonna von Senigallia" (1474), die die neueste florentinische Kleidermode und Schmuckspangen sowie Ketten und Halsbänder aus Perlen, durchsichtigem Kristall und Korallen präsentieren, die modisch und prunkvoll gekleidete Mädchen und Jünglinge tragen. Diese Ambivalenz kehrt wieder in der Haltung der Madonna: Auf der einen Seite ist sie durch einen Heiligenschein charakterisiert, schlägt die Augen verschämt nieder, was die Interpreten als Sittsamkeit, Tugendhaftigkeit und Reinheit auslegen, auf der anderen Seite weist das gesamte Auftreten und die Haltung, das Abstützen der Hand auf die Hüfte, das zwar auch bei Edeldamen auf Gemälden in der Kirche San Francesco („Die Königin von Saba küsst das Kreuz") vorkommt und gelegentlich als eine Haltung während der Schwangerschaft gedeutet wird, insbesondere aber der Schmollmund – ein Markenzeichen Piero della Francescas, das auch auf anderen Gemälden wie der „Maria Magdalena" im Dom zu Arezzo begegnet –, auf eine eher vulgäre, bäuerliche Haltung, die einer Frau aus dem Volk, einer Marktfrau oder Bäuerin, zukommt und sich als Burschikosität des Dorflebens von der Eleganz des Hofes abhebt. Die ganze Haltung und Geste scheint sagen zu wollen: Woher auch immer das Kind, das ich austrage, kommen mag, es ist ein Gottesgeschenk, ich gebe Leben weiter und das ist heilig.[82] Nicht zufällig war das Gemälde für eine Totenkapelle bestimmt; das dortige Aufhängen des Bildes symbolisierte

cesca, 1791, neue, überarbeitete und aktualisierte Ausgabe unter wissenschaftlicher Mitarbeit von Marisa Dalai Emiliani 1992; Birgit Laskowski: *Piero della Francesca.* 1416/17-1492, Köln 1998; Judith Veronica Field: *Piero della Francesca.* A mathematician's art, Yale University Press, New Haven und London 2005; Alessandro Angelini: *Piero della Francesca.* Die großen Meister der Kunst, Florenz 2013.

82 Auch Angeli Janhsen: *Perspektivregeln und Bildgestaltung bei Piero della Francesca*, a.a.O., S. 66-78, die eine detaillierte Beschreibung des Bildes gibt, ist die Ambivalenz zwischen der ‚Himmelskönigin Maria' und der ‚Magd des Herrn' aufgefallen, der Wechsel zwischen Sittsamkeit und Vulgärheit (durch die Schlitze im Kleid, für die es in der italienischen Malerei kein Vorbild gibt, bes. S. 74-77).

Tod und Wiedergeburt des Lebens. Diese Ambivalenz tritt auch bei den beiden Engel an den Seiten des Bildes auf, die einerseits den Vorhang des Zeltes zur Seite schieben und den Blick auf die Madonna freigegeben und damit eine Botschaft eröffnen, andererseits durch die Beinstellung, indem sie einen Fuß in den Eingang stellen, allzu Neugierigen und Aufdringlichen den Eintritt verwehren.

Auch formal kehrt die Ambivalenz wieder, insofern einerseits absolute Klarheit, Symmetrie, Kontrastierung, Perspektivität herrscht, andererseits diese gemildert oder konterkariert wird durch geschwungene Formen. Die beiden Engel rechts und links sind absolut symmetrisch drapiert, für sie wurde exakt derselbe Karton verwendet, die Engel gleichen sich bis aufs Haar, nur dass sie farblich differieren und kontrastieren. Ist das Gewand des linken Engels grün, sein Flügel und seine Strümpfe rötlich, so verhält es sich bei dem rechten genau umgekehrt, indem sein Gewand rötlich, seine Flügel und Strümpfe grün sind. Das Bild der Madonna ist in Form und Habitus absolut symmetrisch aufgebaut, was das Ziehen einer Senkrechten in der Mitte dokumentieren würde, welches die Madonna teilt. Abgesehen von Symmetrie und Kontrast folgt die Darstellung einer Pluralität geometrischer Linien: senkrechten, horizontalen, diagonalen sowie geometrischen Formen wie Dreieck, Stern, Quadrat, Rechteck, Rhombus usw. Zieht man ideell eine Senkrechte von der Spitze des Zeltdaches nach unten, so teilt sie in der Mitte die Madonna in zwei Hälften, zieht man von eben dieser Spitze Linien nach rechts und links zu den Vorhangsenden, so erhält man ein Dreieck, und kehrt man dieses um, indem man von der Fußspitze der Madonna in der Mitte aufwärts nach rechts und links zu den Ecken der Zeltöffnung aufsteigt, so erhält man ein umgekehrtes Dreieck und damit zusammen mit dem ersteren einen Davidstern. Ebenso könnte man Linien von der Spitze des Zeltdaches zu den Ecken der unteren Zeltöffnung ziehen und von der Mitte des Fußes der Madonna nach oben zu den Zeltöffnungen, man erhielte so einen Rhombus; zöge man eine Linie von der obersten Spitze des Zeltdaches zur linken Öffnungsecke und von dort nach unten zur Mitte der Madonna und weiter in Richtung der äußeren Hand des rechten Engels, so ergäbe sich ein Rechteck, dem auf der gegenüberliegenden Seite ein gleiches entspräche. Kurzum, das Bild ist durchzogen von einem Netz ideeller geometrischer Figuren, dem die Malerei folgt.

Auch die Raumaufteilung sowie die der Figuren erfolgt nach bestimmten Teilungsverhältnissen, vorzüglich nach dem aus der Proportionslehre bekannten Goldenen Schnitt, der als besonders schön empfunden wird. Er entspricht einer Aufteilung von ca. einem Drittel zu ca. zwei Dritteln.[83] So

83 Genaueres später S. 84 ff. dieser Arbeit.

befinden sich nicht nur die Köpfe der Engel in der Mitte zwischen Baldachinspitze und Boden, sondern ihre Hände dritteln auch den seitlichen Umriss des Zeltes zwischen Spitze und Boden. Zudem geht eine gerade Linie von der gegen das Zelt gestützten Hand der Engel zu dem inneren Fuß, die zusammen mit dem geschwungenen Dach einen festen Rahmen für Maria in der Mitte abgibt. Nichts in dem Bild ist dem Zufall überlassen, alles folgt strengen Ordnungskriterien und Gesetzmäßigkeiten, alles ist nach mathematisch-geometrischen Prinzipien konstruiert, was dem Bild nicht nur den Eindruck einer generellen Geordnetheit verschafft, sondern auch den der Strenge geometrischer Verhältnisse.

Gegenüber der Todesstarre des Formalen und Symmetrischen weist das Leben stets Symmetriebrüche und Abweichungen auf. Und genau diese beobachtet man auch in dem Fresko der Madonna. Eine direkte Frontalansicht der Person wird vermieden durch eine minimale Rechtsdrehung, so dass der Mittelpunkt der Figur vom Mittelpunkt des Gemäldes abweicht, womit zwei Mittelpunkte zu entstehen scheinen, der geometrische der Bildmitte und der thematische des Bauches der Schwangeren.

Auch sanfte Kurven und Schlangenlinien qualifizieren sich zur Aufweichung der strengen Geometrie, und auch solche lassen sich beobachten in der leichten S-Form des Kleiderschnitzes, der auf das künftige Leben deutet, in den wuchtigeren Schwingungen der Zeltraffung und in den zarten der Augenlider, des Mundes sowie des Haarbandes der Madonna, das die Stirn umspielt und das Haar zurückhält. Daneben tragen Schmollmund und zarte Haut der Madonna und der Engelfiguren zur Auflockerung bei.

Außer Symmetrie und Proportionalität hat der Maler in diesem Bild seine theoretischen Einsichten und Erkenntnisse über die Perspektive verwirklicht, zumindest ausprobiert. Durch die seitliche Drehung der Madonna erhält das Bild eine gewisse Tiefe, die unterstützt wird durch die vorgestellten Füße der Engel sowie die zum Oval ausgezogenen runden Heiligenscheine der drei Figuren, die perspektivischer Verzerrung entsprechen. Dass Piero in der perspektivischen Darstellung ein Meister war, davon zeugen auch andere Gemälde, welche die Raumperspektive wiedergeben durch hintereinandergeschachtelte eckige Bauten, runde Bögen, Säulen mit Schatten in Säulenhallen oder durch nebeneinander arrangierte Räume mit diversen Fluchtpunkten.[84] Bekannt geworden ist Piero della Francesca auch durch die Darstellung

84 So in dem Polyptychon des „Heiligen Antonius" die Säulenhalle an der Spitze, in der Montefeltro-Altartafel „Madonna mit dem Kinde und Heiligen" die Rundung mit den Kassetten und der Muschelform, in dem Schlachtengemälde „Die Schlacht zwischen Heraklius und Chosroes" die Rundung des Altardaches, in dem Fresko aus der Basilika San Francesco in Arezzo „Anbetung des Kreuzes durch die Königin von Saba und die Begegnung zwischen der Königin und dem König Salomo" die verschiedenen Fluchtpunkte der Räume.

von Personen im Halbkreis, wie sie auf den Bildern „Anbetung des Kreuzes durch die Königin von Saba und ihre Hofdamen" zu sehen ist und ebenso in der Darstellung der „Begegnung der Königin von Saba und König Salomo und ihren Hofstaaten". Gleiches gilt von dem Schlachtenbild „Schlacht zwischen Heraklius und Chosroes", was die Männer betrifft, die um den unterlegenen und knienden persischen König herumstehen.

Unzweifelhaft hat die Geometrisierung und Mathematisierung wesentlichen Anteil an der ästhetischen Wirkung von Pieros Gemälden, insbesondere an der der „Madonna del Parto", deren Schönheit sich niemand entziehen kann. Strenge Ordnung, Symmetrie, optimale Proportionalität, Kontrast und Perspektivität wirken zusammen, um einen eindrucksvollen Aufbau des Bildes zu ergeben. Dass dennoch manche Figuren auf Pieros Bildern gerade wegen der Geometrizität den Eindruck des Holzschnitthaften machen, ist nicht zu leugnen, zumal Piero es liebte, Säulen und säulenstarke Personen wie den Christus der Auferstehung in Szene zu setzen und Hälse wie Säulenschäfte zu malen. Auch die Madonna des Polyptychons „Misericordia" oder das Porträt des Sigismondo Malatesta, das allerdings im Stile einer Münzprägung gemalt ist, gehören hierzu. Dies wird besonders auffällig bei einem Vergleich mit den Gemälden von Pieros Schülern und Nachfolgern wie *Luca Signorelli* und *Pietro Perugino*, die weichere Formen und Linien wie S-Formen und Schlangenlinien bevorzugen und damit anmutiger, spielerischer wirken. Dass sich hierin aber auch eine Vorliebe des Künstlers für solide, aufrechte, ja, schroffe Formen bekundet, die Piero auch in seinen starken Frauen- und Männergestalten wie der Maria Magdalena im Dom von Arezzo ausdrückt, lässt sich nicht verkennen. Maria Magdalena hat in Haltung und Gewandung geradezu einen maskulinen Anflug, was sie mit den Darstellungen der Propheten im Dom gleichsetzt.

Dass Geometrizität und die mit ihr verbundene Klarheit und Schärfe zur Schönheit beitragen, lässt sich nicht bestreiten. Sie weisen über die reine Sinnlichkeit hinaus in den Bereich des Geistes, der allein verstehen und intellektuell begreifen lässt.

Schönheit scheint, wie die Gemälde von Piero della Francesca zeigen, eine Mischung aus geometrischer Formgebung und minimalen Abweichungen zu sein und wirft damit die erkenntnistheoretische Frage auf, in welchem Umfang sich Mathematizität in der realen Natur und den naturwissenschaftlichen Studien wie auch in der Kunst niederschlägt. Zwei Möglichkeiten bieten sich an, *erstens* die totale Deckung und Realisierung der Geometrie in der Natur und *zweitens* die approximative. Diese beiden Möglichkeiten haben in der Geschichte seit eh einen Streit ausgelöst. War Platon der Ansicht, dass es nur eine annäherungsweise Realisierung von Zahlen und Figuren in der Realität gebe aufgrund der dort vorherrschenden Materialität, so vertrat

Galileo Galilei zu Beginn der Neuzeit die entgegengesetzte Ansicht, indem er davon sprach, dass das Buch der Natur in mathematischen Lettern verfasst sei. Der *locus classicus* dieser Aussage ist *Il Saggiatore*:

> „Die Philosophie ist in diesem großen Buch niedergeschrieben, das vor unseren Augen immer offen liegt (ich meine das Universum), welches wir aber nicht verstehen können, wenn wir nicht zuvor lernen, die Sprache zu verstehen und die Zeichen zu deuten, in denen es geschrieben ist. Es ist in der mathematischen Sprache geschrieben, und seine Buchstaben sind Dreiecke, Kreise und andere geometrische Figuren; ohne diese Mittel ist es dem Menschen unmöglich, ein einziges Wort zu verstehen […]"[85]

Ebenso hat Edmund Husserl später in der *Krisis der europäischen Wissenschaften* den Übergang von der Antike zur Neuzeit darin gesehen, dass die mathematisch substruierte Welt der Idealitäten der wahrnehmungsmäßig gegebenen Realität untergeschoben werde und für die einzig wirkliche, die je erfahrene und erfahrbare Welt, unsere alltägliche Lebenswelt gehalten werde.[86],[87]

Mit dem hier angeschnittenen Problem verbindet sich die kunsttheoretische Frage, ob Schönheit auf totaler oder approximativer Realisierung mathematisch-geometrischer Formen basiert. Liegen die durch Kunst herausgestellten Formen bereits vollendet in der Natur und stellt die Kunst sie lediglich heraus, oder legt die Kunst sie überhaupt erst in die Natur und Darstellung hinein und schafft dadurch Schönheit, was zu dem oft gehörten Spruch führt, dass Kunst erst die Natur vollende?

Den am Fresko der „Madonna del Parto" gewonnenen Einsichten soll im Folgenden genauer nachgegangen werden: der Symmetrie und Symmetriebrechung, der Proportionalität, besonders dem Goldenen Schnitt und anderen Teilungsverhältnissen sowie der Fraktalität, der Ordnung und dem Chaos bzw. der Einfachheit und Komplexität.

85 In: *Le opere di Galileo Galilei*, ristampa della Edizione Nazionale, hrsg. von Antonio Favaro, 20 Bde., Florenz 1929-1939, Bd. 6, S. 232, Frage 6 (Übersetzung von Verf.).

86 Vgl. Edmund Husserl: *Die Krisis der europäischen Wissenschaften und die transzendentale Phänomenologie*. Eine Einleitung in die phänomenologische Philosophie, hrsg. von Walter Diemel, Den Haag, 2. Aufl. fotomechanischer Nachdruck 1976 (*Husserliana*, Bd. 6), S. 49.

87 Dass geometrische Formen nicht nur starr und eckig sein müssen, sondern auch dynamisch sein können, zeigen Fraktale.

(2.) Symmetrie und Symmetriebrechung

Der Begriff Symmetrie gehört nicht nur in den Bereich der Geometrie und Mathematik, sondern auch in den der Ästhetik. Symmetrie leitet sich ab aus griechisch συν = ‚zusammen' und μέτρον = ‚Maß' und meint ‚gleiches Maß' (‚Gleichmaß', ‚Ebenmaß'). Für die Ästhetik ist dies so entscheidend, dass wir geradezu von einer Maßästhetik sprechen. Das Maß tritt in zweierlei Form auf: einmal als Wiederholung, wobei ein Zeichen parataktisch, reihentheoretisch gesetzt wird, und zum anderen als Spiegelbildlichkeit, bei der die Gleichheit nebeneinander befindlicher Zeichen und Figuren durch Zusammenklappen nachgewiesen wird. Die einfachste Form ist die Iteration in der eindimensionalen Zeit oder auf der eindimensionalen räumlichen Linie, die nichts weiter als die Verschiebung des Momentes bzw. Punktes durch Translation ist. Kompliziertere Formen entstehen im zweidimensionalen Raum, der Fläche, durch Operationen wie die Achsendrehung, so die Spiegelsymmetrie, die wir aus dem Rechts- und Linksphänomen, den Phänomenen von oben und unten, vorn und hinten kennen, oder im dreidimensionalen Raum durch Rotationsdrehung, etwa um die Spitze einer Pyramide oder eines Würfels. Symmetrien sind abhängig vom Raum und seiner Struktur sowie von den Transformationen, die metrischer, affiner, projektiver oder topologischer Art sein können. So ist z.B. die Wiederholbarkeit eines regulären Dreiecks eine geometrische Invariante der euklidischen Geometrie, nicht jedoch der projektiven Geometrie. Bei letzterer würden sich die Dreiecksseiten verändern.[88] Durch die Entwicklung der Computertechnologie sind in der Gegenwart auch Radiärsymmetrien und polyaxiale Symmetrien bekannt und konstruierbar geworden, die sich strahlenförmig um eine Achse ausbreiten und den Moostierchen (*Bryozoen*) und Schwammarten in der Natur gleichen und wunderschöne Muster ergeben[89] und auch als Vorlage von Kunstobjekten, Gemälden und Schmuckstücken dienen.

Von Symmetrien spricht man präferentiell oder ausschließlich in Bezug auf Strukturen: Linien, Formen, Gestalten, nicht in Bezug auf Farben und Qualitäten. Nennt man die beiden Engel auf dem Fresko der „Madonna del Parto" symmetrisch, so geschieht dies in Bezug auf ihre Formgebung, nicht in Bezug auf die Farben, die im Verhältnis der Komplementarität stehen. Das grüne Kleid und der rote Flügel einschließlich der roten Strümpfe des

88 Vgl. Klaus Mainzer: *Symmetrie und Symmetriebrechung*. Von der Urmaterie zu Kunst und Leben, in: Karen Gloy (Hrsg.): *Kunst und Philosophie*, Wien 2003, S. 183-200, bes. S. 186.

89 Vgl. Klaus Richter: *Die Herkunft des Schönen*., a.a.O., S. 174 f.

linken Engels verhalten sich zum roten Kleid und grünen Flügel sowie den grünen Strümpfen des rechten Engels kontrastierend bzw. komplementär.[90]

Metaphorisch wird Symmetrie überall verwendet, wo es um Ausgewogenheit, Harmonie, Gleichgewicht und somit auch Gerechtigkeit geht. Symbol dafür ist die Waage mit ihren ausgeglichenen Schalen. Im Alten Ägypten fungierte hierfür die Pfauenfeder, deren Halbierung in eine rechte und eine linke Seite die Komplementarität ergibt. Bis in die Neuzeit hinein zum zweiten vatikanischen Konzil wurde sie bei Festlichkeiten des Vatikans verwendet und nur durch die inzwischen eingetretene Unkenntnis als überflüssiges Requisit entfernt.

Symmetrische Figuren kennen wir aus der Natur zuhauf: Sie kommen in allen Paarbildungen bei Menschen und Tieren vor, so in dem Augen- und Ohrenpaar, dem Arm- und Beinpaar, dem Hand- und Fußpaar, in den Flügeln der Schmetterlinge und anderen Insekten, im Zwillingspaar – im übertragenen Sinne in der Gestirnskonstellation von Castor und Pollux – sowie dem Männlichen und Weiblichen. Die Symmetrie ist uns allgegenwärtig und vertraut und wohl schon evolutionär als Naturveranlagung mitgegeben, so dass wir sie immer wieder anstreben und in der Kunst zu vollenden versuchen. Das dürfte seinen Grund darin haben, dass Symmetrie die Wirkung der Balance, der Ruhe, der Beständigkeit und Stabilität hat, während Symmetriebrüche für Unruhe und Instabilität sorgen.[91]

Es dürfte daher nicht verwundern, dass gerade aufgrund dieser Wirkung Symmetrie in der Kunst gesucht und realisiert wird, besonders in der Malerei und Architektur. Wir begegnen ihr nicht nur in dem Gemälde der „Madonna del Parto", sondern auch in anderen Gemälden von Piero della Francesca, die streng symmetrisch aufgebaut sind, wie die „Auferstehung Christi" (1458), das Polyptychon der „Misericordia" (1445-1462), das Polyptychon des „Heiligen Antonius" (1468) usw. Beispiele lassen sich nicht nur bei diesem Renaissancemaler, sondern bei vielen anderen ebenso wie in anderen Kunstepochen finden. Bekannte Exempel, die immer wieder aufgeführt werden, sind in der Architektur das riesige, weit ausladende Parlamentsgebäude in Budapest an der Donau, der unter der Ceausesco-Diktatur in Bukarest errichtete monumentale Parlamentspalast, die Piazza del Popolo in Rom mit den auf der Südseite befindlichen Zwillingskirchen Santa Maria in Montesanto und Santa Maria dei Miracoli, in Greenwich die Marine-Akademie mit dem Charles Court und dem Queen Anne Court von Christopher

90 Entsprechend ist auch die Entdeckung des Positrons im Verhältnis zum Elektron im atomaren Aufbau nicht symmetrisch, sondern antithetisch. Dies zur Kritik an der Darstellung von Klaus Richter: *Die Herkunft des Schönen*, a.a.O., S. 165 f.

91 Die inneren asymmetrischen Organe von Mensch und Tierwie Herz, Leber, Niere, Milz, Pankreon bleiben unsichtbar.

Wren. Ein Meister der Symmetrie war Palladio, der diese zu seinem Bauprinzip erhob, so in der Villa „La Rotonda" in Vicenza, die nach allen Seiten, Nord und Süd, Ost und West, symmetrisch angelegt ist, wie auch in der Villa „Barboro" in Maser, die der Rechts-Links-Spiegelung folgt, und ähnlich in seinen übrigen Villen im Veneto.

Nun ist es kein Geheimnis, dass Symmetrie innere Befriedigung verschafft, einerseits aufgrund der Wiederkehr und Wiedererkenntnis der Elemente, andererseits aufgrund des Arrangements der Spiegelbildlichkeit.[92] Zu häufige Wiederholungen und massive Symmetrie wirken jedoch stereotyp, monoton und langweilig. Die totale Symmetrie des Gesichts und Körpers, die in amerikanischen Schönheitsoperationen angestrebt wird und offenbar das amerikanische Schönheitsideal abgibt, wirkt zu glatt und langweilig, als dass man es schön nennen könnte. Schon die schönheitsbewussten Damen des europäischen Rokoko wussten ihre Schönheit zu steigern, dadurch dass sie nach einem perfekten Make-up einen künstlichen Leberfleck auf die Wange tupften, was sie nicht nur schön, sondern auch interessant und begehrenswert machte.

Totale Symmetrie, wie sie im Anorganischen vorliegt, wirkt tot. Sinnigerweise bemerkt Hans Castorp in Thomas Manns Roman *Der Zauberberg* angesichts einer Schneewanderung und der Beobachtung der Eiskristalle und Schneeflocken:

> „Unter den Myriaden von Zaubersternchen in ihrer untersichtigen, dem Menschenauge nicht zugedachten, heimlichen Kleinpracht war nicht eines dem anderen gleich; eine endlose Erfindungslust in der Abwandlung und allerfeinsten Ausgestaltung eines und immer desselben Grundschemas, des gleichseitig-gleichwinkligen Sechsecks, herrschte da; aber in sich selbst war jedes der kalten Erzeugnisse von unbedingtem Ebenmaß und eisiger Regelmäßigkeit, ja, dies war das Unheimliche, Widerorganische und Lebensfeindliche daran; sie waren zu regelmäßig, die zum Leben geordnete Substanz war es niemals in diesem Grade, dem Leben schauderte vor der genauen Richtigkeit, es empfand sie als tödlich, als das Geheimnis des Todes selbst, und Hans Castorp glaubte zu verstehen, warum Tempelbaumeister der Vorzeit absichtlich und insgeheim kleine Ab-

92 Die Wiedererkenntnis einer Person nach längerer Abwesenheit erfreut ebenso wie die Selbsterkenntnis im Spiegel.

weichungen von der Symmetrie in ihren Säulenordnungen angebracht hatten."[93]

Lebendiges ist nicht nur mit Symmetrie, sondern auch mit Symmetriebrüchen verbunden. Ein menschliches Antlitz, ein menschlicher Körper ist nie ganz symmetrisch. So kann die eine Augenbraue höher gezogen sein als die andere, der Haaransatz auf der einen Seite tiefer beginnen als auf der anderen, die rechte Hand bei Rechtshändigkeit stärker ausgeprägt sein als die linke oder die rechte Schulter wegen der Rechtslastigkeit mehr herabhängen als die andere. Lebendige Symmetrie wird daher immer nur approximativ verwirklicht und ist selbst in der Malerei und Bildhauerei mit minimalen Abweichungen versehen. Die „Madonna del Parto" auf dem Gemälde von Piero della Francesca ist in ihrer Stellung etwas gedreht und damit vom Mittelpunkt abweichend, die am meisten geschätzten Kunstwerke der Antike, die Aphrodite von Knidos (350/340 v. Chr.), die Venus von Milo (Ende 2. Jahrhundert v. Chr.), der Doryphoros von Polyklet (5. Jahrhundert v. Chr.), der Apoll von Belvedere (zw. 350-325 v. Chr), der Hermes des Praxiteles (um 340 v. Chr.) und andere Meisterwerke sind keine starren symmetrischen Plastiken, sondern von der Achse abweichende, leicht geschwungene, S-förmige Gestalten, die dem Lebendigen näherkommen.

Auch Entwicklung und Evolution gehen mit Symmetriebrüchen einher. Veränderungen bestehen in der Abweichung von der Norm und im Anstreben einer neuen Norm, was den Biologen Ludwig von Bertalanffy veranlasst hat, von einem Fließgleichgewicht zu sprechen, d.h. von einem Gleichgewichtszustand, der immer nur angestrebt und approximativ erreicht wird und bei vollständigem Erreichen umkippt, so dass ein neues Gleichgewicht intendiert werden muss. Auch Gesundheit und Krankheit lassen sich systemisch so erklären, Gesundheit als ideales Maximum von Stabilität, Krankheit als Abfall und Wiedergenesung als Erreichen eines neuen Idealzustandes, der immer nur kurze Zeit währt. Lebendigkeit stellt daher eine Mischung aus Symmetrie und Abweichung dar. Zu große Abweichungen konstatieren wir als Asymmetrien; sie erscheinen uns bedrohlich und hässlich und implizieren die innere Verpflichtung zur Überwindung. Nicht zufällig suchen wir in den Naturwissenschaften bei allen Erklärungen nach Symmetrien und begnügen uns nicht mit asymmetrischen Verhältnissen. Einem positiven Pol muss ein negativer entsprechen und umgekehrt. Auch in der Kunst wirken asymmetrische Gebäude wie das jüngst errichtete Munch-Museum in Oslo, dessen oberer Teil vorgebeugt ist, beängstigend, weil er umzukippen oder abzubrechen droht, und damit auch unnatürlich und hässlich. Nicht weniger

93 Thomas Mann: *Der Zauberberg*, Roman, 8. Aufl. Berlin, Frankfurt a. M. 1965 S. 438.

Kritik erfuhr der neu errichtete Roche-Turm in Basel, der wegen seiner beabsichtigten Schieflage ‚abgebrochener Zahn', ‚unvollendete Pyramide' oder ‚übergroßes Sägeblatt' genannt wird und einen Bruch mit der gesamten Baukultur der Schweiz darstellt. Offensichtlich haben wir ein Bedürfnis nach Harmonie, das sich in Symmetrie ausdrückt.

Wie es zwei Arten der Interpretation von Symmetrie gibt, die iterative, homogene und die spiegelbildliche der Opposita, so gibt es auch zwei Arten der Harmonie, die der Gleichheit und die der Gegensätze, wobei unzweideutig die erstere zur Langeweile und Öde tendiert, wie sich diese bei den allzu langen Säulenkolonnen aus römischer Zeit konstatieren lassen, die die Bauelemente endlos in immer gleicher Weise wiederholen, wogegen die Harmonie der Gegensätze, wie sie beispielsweise in der japanischen Gartenarchitektur realisiert wird, die Himmel und Erde, Festes und Flüssiges miteinander verbindet, attraktiv erscheint. Aus der griechischen Mythologie ist die Anekdote bekannt, dass Harmonia die Tochter der Schönheitsgöttin Aphrodite und des Kriegsgottes Ares war und damit den Ausgleich der Gegensätze symbolisierte und dass sie selbst den König von Theben, Kadmos, heiratete, der in der mythologischen Interpretation mit dem Kosmos, der Ordnung des Chaos, verschmolz.[94]

(3.) Proportionalität

a) Goldener Schnitt

Dass Proportionen im Kontext von Erlebnissen sowohl in der Natur wie in der Kunst eine Rolle spielen, dürfte unbestritten sein. Ein Mensch mit einem überproportionalen Kopf wie einem Wasserkopf oder mit einem unverhältnismäßig kleinen Kopf wie einem Schrumpfkopf, d.h. in beiden Fällen mit einer exorbitanten Proportionalität, wie sie nicht der Durchschnittlichkeit der Menschen entspricht, wird auffallen, und, da er nicht unserem ästhetischen Empfinden konform ist, als fremdartig, abartig und daher auch als hässlich erscheinen. Das mag seinen Grund darin haben, dass zumindest im Tierreich Abnormitäten eine geringere Überlebenschance aufweisen, da die genetische Selektion auf Durchschnittlichkeit tendiert. Zwar könnte es sein, dass eine Mutation abnormer Art sich durchsetzt und über einen längeren Zeitraum zur Durchschnittlichkeit avanciert, wie gegenwärtig die aufgrund unserer veränderten Essgewohnheiten zu Popcorn aufgeschwemmten Men-

94 Vgl. Hans Kumschick: *Problematik um die Maßästhetik. Fragen zu harmonischen Proportionen und zum Goldenen Schnitt*, in: Karen Gloy (Hrsg.): *Kunst und Philosophie*, a.a.O., bes. S. 145.

schen, besonders in Amerika und inzwischen auch in Europa. Normalerweise wird das Abnorme als abstoßend und hässlich empfunden. Wie genetisch bedingte geringere Überlebenschance und ästhetische Hässlichkeit zusammengehen, so auch genetisch bedingte Normalität und ästhetische Schönheit. Dabei bemisst sich die Durchschnittlichkeit nach der Rasse. Pygmäenstämme werden ein anderes Verhältnis zur Größe haben als die sogenannten ‚langen Kerle' aus der Ehrengarde des preußischen Soldatenkönigs. Wie diese die Kleinwüchsigen als ‚mickrig' betrachtet hätten, so die Pygmäen die Großen als ‚Riesen', und bekanntlich waren Riesen nach der griechischen Mythologie stets hässlich wie der einäugige Polyphem. Die jeweilige Durchschnittlichkeit, ebenso wie die Abnormitäten, richten sich nach der jeweiligen Art.

Das wirft für den normalen Menschen die Frage auf, ob es ein ausgezeichnetes Maß, d.h. ein ausgezeichnetes Verhältnis der Teile zum Ganzen gibt oder nicht und gegebenenfalls welches dies sein könnte. Wählen wir zum Ausgang die Linie, so kann ihre Einteilung unendlichfacher Art sein. Legt man als Maßstab der Beurteilung wiederum die genetisch bedingte menschliche Konstitution zugrunde, die man Tag ein, Tag aus erlebt, so wird man eine Halbierung der Linie als schön empfinden, da sie der körperlichen Symmetrie und Ausgewogenheit des Menschen entspricht. Auch eine Drittelung der Linie wird als schön und ausgewogen zu gelten haben, da man sie auf den Körper mit den beiden ausgestreckten Armen übertragen kann. Anders sieht es aus, wenn man sich die Linie im Verhältnis 1 zu 100 oder zu 1000 eingeteilt denkt. Die Minimalität des abgeteilten Stückes im Verhältnis zur Größe des anderen Teils wird unverhältnismäßig, unausgewogen, unserem Symmetriebedürfnis widerstrebend erscheinen und damit als nicht schön, wenn nicht gar als hässlich. Die Beurteilung einer Linieneinteilung im Verhältnis 2 zu 3 oder 3 zu 5 oder ähnlich wird davon abhängen, ob es im menschlichen Bereich Verhältnisse dieser Art gibt, die diese Einteilungen unterstreichen. Schon im 1. Jahrhundert n. Chr. hat der Römer Vitruvius Pollio einen Idealmenschen mit ausgestreckten Armen und Beinen in ein Viereck und einen Kreis eingezeichnet, dessen Proportionen als Vorlage in der Architektur dienen sollten. Leonardo da Vinci hat eine etwas modifizierte Darstellung gegeben, bei der die Quadratseite zum Radius des Kreises im Verhältnis des Goldenen Schnittes steht.

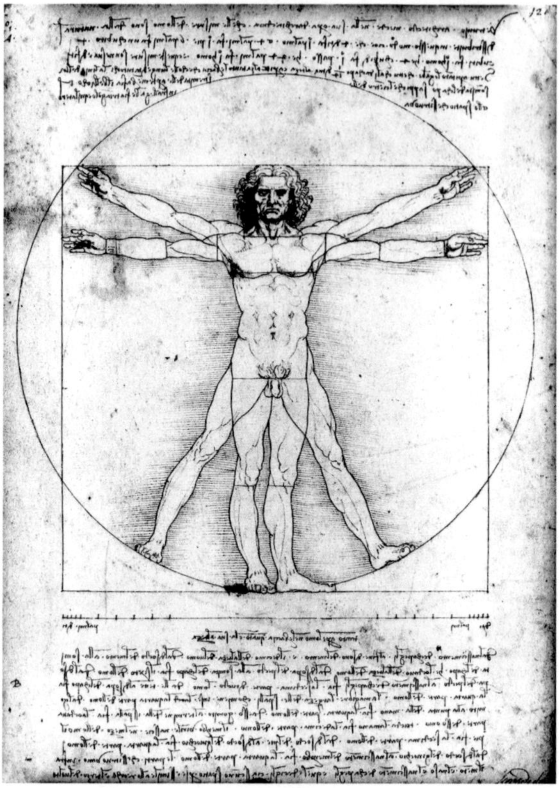

Bild Vitruv'scher Mensch[95]

Als ein möglicher Maßstab der Beurteilung schöner Proportionen könnte auch die Erfahrung des Menschen mit seiner Umwelt fungieren, wie beispielsweise auf den Bildern von Emil Nolde die Größe und Masse des Himmels im Verhältnis zur flachen Marschlandschaft oder bei Meer- und Wüstenbildern die Größe des Himmels zur weiten Meer- und Wüstenfront oder bei Gebirgsbildern umgekehrt die Größe und Wucht des massiven Gebirges zur geringeren Ausdehnung des Himmels. Abgesehen davon, dass solche Bilder oft Ausdruck von Stimmungen und Gemütsbewegungen sind, gerade bei Nolde, wenn der große, schwere, wolkenverhangene, graue Himmel düster und depressiv auf der Landschaft lastet oder wenn bei heiteren Frühlingsbildern sich ein großer, weiter, blauer, strahlender Himmel über einer relativ spärlichen Landschaft wölbt, könnten Gewohnheiten der in bestimmten Umgebungen lebenden Menschen das Verhältnis zur Proportionalität

95 Leonardo da Vinci:Vitruv'scher Mensch, Scan durch Paris Orlando, CC BY-SA 4.0, https://commons.wikimedia.org/wiki/File:Vitruvian_Man_by_Leonardo_da_Vinci.jpg.

bestimmen. Gibt es eine ideale Einteilung und eine Approximation an diese? Ist dies der Goldene Schnitt, der traditionell als Idealverhältnis angesehen wird? Was bedeutet Goldener Schnitt?[96]

Die Frage ist gesondert nach Dimensionen zu beurteilen. Auf einer eindimensionalen Geraden, der Linie, bedeutet der Goldene Schnitt ein Teilungsverhältnis, demzufolge sich der kleinere Teil der Linie zum größeren so verhält wie der größere zur Gesamtlinie. Sind A und B die Teile,

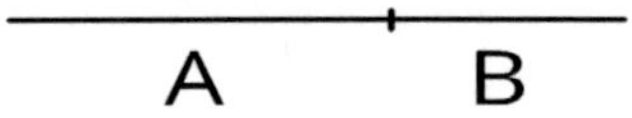

dann verhält sich A/B = B/A+B oder, anders formuliert, das Ganze der Strecke A+B entspricht dem größeren Teilungsabschnitt B (*maior*) im gleichen Verhältnis wie der größere Abschnitt B dem kleineren A (*minor*).

Zur Konstruktion werden gewöhnlich zwei Verfahren herangezogen, von denen das eine, das innere Verfahren, wegen seiner Einfachheit präferiert wird:

1. Errichte auf einer Linie $\overline{AB}$ im Punkte A eine Senkrechte von der halben Länge der Linie $\overline{AB}$ mit dem Endpunkt C.
2. Der Kreis um C mit dem Radius $\overline{AC}$ schneidet die Verbindungslinie $\overline{CB}$ im Punkte D.
3. Der Kreis um B mit dem Radius $\overline{BD}$ teilt die Ausgangsstrecke $\overline{AB}$ im Punkte S im Verhältnis des Goldenen Schnittes.

96 Literatur zum Goldenen Schnitt: *Goldener Schnitt* in: Wikipedia https://de.wikipedia.org/wiki/Goldener_Schnitt; Erwin Panofsky: *Sinn und Deutung in der bildenden Kunst* (Titel der Originalausgabe: *Meaning in the Visual Arts*), Köln 1975, bes. S. 68-124; Jürgen Fredel: *Maßästhetik.* Studien zu Proportionsfragen und zum Goldenen Schnitt, Hamburg 1998, bes. S. 109-258; Hans Kumschick: *Problematik um die Maßästhetik. Fragen zu harmonischen Proportionen und zum Goldenen Schnitt*, in: Karen Gloy (Hrsg.): *Kunst und Philosophie*, a.a.O., S. 145-182.

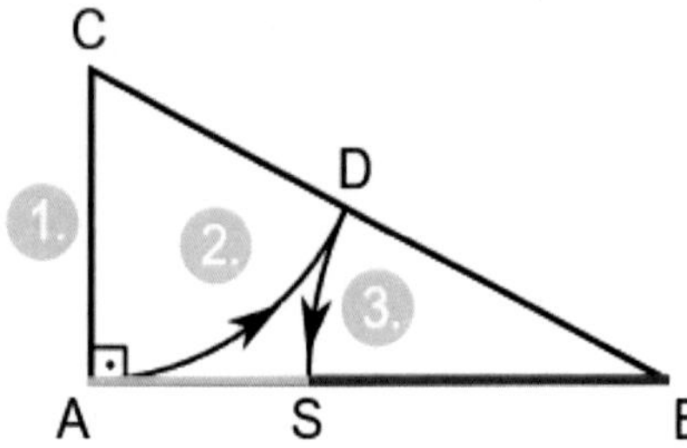

[97]

Das zweite, sogenannte äußere Verfahren basiert auf folgendem Vorgang:

1. Errichte auf der Strecke $\overline{AS}$ im Punkte S eine Senkrechte der Länge $\overline{AS}$ mit dem Endpunkt C.
2. Konstruiere die Mitte M der Strecke $\overline{AS}$.
3. Der Kreis um M dem Radius $\overline{MC}$ schneidet die Verlängerung von $\overline{AS}$ im Punkte B. S teilt $\overline{AB}$ im Verhältnis des Goldenen Schnittes.

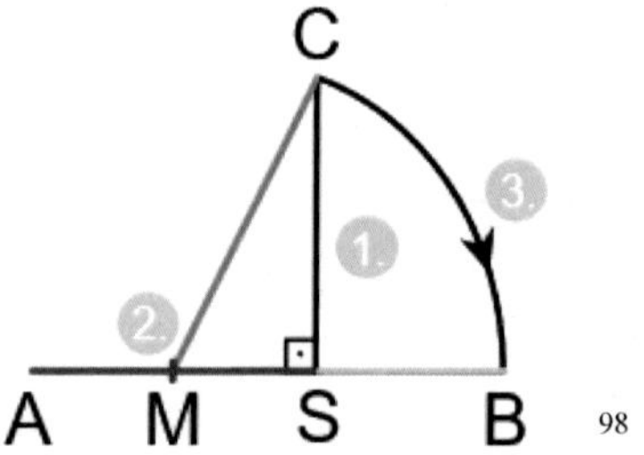

[98]

Die beiden Verfahren gehen auf Euklid (im 3. Jahrhundert v. Chr.) zurück, der sie „nach dem mittleren und äußeren Verhältnis" bezeichnete (ἄκρον καὶ μέσον λόγον εὐθεῖα τετμῆσθαι λέγεται, ὅταν ᾖ ὡς ἡ ὅλη πρὸς τὸ μεῖζον τμῆμα, οὕτως τὸ μεῖζον πρὸς τὸ ἔλαττον)[99], wobei es sich bei der zweiten Teilung quasi um ein Umklappen des ersten Verhältnisses handelt. Darüber hinaus haben Künstler und Handwerker eine Vielzahl modifizierter Verfahren entwickelt, um den Goldenen Schnitt zu erreichen. Die Handwerker benutzten zur schnelleren Eruierung des Teilungsverhältnisses anstelle der

97 Bild adaptiert nach Wolfgang Beyer (Quelle in PNG) und Daniel Seibert (PNG → SVG), CC BY-SA 3.0, https://commons.wikimedia.org/wiki/File:Goldener_Schnitt_Konstr_beliebt.svg.

98 Bild von Wolfgang Beyer (Quelle in PNG) und Konstantin 1996 (PNG → SVG), CC BY-SA 3.0, https://de.wikipedia.org/wiki/Datei:Goldener_Schnitt_(Äußere_Teilung).svg.

99 Euklid: *Elemente* VI, Definition 3.

immer neu auszuführenden Konstruktion einen sogenannten Storchenschnabel.

Der Goldene Schnitt in der Fläche lässt sich am Pentagon (fünfeckiger Stern) sowie an den Modifikationen, u.a. am Pentagon-Pentagramm demonstrieren. Dessen Seiten befinden sich im Verhältnis des Goldenen Schnitts zu den Diagonalen; die Diagonalen untereinander stehen ebenfalls in diesem Verhältnis. In der Mitte der Figur des Pentagon-Pentagramms kehrt dieselbe Figur in verkleinertem Maßstab wieder und so beliebig fort.[100]

Kompliziertere, im Grunde jedoch gleiche Wiederholungen finden sich im Dodekaeder, einem Körper, der aus fünfeckigen Seiten gebildet wird.

Außer dem Goldenen Schnitt hat man einen Goldenen Winkel, ein Goldenes Rechteck, eine Goldene Spirale als Idealverhältnisse aufstellen zu müssen gemeint.

Gewöhnlich werden noch andere Konstruktionen mit dem Goldenen Schnitt in Verbindung gebracht, so die Zahl φ[101], die sich aus der Teilung der Seiten des Goldenen Schnittes ergibt und auf 0,6181818... hinausläuft. Wegen ihrer Nicht-Darstellbarkeit als Bruch mit rationalen Zahlen erweist sie sich als die irrationalste Zahl. Des weiteren wird die sogenannte Fibonacci-Zahlenreihe aufgeführt, die auf den pisanischen Mathematiker Leonardo da Pisa zurückgeht, genannt Fibonacci (eigentlich *filius* Bonacci, ca. 1180-1240), und sich aus der Addition der vorangehenden Zahl mit der jeweils nachfolgenden ergibt: 1 1 2 3 5 8 13 21 34 55 89 usw. Diese Reihe hat die mathematische Eigenschaft, dass der Quotient zweier Nachbarglieder bei Fortschritt eine immer größere Annäherung an die Stetige Teilung bzw. den Goldenen Schnitt ergibt.

Der Goldene Schnitt oder die Stetige Teilung findet erstmals Erwähnung bei Euklid in den *Elementen*[102] Möglicherweise ist sie schon früheren Mathematikern wie Hippasos von Metapont (spätes 6. Jahrhundert v. Chr.) oder Eudoxos von Knidos (um 370 v. Chr.) bekannt.[103] Beziehungen dieser mathematischen Konstruktionen und Eigenschaften zur Ästhetik sind aber

100 Kulturhistorisch hat das Pentagramm seit alters eine Bedeutung als magisches Zeichen, was noch in Goethes *Faust I* im Drudenfuß nachklingt (Johann Wolfgang Goethe: *Faust I*, Vers 1395 f., in: *Werke* (Hamburger Ausgabe), Bd. 3, Hamburg 1949, 6. Aufl. 1962, S. 48 f. [Studierzimmer, Gespräch Faust' mit Mephistopheles]). Weist seine Spitze nach oben, so bedeutet das Gutes, weist sie nach unten, so ist dies eine negative Ankündigung. Solche Funktionen führen sich gewöhnlich auf spezielle Beobachtungen zurück, mögen sie zufälliger oder experimenteller Art sein wie die Eigenschaft der Wiederholung im Pentagon-Pentagramm auf immer kleinerer Ebene.

101 Benannt nach dem griechischen Künstler Phidias.

102 Euklid: *Elemente,* II. Buch, § 11, VI. Buch, Definition 3; die Konstruktion erfolgt im VI. Buch, § 30.

103 Vgl. *Goldener Schnitt*, in: *Wikipedia*, https://de.wikipedia.org/wiki/Goldener_Schnitt.

nicht erkennbar. Dies dürfte sich bei Platon und seinem mathematischen Umkreis, zu dem auch der Mathematiker Theaitet zählte, geändert haben, da Platon im *Theaitet* mittels der nach ihm benannten platonischen Körper, die für die schönsten galten: Tetraeder, Hexaeder, Oktaeder, Dodekaeder und Ikosaeder die Weltschöpfung mathematisch vornahm.

Auffällig ist die Vielzahl klassischer Bauten, die wir bis heute bewundern und die alle nach dem Goldenen Schnitt konstruiert sein sollen, wie die Cheops-Pyramide, der Parthenon-Tempel auf der Akropolis, der Dom in Florenz, Notre-Dame in Paris. Eine Stelle aus Herodot lässt sich dahingehend lesen, dass bei der Cheops-Pyramide die Höhe der Seitenfläche zur Hälfte der Basiskante dem Goldenen Schnitt entspricht, wenngleich auch eine andere Lesart möglich ist, nämlich die, dass sich die Höhe der Pyramide zur Basiskante im Verhältnis 2:π befindet.[104]

Es ist schwierig zu beurteilen, ob die Konstruktion dieser Bauten aufgrund von Intuition oder bewusster Planung erfolgte, da oft keine Pläne auf uns überkommen sind und die ästhetische Diskussion um den Goldenen Schnitt erst in der Frührenaissance beginnt. Dies veranlasst die einen, ein Bewusstsein des Goldenen Schnittes und seiner Anwendung auf Kunst und Architektur in Frage zu stellen, die anderen, ein solches wegen der Häufigkeit des Auftretens zu konzedieren.

Zur Unterstützung weisen die Befürworter nicht zuletzt auf eine Pluralität von Beispielen für den Goldenen Schnitt in der Natur hin, die für den aufmerksamen Beobachter einprägsam sind.

Der Goldene Winkel beispielsweise lässt sich in der Anordnung von Blättern und Blütenblättern, z.B. der Seerosenblüten konstatieren. Die Blütenblätter sind durch eine Winkeldrehung so angeordnet, dass jedes Blatt gegenüber seinem Nachbarn etwas verschoben ist, nicht in genau dieselbe Richtung weist, so dass alle optimal den Einfall des Sonnenlichtes und des Regens nutzen können, ohne sich gegenseitig zu beeinträchtigen. Durch wiederholte Drehung entstehen immer wieder neue Positionen für die Blatt- und Blütenansätze, so dass exakte Überdeckungen vermieden werden, welche die Fotosynthese behindern würde.

104 Vgl. *Goldener Schnitt*, in: *Wikipedia*, a.a.O., S. 19 von 26, mit Verweis auf Albrecht Beutelspacher, Bernhard Petri: *Der Goldene Schnitt*. Spektrum, Heidelberg, Berlin, Oxford 1988, S. 136 f. Herodot, der Jahrtausende später lebte, dürfte kein optimaler Repräsentant für die Interpretation der Cheops-Pyramide sein.
Was die Pyramiden betrifft, so war die Cheops-Pyramide bereits das Endresultat diverser nicht-optimaler Vorgängerbauten wie der Stufenpyramide von Sakkara, der Stufenpyramide von Meidum, der Knickpyramide von Dahschur. Allein der Pharao Snofru ließ drei Pyramiden bauen bzw. die erste in Meidum fertigstellen. Die erste gelungene Pyramide war die rote in Dahschur, auf die dann die Cheops- Pyramide folgte. Man erkennt an diesen Experimenten sehr wohl das bewusste Ringen um Optimalität, was aber nicht heißt, dass sie nach dem Goldenen Schnitt konstruiert sein müssen.

Anordnung der Blätter im Abstand des Goldenen Winkels von 137,5 Grad.[105]

Beim Blütenstand der Sonnenblume sind die Blüten, aus denen die späteren Kerne hervorgehen, spiralförmig angeordnet, so dass keine den Reifeprozess der anderen beeinträchtigt. Die Blüten sitzen stark gepresst und eingeengt auf der scheibenförmigen Blütenstandachse, wodurch sie sich normalerweise im Wachstum behindern würden. Da jedoch jede Blüte einem besonderen Kreis zuzuordnen ist gemäß der Fibonacci-Zahlenreihe und der Reifeprozess von innen nach außen erfolgt, liegen die reifenden Früchte räumlich weit auseinander, ohne sich gegenseitig zu beeinflussen.

Ein weiteres oft genanntes Beispiel ist die Nautilusschnecke, deren Aufbau einer sich steigernden Spirale folgt, so dass die Windungen auf immer größeren Skalen erscheinen.

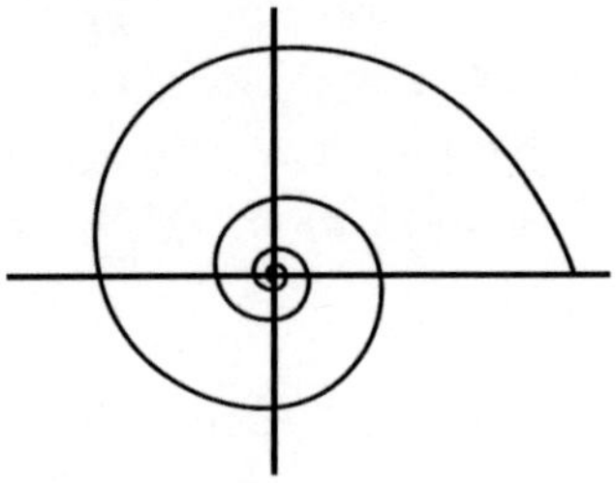

Goldene Spirale

Auch die Schuppenstellungen von Tannenzapfen folgen den Konstruktionsprinzipien des Goldenen Schnittes, des Goldenen Winkels oder der Fibonacci-Zahlenreihe. Die Natur gibt die Konstruktionsprinzipien vor, und es wäre merkwürdig, wenn der Mensch diesen nicht gefolgt wäre.

105 Bild Blattstand einer Pflanze mit einem Blattabstand nach dem Goldenen Winkel, erstellt von Wolfgang Beyer, CC BY-SA 3.0, https://de.wikipedia.org/wiki/Datei:Goldener_Schnitt_Blattstand.png.

Erst in der Frührenaissance, sowohl bei Piero della Francesca wie dem ebenfalls aus dem Borgo San Sepolcro stammenden Franziskanermönch und Mathematikprofessor Luca Pacioli (um1445-1514 oder 1517) wie auch dem Kunst- und Wissenschaftstheoretiker Leon Battista Alberti (1404-1473), finden bewusste Erörterungen und Experimente bezüglich der Mathematisierung und Geometrisierung der Natur und Kunst statt. Wie sehr Piero della Francesca mit der Einteilung der Fläche operiert und experimentiert hat, um die idealen Verhältnisse ausfindig zu machen, beweisen seine Gemälde, die auffallend häufig mit Säulen und Baumstämmen als Einteilungselementen arbeiten. Die frühen Werke folgen noch der Symmetrie wie die Polyptycha oder das Gemälde „Die Auferstehung Christi" (1458), die zwar ausgewogen, aber auch etwas steif und unelegant sind. Doch schon ein Gemälde von 1442, „Die Taufe Christi", wählt den Goldenen Schnitt, indem ein markanter Baum die Teilung des Bildes vornimmt. In der „Verherrlichung des Kreuzes" (1452-1455), einem Fresko in der Basilika San Francesco, werden Bäume herangezogen, von denen der eine eine symmetrische Teilung markiert, der andere den Goldenen Schnitt, während zwei Personengruppen rechts und links, die eine mit dem Kreuz, die andere mit einem Schloss im Hintergrund, die Ausgewogenheit herstellen. Ganz bewusst dem Goldenen Schnitt folgen dann die Gemälde „Geißelung Christi" von 1452 durch eine Säule, die einen Innenraum, der wieder nach denselben Proportionen geteilt ist, von einem Außenraum trennt, endlich das Fresko mit der „Königin von Saba und dem König Salomon" (1452-1455) in der Basilika San Francesco in Arezzo, das wiederum durch eine markante Säule die linke Seite, eine Außenszene, von der rechten, einem Innenraum, mit unterschiedlich proportionierten Säulen abtrennt, in deren Mittelpunkt die beiden Herrscher zu sehen sind. Dass Piero della Francesco hier mit unterschiedlichen Proportionen gespielt und experimentiert hat auf der Suche nach idealen Verhältnissen, ist allzu offensichtlich.

Der mit Piero befreundete, etwas jüngere Luca Pacioli, der Pieros Bilder gekannt haben wird, befasste sich mathematisch intensiv mit dem Goldenen Schnitt und publizierte 1509 das Werk *De divina proportione*, in dem er in Anlehnung an Platon statt ‚golden' ‚divina' verwendete, weil die besagte Proportion mit dem irrationalsten Bruch bzw. der irrationalsten Zahl identisch war und diese als göttlich galt.[106]

Wie sehr die Maler der Renaissance nicht nur von Albertis Perspektiventheorie beeinflusst waren und diese über Netze und Gitter naturgetreu zu rea-

106 Der Terminus Goldener Schnitt soll auf einer Verwechslung mit der Regeldetri (*regula de tri cose*) beruhen, mit der die Dreisatzrechnung bezeichnet wurde, die seit dem Mittelalter als Goldene Regel bekannt war. Vgl. Hans Kumschick: *Problematik um die Maßästhetik. Fragen zu harmonischen Proportionen und zum Goldenen Schnitt,* a.a.O., S. 162 f.

lisieren trachteten, sondern auch vom Goldenen Schnitt, geht daraus hervor, dass es nicht zufällig sein dürfte, wenn auf Leonardo da Vincis „Abendmahlgemälde" in Mailand Johannes der Ältere genau am Punkt des Goldenen Schnittes als einziger Jünger seine Hand auf den Tisch stemmt, oder wenn das Gemälde der „Mona Lisa" mit ideellen Dreiecken überlagert werden kann, die sich in den Proportionen des Goldenen Schnittes schneiden und so markante Stellen hervorheben. Das gilt auch für Raffaels Bild „Triumph der Galathea", das zwei Personengruppen, Engel oben und Nymphen unten, im Verhältnis des Goldenen Schnittes zeigt. Kein Renaissancemaler konnte ohne die Konstruktionsprinzipien von Symmetrie, Goldenem Schnitt und Fibonacci-Zahlenreihe auskommen. Auch Albrecht Dürers Selbstbildnis ist durch den eingefügten Fensterrahmen mehr als deutlich im Gesamtaufbau sowohl in der Senkrechten wie in der Waagerechten durch Vorgabe des Goldenen Schnittes charakterisiert.

Auch wenn erst im 19. Jahrhundert der Gymnasiallehrer Adolf Zeising (1810-1876) mit der Veröffentlichung seines Buches *Neue Lehre* (1854) eine Welle der Euphorie und stürmischen Begeisterung für den Goldenen Schnitt auslöste, so dass seitdem alle Werke der Tradition unter diesem Aspekt interpretiert wurden, lässt sich nicht übersehen, dass die Maler der Renaissance und auch ihre Nachfolger mit unterschiedlichen Konstruktionsprinzipien operierten *und* experimentierten. In der Moderne ist die Schönheit des Goldenen Schnittes in Abrede gestellt worden und auch die Befolgung desselben bei den früheren Meistern.[107] Allein der Architekt Le Corbusier hat in der Gegenwart bewusst die Idee des Goldenen Schnittes theoretisch wie praktisch beibehalten und zu seinem Strukturierungsprinzip erhoben.

Wirft man einen Blick auf die vorgetragenen Beispiele, so wird man leicht einen Unterschied feststellen zwischen den üblichen geometrischen Formen, die durch Halbierung, Drittelung, Fünftelung und andere Teilungsverhältnisse entstehen und u.a. zu Symmetrien und Goldenem Schnitt führen, und den letzteren aus dem organischen Bereich stammenden Beispielen wie der Anordnung der Sonnenblumenkerne, der Schuppen der Tannenzapfen, den Windungen der Nautilusschnecke, die ein selbstähnliches Muster auf verschiedenen Skalen wiedergeben, was auf zwei wesensverschiedene Typen von Geometrie deutet. Den Unterschied hat man schon immer konstatiert und zu erklären versucht, z.B. Willly Hartner[108] mit der Unterscheidung einer üblichen starren Geometrie und einer dynamischen von Kurvenfeldern der Differentialrechnung. Seitdem Benoît B. Mandelbrot[109] 1975 sein epo-

107 Zur Kritik vgl. S. 98 dieser Arbeit.

108 Willy Hartner: *Zahlen und Zahlensysteme bei Primitiv- und Hochkulturvölkern*, in: *Paideuma*. Mitteilungen zu Kulturkunde, Bd. 2 (1941/43), S. 268- 326, bes. S. 270-272.

109 Benoît B. Mandelbrot: *Les objets fractals*: forme, hasard et dimension, Paris 1975.

chales Werk über die fraktale Geometrie publizierte, sind die letzteren Beispiele besser einzuordnen als Fraktale, die mit gebrochenen Dimensionen operieren.

Fraktal, abgeleitet von lateinisch *frangere,* meint Brechung, und zwar Brechung der Dimensionen: Linie, Fläche, Raum und deutet damit auf Zwischenformen zwischen diesen. So gehört z.B. die Küstenlinie Großbritanniens mit ihren Windungen und Ausbuchtungen von 1,26 einer Dimension zwischen einer und zwei Dimensionen an. Fraktale sind zwar nicht nur, aber häufig in dynamischen Prozessen zu beobachten wie Wetterverhalten, Wolkenbildung, Wasserturbulenzen,[110] in organischem Wachstum, also Lebendigem, insofern sich das Grundmuster modifiziert auf diversen Ebenen und Stufen wiederholt.

Beide Typen von Geometrien sind uralt; möglicherweise ist die fraktale noch älter als die konstante geometrische, da sich Beispiele aus dem Neolithikum und Chalkolithikum finden, aus der Steinzeit Spiralmuster auf einem irischen Grab, aus keltischer Zeit florale Muster auf der Rückseite des Spiegels von Desborough, geschwungene Linien auf einer prähistorischen Vase aus China, menschliche Schemen auf Schilden aus Papua Neuguinea und Australien,[111] während die berühmten konstanten geometrischen Muster wie im Mäanderband erst in frühgriechischer Zeit aufkommen. Beide Motivarten erscheinen dem Auge als schön. Die Computertechnologie hat in der Moderne nach der Präzisierung der Fraktale durch Mandelbrot einen ungeheuren Aufschwung erlebt und eine ganze Kunst der Fraktale entwickelt. Besonders bekannt ist das sogenannte Apfelmännchen-Muster, das auf einer einfachen Formel z^2+ c beruht, allerdings mit Einsetzung komplexer Zahlen und rekursiver Einsetzung des Resultats, was zu den phantastischsten Mustern: Seepferdchen-, Perl-, Schneckenmustern führt mit dem ständigen Wiederauftauchen des Apfelmännchens.[112]

b) Tektraktys

Außer dem Goldenen Schnitt gibt es ein anderes berühmtes aus der Antike stammendes Teilungsverhältnis, den Tetraktys (Vierersystem), dessen Erfin-

110 Vgl. das berühmte Gemälde von Leonardo da Vinci „Die Sintflut“, in: B. Benoît Mandelbrot: *Die fraktale Geometrie der Natur* (Titel der Originalausgabe: *The Fractal Geometry of Nature,* New York 1977), Tafel 3.

111 Vgl. Willy Hartner: *Zahlen und Zahlensysteme bei Primitiv- und Hochkuturvölkern,* a.a.O., Tafel XIV.; John Briggs, F. David Peat: *Die Entdeckung des Chaos.* (Titel der Originalausgabe: *Turbulent Mirror.* An Illustrated Guide to Chaos Theory and the Science of Wholeness, New York 1989), aus dem Amerikanischen von Carl Carius unter wissenschaftlicher Beratung von Peter Kafka, München, Wien 1990, S. 164, 213.

112 Vgl. John Briggs, F. David Peat: *Die Entdeckung des Chaos,* a.a.O., S. 143 ff.

dung den Pythagoräern zugeschrieben wird. Im Unterschied zum irrationalen, inkommensurablen Zahlenverhältnis des Goldenen Schnittes handelt es sich hier um ein rationales, kommensurables Verhältnis aus ganzen Zahlen, und zwar 1 zu 2, 2 zu 3, 3 zu 4, dargestellt an der sogenannten Zehnerpyramide.

<table>
<tr><td>1:1</td><td>|</td><td></td></tr>
<tr><td>1:2</td><td>| |</td><td>Oktave</td></tr>
<tr><td>2:3</td><td>| | |</td><td>Quinte</td></tr>
<tr><td>3:4</td><td>| | | |</td><td>Quarte</td></tr>
</table>

Zusammen ergeben die Zahlen 1 + 2 + 3 + 4 die Zahl 10, die den Pythagoräern heilig war.

Der Tetraktys spielt im Kontext der Musik eine Rolle. Die Verbindung von Musik und Mathematik resultierte aus Beobachtungen am Monochord, einem angeblich von den Pythagoräern erfundenen Musikinstrument, das aus einem länglichen Resonanzkasten, überspannt mit einer oder mehreren Saiten, und einem verschiebbaren Steg bestand. Jeder Saitenlänge wurde ein bestimmter Ton – genauer eine bestimmte Tonhöhe – zugeordnet: langen Saiten dunkle Töne, kurzen helle. Aus deren Verhältnis gemäß den obigen Proportionen glaubte man den idealen Akkord herauszuhören. So führte die Konsonanz der Töne im Verhältnis 1:2 zur Oktave, im Verhältnis 2:3 zur Quinte, im Verhältnis 3:4 zur Quarte, im Verhältnis 1:4 zur Doppeloktave.[113]

Die Tatsache, dass musikalische Harmonien auf Zahlenverhältnisse zurückgeführt und diese an sichtbaren, messbaren Größen des Monochords demonstriert werden können, zeigt eine von Anfang an bestehende Verbindung des Auditiven über Zahlenverhältnisse mit dem Visuellen, was Platon für den Aufbau des sichtbaren Kosmos und die Sphärenharmonie genutzt hat. Freilich erst Alberti in der Renaissance hat diese Korrespondenz zwischen musikalischem Wohlbefinden und ästhetischem Wohlgefühl explizit gemacht:

> „Die Zahlen aber, welche bewirken, daß jene Ebenmaß der Stimmen erreicht wird, das den Ohren so angenehm ist, sind

113 Die erste vollständige Darstellung der pythagoräischen Harmonielehre wird Euklid zugeschrieben in der Schrift *Sectio canonis*, vgl. Diego H. Feinstein: *Palladio und das Problem der musikalischen Proportionen der Architektur*, in: Erik Forssmann (Hrsg.): *Palladio.* Werk und Wirkung, Freiburg i. Breisgau 1999.

> dieselben, welche es zustande bringen, daß unsere Augen und unser Inneres mit wunderbarem Wohlgefühle erfüllt werden."[114]

Der Ursprung des Verhältnisses, die sogenannte Sphärenharmonie, geht auf die Pythagoräer im 4. Jahrhundert v. Chr. zurück. Man hatte beobachtet, dass rasche Bewegungen in der Realität Geräusche abgeben, die lauter oder leiser sein können. Da man in der Astronomie seinerzeit von einem geozentrischen Weltbild ausging, bei dem die Planeten Sonne, Mond, Venus, Merkur, Mars, Jupiter und Saturn in verschiedenen Abständen und Geschwindigkeiten die Erde umkreisen, mussten sie entsprechende Töne abgeben, deren Verhältnis die Sphärenharmonie ergab. Für den Menschen war diese allerdings nicht hörbar. Zur Rechtfertigung ließ man sich eine windige Erklärung einfallen, nämlich dass die Wahrnehmung eines Tones die Abwesenheit eines anderen Tones voraussetze, womit bei Vorliegen einer einzigen ununterbrochen klingenden Sphärenharmonie diese nicht hörbar sei. Platon, der spätestens auf seinen sizilianischen Reisen mit den Pythagoräern in Kontakt kam, wenn er nicht schon vorher von ihren Lehren gehört hatte, führte die pythagoräische Tetraktys fort und baute sie in seine Kosmologie ein. Dabei unterschied er eine arithmetische Reihe mit geraden Zahlen 1, 2, 4, 8 und eine geometrische mit ungeraden 1, 3, 9, 27 und setzte diese zu einer Darstellung zusammen, die als Lambda (λ) bezeichnet wird.

Wie sich Platon die Weltschöpfung nach mathematisch-geometrischen Prinzipien dachte, geht detailliert aus dem *Timaios* hervor. Als Elemente werden die Ideen des Seins, der Identität und der Differenz benutzt, die gemäß idealen Proportionen geteilt werden:

> „Er [der Weltschöpfer] begann aber folgende Teilung. Zuerst entnahm er *einen* Teil dem Ganzen, dann das Doppelte desselben, als dritten das Anderthalbmalige des zweiten, aber Dreifache des ersten, als vierten das Doppelte des zweiten, als fünften das Dreifache des dritten, als sechsten das Achtfache des ersten, als siebenten das Siebenundzwanzigfache des ersten."[115]

Sodann nimmt er noch eine weitere Teilung vor:

114 Leon Battista Alberti: *Zehn Bücher über die Baukunst*, ins Deutsche übertragen, eingeleitet und mit Anmerkungen und Zeichnungen versehen durch Max Theuer, Darmstadt 1975, S. 496 (9. Buch, Kap. 5).

115 Platon: *Timaios* 35b.

„Darauf füllte er die zweifachen und dreifachen Abstände dadurch aus, daß er noch mehr Teile abschnitt und sie zwischen dieselben stellte, so daß sich zwischen jedem Abstande zwei Mittelglieder befanden, deren eines um denselben *Teil* der äußeren das eine äußere übertraf, um welchen es von den andern übertroffen wurde, das andere dagegen um die gleiche *Zahl* das eine übertraf und dem andern nachstand.“[116]

Diese idealen Verhältnisse haben in der Architekturgeschichte eine große Rolle gespielt, indem sie immer wieder Kirchen-, Palast- und Villenbauten zugrunde gelegt wurden. So hat beispielsweise der franziskanische Mathematiker Francesco Giorgio aus dem Kloster San Francesco della Vigna einen Grundplan seiner Kirche geschaffen, der die pythagoräisch-platonische Tetraktys, die sogenannte Timaios-Tonleiter, bis ins Detail realisierte. Ebenso lehnte sich Andrea Palladio in seinen Palastbauten an die platonischen Proportionen, das arithmetische, geometrische und harmonische Mittel, an, indem er sie der Länge, Breite und Höhe der Räume zugrundelegte.[117]

Die Faszination für die Mathematisierung und Geometrisierung der Kunst und Natur durchzieht die gesamte europäische Kulturgeschichte seit der Antike und hat auch vor den Naturwissenschaften nicht halt gemacht, wie Galileo Galileis berühmter Ausspruch zeigt, dass die Sprache der Natur die Sprache der Mathematik sei und die Buchstaben der Natur in geometrischen Figuren: Dreiecken, Kreisen, Viereckigen und anderen Formen niedergeschrieben seien.

Nun sind Mathematik und Geometrie als solche noch nicht identisch mit Schönheit.[118] Eine solche Identifizierung allgemein und schlichtweg zu behaupten, würde auf Unverständnis stoßen, wenngleich ihr Zusammenhang allgemein konzediert wird. Dieser dürfte darin bestehen, dass mathematische Gleichungen, Symmetrien, Proportionen, geometrische Formen und Figuren als vollkommene, ideale Verhältnisse und Gestalten Sicherheit und Stabilität verschaffen in einer ansonsten schwankenden, chaotischen Umgebung und daher mit Wohlgefallen verbunden sind. Mathematik und Geometrie schaffen Ordnung im Chaos, und diese wird gesucht.

116 Platon: *Timaios*, 36a. Zum arithmetischen und geometrischen Mittel kommt hier noch ein harmonisches Mittel hinzu.

117 Zu Andrea Palladio vgl. Rudolf Wittkower: *Grundlagen der Architektur im Zeitalter des Humanismus* (Titel der Originalausgabe: *Architectural Principles in the Age of Humanism*, 1949, 3., rev. Aufl. London 1962), aus dem Englischen von Georg Leser, 2. Aufl. München 1990, bes. S. 51-82.

118 In der Mathematik und in den mathematischen Wissenschaften entscheiden allerdings bei Konkurrenz zweier Alternativen Schönheits- und Eleganzgründe über die Akzeptanz, indem die einfachere akzeptiert wird.

Das Wohlgefallen, welches Kunstwerke, ob optische oder akustische, auslösen, die in Anlehnung an arithmetische und geometrische Verhältnisse konstruiert sind, dürfte zudem mit der Berechenbarkeit, Überschaubarkeit und Beherrschbarkeit zusammenhängen, die solche Werke erzeugen gegenüber chaotischen Zuständen, welche man zu vermeiden sucht. Solche Werke sind mittels der Ratio fassbar und entsprechen dem cartesianischen Motto nach Beherrschbarkeit der Welt, das der Mensch stets für sein höchstes Ziel erachtet hat. Anders könnte man sich nicht erklären, warum Theoretisches wie Zahlen und Figuren mit Wohlgefallen konstatiert werden und das Streben nach Geometrisierung und Idealisierung ein Streben nach Schönheit ist.

Was den Goldenen Schnitt betrifft, so ist sich die moderne Forschung[119] gegenüber dem 19. Jahrhundert und dessen Propaganda für den Goldenen Schnitt *uni sono* einig in der Ablehnung desselben für die Kunst, zumal empirische Nachforschungen und der Einsatz modernster Untersuchungsmethoden mittels Röntgenstrahlen ergeben haben, dass das Teilungsverhältnis des Goldenen Schnittes mathematisch zwar seit Euklid bekannt war und diskutiert wurde, aber niemals exakt realisiert wurde und auch nirgends nachweisbar ist.

Die Experimente, die Piero della Francesca und die übrigen Renaissancemaler mit der Aufteilung der Fläche anstellten, waren Versuche, schöne Verhältnisse zu finden im Umkreis der Flächenaufteilung von einem Drittel zu zwei Dritteln oder zwei Fünfteln zu drei Fünfteln und ähnlichen Verhältnissen; sie waren so vielfältig wie die perspektivischen Ausrichtungen nach dem jeweiligen Betrachterwinkel. Die exakte millimeter- oder zentimetergenaue Konstruktion nach dem Goldenen Schnitt wäre viel zu kompliziert gewesen, um sie permanent anzuwenden. Zudem war die von den Künstlern vorgenommene Aufteilung der Fläche, wie im Falle Emil Noldes und anderer, oft Ausdruck von Gemütsbewegungen und Stimmungen. Die Präferenz des Goldenen Schnittes ist ein Mythos, da auch andere Teilungsverhältnisse als schön, sogar als besonders schön gelten können je nach Sujet, Intention des Künstlers und der Sichtweise des Betrachters.

Nichtsdestoweniger bleibt die Frage, ob Mathematik und Geometrie und ihre Idealformen: Iteration, Proportionalität, Symmetrie, Harmonie reale Strukturen sind oder lediglich Hilfsmittel, mithin theoretische Konstrukte,

119 Vgl. Gustav Theodor Fechner: *Über die Frage des goldnen Schnitts*, in: *Archiv für die zeichnenden Künste,* Bd.11(1865), S. 100-112; ders.: *Vorschule der Ästhetik*, Teil 1 und 2, Leipzig (3. unveränderte Aufl. 1897), Repr. Hildesheim 1978; Konrad Lange: *Das Wesen der Kunst*, Bd. 1, Berlin 1901; Jürgen Fredel: *Maßästhetik*, a.a.O., S. 18 ff; German Hafner: *Polyklet – Doryphoros.* Revision eines Kunsturteils, Frankfurt a. M. 1997, S. 25; Hans Kumschick: *Problematik um die Maßästhetik. Fragen zu harmonischen Proportionen und zum Goldenen Schnitt*, a.a.O., bes. S. 164.

um sich Natur und Kunst verständlich zu machen, sie zu unterwerfen gemäß dem cartesianischen Ausspruch vom *maître et possesseur de la nature*. Leben bedeutet *existere* = ‚aus sich herausgehen' und ‚sich verändern', und das geschieht oft genug in chaotischen Zuständen, die auffordern, ihrer Herr zu werden. Die Beantwortung der Frage dürfte von der jeweiligen Ontologie und Epistemologie abhängen. Während die Neuzeit seit Descartes von der totalen Beherrschbarkeit der Natur durch Mathematik und Geometrie überzeugt ist, gibt sich die Antike bescheidener und unterstellt nur eine Approximation der Mathematik und Geometrie an die Natur. Im letzteren Fall ließe sich die Diskrepanz zwischen Schönheit und Realität dadurch erklären, dass die Wirklichkeit aufgrund ihrer Materialität stets Abweichungen enthält. Die Tatsache, dass man keine ganz präzisen Verhältnisse findet und auch bei der Durchleuchtung von Gemälden nicht gefunden hat, ist unter diesen Umständen normal und stellt als solche keinen Beweis gegen eine bewusste Anwendung der Idealmaße dar, zumal unser Auge geringfügige Abweichungen gemäß dem Prägnanzdruck nicht konstatiert, sondern noch als Ideal empfindet.

Die andere These, die auf eine Identifikation von Schönheit und Mathematik und Geometrie hinausläuft, könnte eine Verwirklichung haben in Zweigen der modernen abstrakten Kunst, die sich ganz auf geometrische Formen und unifarbene Striche beschränken, wie bei Kasimir Sewerinowitsch Malewitsch und Piet Mondrian mit ihren Quadraten, wobei allerdings zu konstatieren ist, dass auch sie geringfügige Abweichungen oder Unterbrechungen zulassen, was Lebendigkeit erzeugt.

Des weiteren spricht für die erstere These eine kulturelle Gewöhnung, die in einer anderen Kultur als der unsrigen anders sein kann. Man kann sich dies an musikalischen Konsonanzen verdeutlichen. Unsere Harmonien stellen ein europäisches Kulturprodukt dar, das auf ein besonderes, in der Antike zur Verfügung stehendes Instrument, den Monochord, zurückgeht, an dessen Töne man sich gewöhnte und die man so auch tradierte, so wie man in anderen Kulturen, etwa der arabischen, ganz andere Klangverhältnisse präferiert und diese von Generation zu Generation weitergibt. Ihnen gegenüber erscheinen die europäischen als fremdartig. Ein eindrückliches Beispiel hierfür liefert das in Maskat im Oman vom letzten Sultan errichtete Opernhaus, eines der schönsten der Welt, in dem die besten Orchester der Welt auftreten und das dennoch fast ausschließlich von den dort akkreditierten Diplomaten und Besuchern aus der westlichen Welt frequentiert wird, nicht von den Einheimischen, da diesen die europäischen Klänge fremdartig und ungewohnt erscheinen. Umgekehrt sind westlichen Ohren die arabischen Klänge zu fremd und gewöhnungsbedürftig, und das gilt offenbar selbst für die frühgriechischen harmonischen Verhältnisse, die von modernen Musikbauern nachkonstruiert wurden und eher an sardische, süditalienische, sizilianische und türkische Weisen erinnern. Jede Kultur hat ihre eigenen Wohlklänge, und das bedeutet, dass sie nicht schon präfiguriert in der Natur liegen, sondern der Materie aufoktroyiert werden, von jeder Kultur anders.

(4.) Ordnung und Chaos

Außer den bisherigen Kategorien Symmetrie und Symmetriebruch, Proportionen – harmonischen und disharmonischen – spielt in der Maßästhetik noch ein weiteres Begriffspaar eine Rolle, Ordnung und Chaos. Ordnung stellt den Gegenbegriff zu Chaos dar, wobei Chaos für uns heute Unordnung, Durcheinander, Tohuwabohu bedeutet entweder im Sinne eines Ausgangsstadiums für eine entstehende, erst herzustellende Ordnung oder im Sinne eines Endpunktes einer bereits bestehenden, aber in Auflösung und Korrumpierung begriffenen Ordnung. Von einem einst geordneten Zimmer sagen wir, dass es unaufgeräumt, unordentlich hinterlassen, in chaotischem Zustand begriffen sei, wie wir auch von einer Stadt oder einem Land sagen, die durch Krieg verwüstet, niedergebrannt oder durch Hochwasser überflutet und zerstört sind, dass dort das Chaos herrsche; Ordnung hingegen meint Übersichtlichkeit der Anordnung, Aufgeräumtheit. Gegenüber der ursprünglichen Bedeutung hat sich der Sinn etwas verschoben, insofern ursprünglich mit Chaos Leere gemeint war, in der noch keine Dinge existierten, sondern erst geschaffen wurden.

Etliche Schöpfungsmythen benutzen Chaos und Ordnung zur Erklärung der Schöpfung einer geordneten Welt aus dem Chaos. Im *Alten Testament* herrschte am Beginn Tohuwabohu: Das hebräische Wort *tohu* meint ‚Leere', ‚Öde', das Wort *wa* bedeutet ‚und' und *bohu* ‚Ungeordnetheit'. Gebraucht wird das illustrative Bild eines nebelverhangenen Gewässers, das wir uns gut vorstellen können und von einem grauen, trüben Herbsttag kennen, an dem Nebelschwaden über den Wassern liegen, undurchdringlich für das Auge, weil alles in ein graues Einerlei gehüllt ist. Die Dinge und ihre Ordnung gehen erst aus der Scheidung des Unbestimmt-Unendlichen (Indifferenten) hervor, wobei Licht und Finsternis voneinander getrennt werden, und dies aufgrund der separierenden poietischen Kraft von Gottes Worten: „Gott sprach und es ward."

Auch das *Enuma elisch* beginnt:

„Als droben die Himmel nicht genannt waren,
Als unten die erde keinen Namen hatte,
Als selbst Apsu, der uranfängliche, der Erzeuger der Götter,
Mummu Tiamat, die sie alle gebar,
Ihre Wasser in eins vermischten,
Als das abgestorbene Schilf sich noch nicht angehäuft hatte,
Rohrdickicht nicht zu sehen war,
Als noch kein Gott erschienen.
Mit Namen nicht benannt,Geschick ihm nicht bestimmt war […]"[120]

Auch hier erfolgt die Schöpfung mit der Namengebung und deren sondernder Kraft.

Erst im Griechischen erhält die geschaffene geordnete Welt, der Kosmos, das Epitheton des Schönen, das sich bis heute in dem Wort Kosmetik = ‚Schönheit' erhalten hat und sich von dem Oppositum Chaos absetzt. Griechisch χάος, abgeleitet von χαίνειν, bedeutet ursprünglich ‚klaffen', ‚gähnen' und bezeichnet den klaffenden, gähnenden Schlund, den leeren Raum, aus dem die artikulierten Laute und Worte erst hervorgehen. Etliche Ortsnamen wie *Chabos* = ‚Gähnschlucht' – eine tiefe Schlucht in der Nähe der mykenischen Burg – weisen noch auf diese ursprüngliche Bedeutung. Den ordnungsliebenden Griechen war das Chaos das Ungeordnete, das sie mit Gräuel erfüllte und das sie fürchteten. Sie suchten und strebten nach Ordnung, Klarheit und Übersicht, um die Dinge beherrschen zu können, was offensichtlich auch der Grund und das entscheidende Motiv für die Entstehung und Entwicklung der Wissenschaften war, die die Dinge geordnet präsentieren, sei es parataktisch oder hypotaktisch, seit Platon in Form von Klassifikations- und Spezifikationssystemen, denen jeder logisch folgen kann. Während sich die frühesten Wissenschaften der Sumerer, Assyrer, Babylonier mit der einfachen Listenmethode (Onomastik) begnügten, die reihentheoretisch die Begriffe der damals bekannten Welt aufführten, gingen die fortschrittlicheren Griechen zu hierarchischen Systematiken über, die sich bis in die Neuzeit und Gegenwart als Taxonomien und Systeme erhalten haben.

120 Nach der Übersetzung von Paul Garelli und Marcel Leibovici: *Akkadische Schöpfungsmythen*, in: *Die Schöpfungsmythen.* Ägypter, Sumerer, Hurriter, Hethiter. Kanaaniter und Israeliten (Titel der Originalausgabe: *La naissance du monde,* 1. Teil, Paris), übertragen aus dem Französischen von E. Klein unter Mitarbeit von W. Schenkel und O. Roessler, mit einem Vorwort von Mircea Eliade, Einsiedeln, Zürich, Köln 1964, S. 134-146, bes. S. 134.

Aber ausschließlich Ordnung – das stereotype immer Gleiche – ist uninteressant und nicht schön; der Mensch wird dessen bald überdrüssig. Auch Chaos – Verwirrung – hat seine eigentümliche Schönheit und Attraktivität, wie in der Gartenarchitektur der Wechsel schnurgerader Rabatten und freier Wildflächen zeigt oder in der Architektur die Unterbrechung uniformer Gleichheit einer Fassade durch ein abwechselndes Element.[121]

In der Gegenwart hat sich die Informationstheorie des Problems Ordnung und Chaos angenommen und dieses unter dem Gesichtspunkt von Einheit und Vielheit bzw. Ordnung und Komplexität behandelt, was damit zusammenhängt, dass eine unendliche Menge heterogener Daten unübersichtlich, chaotisch erscheint, während eine Komplexitätsreduktion auf wenige Elemente und eine Vereinheitlichung derselben unter bestimmten Gesichtspunkten als übersichtlich und geordnet gilt. Klaus Richter[122] weist in diesem Zusammenhang auf die Erfahrung eines Autofahrers hin, wenn er eine einsame, wenig befahrene Dorfstraße mit einer vierspurigen Autobahn vergleicht, die zwar geordnet, aber vollgepfropft mit Autos ist. Bewahrt er im ersten Fall angesichts der geringen Anzahl von Autos den Überblick, so mindert sich sein Empfinden von Übersicht und Ordnung im zweiten Fall angesichts der ungeheuren Komplexität und Dichte des Verkehrs; Ordnung ist dann nicht mehr erkennbar.

Der informationstheoretische Ansatz geht davon aus, dass unsere Sinne, unsere Nervenbahnen und unser Gehirn mit einer ungeheuren Flut von Daten und Informationen überschüttet werden, zu deren Bewältigung unsere geistige Kapazität zur Datenverarbeitung nicht ausreicht.[123] Aufgrund dieser Kapazitätsbegrenzung ist eine Auswahl erforderlich; sie wird getroffen sowohl nach angeborenen wie erworbenen und erweiterbaren Schemata, die für den Menschen überhaupt wie für die individuelle Person von Bedeutung sind und die Lernmatrix ausmachen. Diese besteht in bestimmten Strukturen: Wiederholungen, Symmetrien und Oppositionen, Mustern u.ä., welche Ordnung schaffen. Erkenntnis beruht auf Wiederholung und Wiederkehr von Mustern.

Dieses Verhältnis von Komplexität und Ordnung versucht die Informationstheorie mathematisch zu fassen. Es war der Franzose Abraham Moles, der in den fünfziger Jahren des letzten Jahrhunderts das Projekt in An-

121 Ein Beispiel dafür ist die Kathedrale auf dem Mont Saint Michel, deren Streben und Bögen nicht exakt gleich sind, sondern drei, manchmal zwei Elemente zusammenfassen.

122 Klaus Richter: *Die Herkunft des Schönen*, a.a.O., S. 152

123 Nach Auskunft von Klaus Richter, a.a.O., S. 149, werden die Nah- und Fernorgane des Menschen mit 108-109 bit/s überschüttet, während die Verarbeitungskapazität wesentlich geringer ist.

griff nahm, andere wie Helmut Frank und George David Birkhoff folgten.[124] Als Maßeinheit galt das Quantum von Daten bzw. Informationen, das unser Kurzzeitgedächtnis aus dem Informationsstrom herauszufiltern, zusammenzufassen und zu speichern vermag. Diese Quanten dachte man sich durch sogenannte Superzeichen darstellbar, wie sie auch Kinder benutzen, wenn sie alles Bellende und Wiehernde als Wauwau bezeichnen oder wenn sie alle männlichen Personen als Papa ansprechen. Im Übergang von der Kindheit zum Erwachsenenalter werden die Zeichen im Lern- und Reifeprozess subtiler und erweitert.

Gemäß diesen Überlegungen soll dasjenige Quantum an Information für schön gelten, das aus der Masse der Informationsflut herausgefiltert und gespeichert werden kann. Dies lässt sich auf die Formel m = o/c bringen, wobei m das Maß des *Gefühls* des Schönen und Geordneten ist, nicht der Schönheit und Ordnung selbst. Dieses Maß kommt ins Spiel, wenn sich die Ordnung (o) zur Komplexität (c) in einem bestimmten Verhältnis befindet. Das Schönheitsmaß scheint dann besonders stark zu sein, wenn die Ordnung groß ist und die Komplexität klein.

Das Projekt, das Schönheitsgefühl messen zu wollen, hat jedoch seine Schwierigkeiten und Schwächen. Nicht nur, dass es von der jeweiligen individuellen Person und ihrer Verarbeitungskapazität abhängt, wann etwas als schön empfunden wird – selbst eine angenommene Durchschnittlichkeit hängt ab von Kindheits- oder Erwachsenenalter, Gesundheit und Krankheit, individuellen Lebenserfahrungen usw. Das Verhältnis lässt sich durch Übung steigern. Die These von großer Ordnung und Übersicht bei möglichst geringer Komplexität ist jedoch unhaltbar, was sich an der Architektur studieren lässt. Ein monotones Bauwerk wie ein Mietshaus mit immer gleichen Sektionen, gleichen Fenstern, gleichen Türen oder ein simpler zweckorientierter Bau wie eine Fabrik oder ein Werkgebäude weist zwar Ordnung bei geringer Komplexität auf, wirkt aber auch monoton, langweilig und ermüdend, während ein Bauwerk wie eine Barockkirche mit vielen Ausbuchtungen, Rundungen, Ovalen, Verzweigungen, Erkern, muschelförmigen Ornamenten, Schmucksäulen und Putten viel Komplexität aufweist, jedoch wenig Ordnung. Ist es deswegen weniger schön? Kann nicht auch ein Gebäude mit gleich viel Komplexität und gleich viel Ordnung schön sein? Wie und wonach bemessen sich überhaupt Komplexität und Ordnung? Bei Ausmessungen von Vasen hat Birkhoff beispielsweise auf vertikale und horizontale Liniensymmetrien zurückgegriffen, um Ordnung zu bestimmen, und auf

124 Vgl. Jörg K. Grütter: *Ist Schönheit messbar?*: einige Überlegungen zu Versuchen, Ästhetik naturwissenschaftlich-mathematisch zu erfassen, https://www.e-periodica.ch/cntmng?pid=sbz-003%3A1996%3A114%3A%3A253, S. 5 ff.

Wendepunkte der Kurven, um Komplexität festzulegen,[125] dabei aber übersehen, dass auch Wendepunkte von Biegungen, Schlangenlinien u.ä. Strukturen sind und ihre Menge die Vielheit differenter Strukturen oder schlicht die unbestimmte Masse ausmacht. Es leuchtet jedermann ein, dass auf diese Weise ein Schönheitsempfinden nicht gefunden und erst recht nicht bestimmt werden kann, sondern relativ bleibt.

125 Vgl. a.a.O., S. 6.

6. Schönheit als Spiegel der Tugend – ethische Begründung

Ein weiterer Versuch, Schönheit zu bestimmen, geht von einer Relation zwischen Innerem und Äußerem aus und definiert Schönheit als äußeres Kriterium einer inneren moralischen Qualität, des Tugendhaften. Ästhetisches und Ethisches sollen hier eine Einheit bilden und das Ästhetische Ausdruck des Inneren des Menschen sein, sei es dessen Erscheinung, Spiegel oder Wirkung. Angesichts der Differenz zwischen Ästhetischem und Ethischem lassen sich verschiedene Beziehungen denken, sowohl ein Korrespondenz- bzw. Parallelitätsverhältnis zwischen beiden Sphären wie eines der Erscheinung einer Sphäre in der anderen wie auch das einer Spiegelung des Inneren im Äußeren; auch ein Kausalverhältnis kommt in Betracht, demzufolge die äußere Schönheit Wirkung der inneren Sittlichkeit ist.

Die Relation zwischen Sittlichkeit und Schönheit wird seit Alters unter dem griechischen Begriff der *Kalokagathia* (καλός καί ἀγαθός) behandelt, einem Hendiadyoin, das καλόν = ‚Schönheit' und ἀγαθόν = ‚Gutheit' verbindet.[126]

Der Begriff taucht erstmals im 5. Jahrhundert v. Chr. bei dem Politiker und Schriftsteller Xenophon[127] auf, bei ihm jedoch bereits spezifiziert zum politischen Begriff, der eine bestimmte Klasse des Staates bezeichnet, und zwar die Adelsklasse oder Adelspartei, die sich von der breiten Masse als Volkspartei abhebt und als Schlagwort in der politischen Agitation um den peloponnesischen Krieg fungiert. Auch Thukydides[128] verwendet den Begriff als Standes- und Statusbegriff einer sich in Klassen gliedernden Gesellschaft. Diese Klassenbezeichnung kann jedoch nicht die ursprüngliche Bedeutung sein, da hinter jeder Partei oder Gruppierung Idealvorstellungen stehen, die sich erst im Laufe der Zeit herausgebildet haben und in diesem Falle anhand älterer Schriftsteller zu verfolgen sind. Insbesondere Homers Epen kommen in Betracht. Zum besseren Verständnis des Begriffes müssen wir daher auf die Etymologie und begriffsgeschichtliche Wandlung eingehen und eine Rekonstruktion dieses Ideals und seiner Wandlung versuchen, bis sich ein Anschluss an die Xenophonische und Thukydidische Interpretation ergibt.[129] Da der Begriff und seine beiden Bestandteile anfangs undifferenziert

126 Bei Platon und in der folgenden Tradition wird *Kalokagathia* auch im Sinne einer Trias des Gutem, Schönen und Wahren verwendet.

127 Xenophon: *Memorabilien* 1.1.16.7.

128 Thukydides: *Historiae* VIII,48,6.

129 Zur Geschichte dieses Begriffes, jedoch ohne Homer, vgl. Christoph Horn: *Kalokagathie.* Begriff, Ideen- und Wirkungsgeschichte in: Otto Depenheuer (Hrsg.): *Staat und Schönheit.* Möglichkeiten und Perspektiven einer Staatskalokagathie, Wiesbaden 2005, S. 23-32. Horn skizziert für die Antike bis zur Spätantike fünf Stadien und verfolgt dann die Entwicklung in der Nachantike im Mittelalter, in der Renaissance und im Humanismus sowie bei den Cambridger

und unterminologisch gebraucht werden und sich erst im historischen Verlauf spezifizieren, und zwar καλόν zur Bezeichnung der ästhetischen Sphäre, ἀγαθόν zur Bezeichnung der ethischen, und es sich bei diesen Begriffen so verhält, wie wir auch heute vulgär ‚schön' und ‚gut' oft konfundieren und unspezifisch verwenden, erscheint es ratsam, die Skizzierung der Idealvorstellung einer spezifischen Gruppe von Menschen, die dann zur Partei avancierte, anhand eines anderen Begriffes, der ἀρετή, vorzunehmen, der wurzelverwandt ist mit ἀριστός/ἀριστοί, den Edlen oder Adligen.[130]

Der griechische Begriff ἀρετή, den wir heute mit Tugend, Sittlichkeit übersetzen, hatte ursprünglich noch nicht diese speziell ethische Bedeutung, sondern die generelle der Trefflichkeit oder Vorzüglichkeit, die bei Menschen und später auch bei Gegenständen die Fähigkeit bezeichnet, wozu ein Mensch oder Ding am besten taugt, was er oder es am besten zu leisten vermag. So besteht die Trefflichkeit des Auges darin zu sehen, die einer Laterne zu leuchten, die eines Schwertes zu schneiden, die eines Menschen, das Leben zu meistern in guten wie in schlechten Zeiten, gerade in Gefahren, was sich aus den Umständen der damaligen Zeit erklärt, den Wanderbewegungen der griechischen Stämme im unruhigen 7. Jahrhundert v. Chr. oder noch früher. Gemeint war die Mannhaftigkeit, Standhaftigkeit und Tapferkeit, die Kraft und Stärke verlangten, wie dies auch den Recken der alten Sagen und Märchen unterstellt wurde, die sich im Krieg und auf dem Schlachtfeld bewähren mussten. Die Trefflichkeit bzw. Tüchtigkeit des Mannes dieser Zeit ist physische Kraft und Stärke, die im Kampf auf Sieg oder Untergang setzt und den Mann bzw. die Gruppe von Männern auszeichnet, die sich dieser Maxime verschrieben haben und die Gruppe der ἀριστοί,

Platonisten und bei Shaftesbury, in der deutschen Klassik und in der Gegenbewegung des 19. Jahrhunderts. Vgl. auch Werner Jäger: *Paideia*. Die Formung des griechischen Menschen, Bd. 1, 2. Aufl. Berlin, Leipzig 1936, bes. S. 23-62; Hermann Wankel: *Kalos kai agathos*, Diss. phil. Würzburg 1961; Walter Donlan: *The Origin of Kalos kagathos*, in: *American Journal of Philosophy*, Nr. 94 (1973), S. 365-374; Félix Bourriot: *Kalos kagathos – Kalokagathia.* D'un terme de propagande des Sophis-tes à une notion sociale et philosophique. Étude d'histoire athénienne, 2 Bde., Hildesheim, Zürich, New York 1995; Wilhelm Grosse: *Kalokagathia*, in: *Historisches Wörterbuch der Philosophie*, Darmstadt 1976, Bd. 4, S. 681-684; Irena Martínková: *Three Interpretations of Kalokagathia*, in: *Körper im Kopf*. Antike Diskurse zum Körper. Vorträge gehalten im Rahmen der 8. Grazer Althistorischen Adventsgespräche am 18. Dezember 2008, hrsg. von Peter Mauritsch, Graz 2010, S. 17-28. Zur Kritik vgl. Ingomar Weiler: *Das Kalokagathia-Ideal und der ‚hässliche' Athletenkörper*, in: *Körper im Kopf*, a.a.O., S. 95-119.

130 Auch in unserem heutigen alltäglichen Sprachgebrauch sind ‚schön' und ‚gut' derart abgeschliffen, dass sie häufig synonym verwendet werden oder als bloße Füllwörter, z.B. „Es ist schön, dass es dich gibt." Der Ge-brauch ist weder mit einer ästhetischen noch mit einer ethischen Wertung verbunden, ebenso bei der Rede-weise „Es ist gut, dass du angekommen bist oder dass du da bist", wofür auch ‚schön' eingesetzt werden kann oder allenfalls das mehr differenzierende „Es ist beruhigend, dass du da bist bzw. angekommen bist", womit jedoch eine emotionale Qualität ausgedrückt würde, nicht eine ästhetische.

der Edlen oder Adligen, bilden. Ihre Maxime ist es, stets der erste zu sein und vor den anderen hervorzuragen (αἰὲν ἀριστεύειν καὶ ὑπείροχον ἔμμεναι ἄλλων).[131] Das war noch nicht wie in späterer Zeit eine Forderung und Verpflichtung auf eine moralische Haltung, also eine Tugend, sondern ein Erfordernis des schlichten Überlebens, was auch formelhafte Wendungen wiedergeben, die man auf Grabsteinen findet oder in Schlachtberichten: ἀνὴρ ἀγαθὸς γενόμενος ἀπέθανε.[132] Mut, Tapferkeit, Standhalten, auch Wahrhaftigkeit und Vertrauen, insbesondere aber Ehre waren die Gradmesser dieser Einstellung.

Die Grundlage und Voraussetzung dieser ‚Heldenideologie', die auf alles oder nichts abgestellt war, bildete die physiologische Angemessenheit und Ausgestattetheit für diese Tüchtigkeit, nämlich eine angemessene, wohlgeratene Körperkonstitution, die weder in Zwerg- noch in Riesenwuchs bestehen konnte, weder in Krüppelhaftigkeit noch Lahmheit, weder in Blindheit noch Gehörlosigkeit, sondern einen gesunden, architektonisch wohlgeformten, schönen Körper verlangte, der schnell laufen und behend agieren, weit springen und den Speer schleudern konnte, kräftig war im Zweikampf; kurzum, gefordert war ein zweckdienlicher, nützlicher Körper. So geschieht es, dass die Helden allesamt und ohne Ausnahme als äußerlich schön bezeichnet und beschrieben werden, um dem kriegerischen Ideal der Männlichkeit, Standhaftigkeit, Tapferkeit und des Mutes zu genügen. Physiologische Voraussetzung des ethischen Ideals der Tüchtigkeit bzw. Trefflichkeit ist die körperliche Schönheit, so dass beide Ideale stets zusammen genannt werden. Das bedeutet auch, dass beide Ideale ausgebildet und gepflegt werden müssen, das eine durch körperliche Übung wie Sport, Gymnastik, Medizin, das andere durch geistige Zucht, Erziehung und Bildung, was über ständige Ermahnungen, Sprüche, Vorhaltungen, insbesondere auch über Vorbilder für den Zögling geschah, mit anderen Worten, die Ausbildung und Pflege beruhte auf dem Leistungsprinzip. Die Adelsgesellschaft war eine auf Leistung ausgerichtete, die jedem das Äußerste an Anstrengung abverlangte.

Den Gräzisten und Interpreten des homerischen Werkes war stets aufgefallen, dass das erste Epos, die *Ilias*, einer älteren historischen und literarischen Schicht angehört, das zweite Epos, die *Odyssee*, einer jüngeren Generation, da beide unterschiedliche Ideale verfolgen, die auch durch unterschiedliche Personentypen repräsentiert werden. Zwar besteht auch in der *Odyssee* der Kampfgeist der heroischen Zeit mit Tapferkeit, Mut und Stärke weiter, wird jedoch ergänzt durch andere Eigenschaften wie geistige: Schläue, Wortgewandtheit, rhetorische und intellektuelle Fähigkeiten mit

131 Homer: *Ilias* 6, 208.

132 Vgl. Werner Jaeger: *Paideia*, Bd. 1, a.a.O., S. 28.

Betonung des Verstandes. Schläue und List haben noch nicht die negative Konnotation wie heute, sondern bezeichnen ein Verhalten, das das Leben auch in schwierigen Zeiten zu meistern versteht, wozu nicht nur Brachialgewalt mit Sieg oder Niederlage gehört, sondern auch intellektuelle Fähigkeiten wie Überlegung und Abwägung, was die Beherrschung von Trieben und Begierden, also deren Kontrolle voraussetzt. Das neue Ideal verkörpert Odysseus, der ‚Listenreiche', der mit diesem Epitheton ausgezeichnet wird. Mit List ist etymologisch verwandt Lehren und Lernen, was geistige Fähigkeiten sind, die intellektuelle Differenzierung und Neukombination voraussetzten und damit in die Richtung von Verstellung und Täuschung weisen, die in der Gegenwart obsiegen. Die alte Bedeutung kehrt noch wieder in dem Wort Kriegslist, das identisch ist mit Kriegskunst und auf Können deutet.

Das Paradigma für das neue Ideal und den neuen Menschentypus hat nach Werner Jaeger[133] der verschlagene, an Listen reiche Abenteurer abgegeben, der ionische Seefahrer, der mit vieler Herren Länder bekannt wurde, mit deren Sitten und Gebräuchen, den unterschiedlichsten Sprachen und Mentalitäten, und neue Taktiken zur Durchsetzung entwickeln musste, nicht nur Draufgängertum wie der alte Held. Waren für den alten Heldentyp wie Achill Wut, Jähzorn, Leidenschaft und ungestümes Verhalten ausschlaggebend, so musste der neue Heldentyp sich durch Überlegung, rationales Abwägen, durch Klugheit und Taktik auszeichnen. So wurde Troja durch Raffinesse eingenommen, indem Odysseus seine Krieger in einem hölzernen Ross verbarg, das den Troiern angeblich als Opfer zurückgelassen wurde. Auch in sehr viel späteren Erzählungen wie dem *Simplicius Simplicissimus* von Grimmelshausen, der im Dreißigjährigen Krieg spielt, obsiegen Bauernschläue, Taktik und Gewieftheit, um sich im Leben zu behaupten.

Die Menschen der *Odyssee* tragen menschlichere, sprich realistischere Züge als die Haudegen der *Ilias*. Sie sind höflicher und höfischer geworden, was mit den veränderten Lebensumständen, der Sesshaftigkeit, der Bildung von Besitz, Gütern, Höfen und Burgen zusammenhängt, die andere Umgangsformen verlangten, gesittetere, höfische. Die Konsolidierung dieser Gruppe von Menschen, die dem neuen Ideal folgten, die Edlen bzw. Adligen, die sich mehr und mehr von der vulgären Masse absetzten und lange Zeit auch noch in der sich zunehmend demokratisierenden Polis erhielten, führte zu jener politischen Klassenbezeichnung, wie sie bei Xenophon und Thukydides begegnet. Geändert haben sich nicht nur die Lebens- und Besitzverhältnisse, sondern auch die Kriegsführung und Kampftechnik, indem an die Stelle von Einzelkämpfern des alten Epos die auf Masse beruhende

133 Vgl. Werner Jaeger: *Paideia*, Bd. 1, a.a.O., S. 46.

Hoplitenphalanx getreten ist, die nach wie vor von den Adligen angeführt wurde.

Damit war die Entwicklung und Ausdifferenzierung noch nicht abgeschlossen. Die Entwicklung zum Dualismus von καλόν und ἀγαθόν als ästhetischem und ethischem Prinzip fällt in die nachhomerische Zeit, in der von verschiedenen Seiten Kritik an den homerischen Idealen laut wurde, so bei dem Dichter Archilochos eine massive Kritik am Typ des Feldherrn, bei Sappho durch eine zunehmende Psychologisierungs- und Verinnerlichungstendenz, bei den Naturphilosophen des 5. Jahrhunderts v. Chr. durch eine völlige Neuorientierung an der Naturphilosophie und deren Prinzipien. Auch die letzteren wurden im Laufe der Jahrhunderte mehr und mehr entsubstantialisiert und vergeistigt, wie am Seelenbegriff, der Psyche, sichtbar ist, die zunächst den leiblichen Atem oder Hauch bezeichnete, welcher beim letzten Atemzug ausgehaucht wird, zunehmend aber in ein rein geistiges Prinzip überging, das vom Körperlichen unterschieden wurde und dieses beseelte und belebte.

Bei Platon und Aristoteles kam es zu einer Neuordnung der Werte mit der Vernunft (νοῦς) an der Spitze und der Subordination des Mutes (θυμός) – des bislang dominanten Begriffes – unter die Vernunft sowie der weiteren Unterordnung der Begierden und Triebe (ἐπιθυμίαι), also des Sinnlichen, unter die vorangehenden Vermögen. Damit begann in der europäischen Geistesgeschichte die für deren gesamten Verlauf bis auf die Moderne typische Beherrschung der sinnlichen Begierden und Triebe durch die Vernunft (*ratio*).

Mit der Differenzierung von Physischem und Psychischem war auch die Differenzierung von καλόν und ἀγαθόν verbunden. Allerdings blieben die beiden Begriffe weiterhin aufeinander bezogen und miteinander verbunden, was die lateinische Formel *mens sana in corpore sano* belegt, die auf den römischen Satiriker Juvenal[134] zurückgeht und bis heute Gültigkeit hat. Schon vorher empfahl auch Platon im *Timaios,* neben angestrengter Geistestätigkeit körperliche Übungen wie umgekehrt bei zu viel körperlicher Bewegung und Belastung die musischen Künste und die Philosophie als Ausgleich beizubehalten:

> „Wer also der Größenlehre oder sonst einer Geistesübung angestrengtes Nachdenken widmet, muß zugleich, indem er daneben auch Gymnastik treibt, der Bewegung des Körpers ihr Recht widerfahren lassen, sowie, wer dagegen um die Ausbildung seines Körpers bemüht ist, den Bewegungen der Seele

134 Juvenal: *Satire* 10,356.

was ihnen gebührt nicht entziehen, indem er außerdem mit der musischen Kunst und der gesamten Philosophie sich beschäftigt, wenn er mit Fug und Recht den Namen sowohl eines Schönen als eines Guten beanspruchen will.“[135]

Die Verbindung von äußerer leiblicher Schönheit und innerer Sittlichkeit wird nicht nur in lateinisch-römischer Zeit beibehalten, sondern auch im Mittelalter, wofür Wolfram von Eschenbachs Epos *Parzival* mit seiner Schilderung des Ritterstandes steht.[136][137]

Die Figuren des Parzival repräsentieren bis auf wenige Ausnahmen das Ideal eines christlichen Ritters, der hinsichtlich seines Äußeren von herausragender Schönheit ist und hinsichtlich seiner sittlichen Gesinnung sowohl gegenüber Frauen wie Fremden wie gleichgestellten Rittern von exzellentem höfischen Benehmen und sittlichem Anstand, selbst wenn er, wie zunächst Parzival in seiner kindlichen Naivität, beim ersten Besuch der Gralsritterschaft ‚tumb‘, unreif und unbeholfen ist. Seine vornehme Herkunft aber bildet die Grundlagen für ein künftiges tadelloses Rittertum, das durch die Erziehung von Gurnemanz äußerlich ausgebildet und durch den zweiten Besuch auf der Gralsburg innerlich realisiert wird durch die christliche Mitleidsfrage: „Oheim, was fehlt Dir?“ („oeheim, waz wirret dier?“)[138] Und auch hier spielen Erziehung und Ausbildung eine große Rolle, sowohl was den äußerlichen Waffengang betrifft wie auch die innere sittliche Reife.

Auch die Schönheit von Parzivals Vater Gahmuret wird gerühmt beim Einzug zum Turnier in Kanvoleis:

„sîn munt als ein rubîn schein
von rœte als ober brünne:
der was dicke und niht ze dünne.
sîn lîp was allenthalben clâr.
lieht reideloht was im sîn hâr.

135 Platon: *Timaios* 88b ff.

136 Wolfram von Eschenbach: *Parzival,* hrsg. von Karl Lachmann, 6. Aufl. Berlin, Leipzig 1926, unveränderter photomechanischer Nachdruck 1962.

137 Zur Korrespondenz von Schönheit und Sittlichkeit im *Parzival* vgl. *Schönheit und Hässlichkeit (Wolfram von Eschenbach, Parzival),* in: Mediae Wiki, http://mediaewiki.de/wiki/Schönheit_und_Hässlichkeit_(Wolfram_von_Eschenbach,_Parzival); Wilhelm Perpeet: *Ästhetik im Mittelalter*, Freiburg, München 1977; Elisabeth Hermine Wuthe: *Die schönen Männer im Mittelalter*, Wien 2008; Horst Wenzel: *Hören und Sehen*. Zur Lesbarkeit von Körperzeichen in der höfischen Literatur, in: Helmut Brall, Barbara Haupt und Urban Küsters (Hrsg.): *Personenbeziehungen in der mittelalterlichen Literatur,* Düsseldorf 1994.

138 Wolfram von Eschenbach: *Parzival,* a.a.O., Vers 795,29.

swâ manz vor dem huote sach:
der was ein tiwer huobetdach.
grüene samît was der mandel sîn:
ein zobel dâ vor gap swarzen schîn
ob einem hemde daz was planc.
von schouwen wart dâ grôz gedranc."[139]

Seine Sittlichkeit steht dem Betragen eines christlichen Ritters in nichts nach. Auf dem Kreuzzug hat er eine schwarze Schönheit, Belakane, kennengelernt und geheiratet. Zurückgekehrt in die Heimat, hat er halbwegs ungewollt den Wettkampf um Herzeloyde gewonnen, die auf einer Heirat besteht, um nicht entehrt zu werden. Er beugt sich dem Richterspruch, der die Vermählung mit der Schwarzen für ungültig erklärt und die Heirat mit der weißen Christin für legitim. Gahmuret zieht es jedoch bald nach der Heirat mit Herzeloyde als Ritter wieder hinaus in die Ferne. Auch der aus der Ehe mit der schwarzen Schönen hervorgegangene Sohn Feirefiz Anschewin, den Wolfram von Eschenbach humoristisch, aber keineswegs abwertend als eine schwarz-weiß gefleckte Elster beschreibt und der Parzivals Halbbruder ist, wird gebührend als tadelloser Ritter dargestellt und damit jedes Vorurteil gegenüber Fremden, Andersartigen suspendiert.

Auch Gawan, der Liebesritter und Frauenschwarm, zeichnet sich durch ausgesprochene Schönheit und vollkommenes höfisches Benehmen aus.

Wie in jedem Märchen und Roman die Frauen, seien es Königinnen oder Prinzessinnen, a priori schön und edel sind, so auch im *Parzival*-Epos. Das gilt nicht nur für Jeschute, die wegen angeblicher Untreue ungerech-

139 A.a.O., Vers 63,16-26.
Mit ähnlichen Topoi wird Parzival gerühmt:
„wan kraft mit jugende wol gevar
der Wâleis mit im brâhte dar.
swer in ze rehte wolde spehn,
sô hât sich manec frouwe ersehn
in trüeberm glase dan waer sîn munt.
ich touon iu vonme velle kunnt
an dem kinne und an den wangen:
sîn varwe zeiner zangen
waer guot: si möhte staete habn,
diu den zwîfel wol hin dan kan schabn,
ich meine wîp die wenkent
und ir vriuntschaft überdenkent.
sîn glast was wîbes staete ein bant:
ir zwîfel gar gein im verswant.
Ir sehen in mit triwe enpfienc:
durch diu ougen in ir herze er gienc.
Man und wîp im wâren holt." (Vers 311, 13-29).

terweise von ihrem Mann vernachlässigt wird und leiden muss, obgleich sie ihm stets die Treue bewahrte, sondern auch für Herzeloyde, die Mutter Parzivals, die sich durch die christlichen Tugenden der Liebe, Hingabe und Aufopferung auszeichnet und wegen ihrer weiblichen Lauterkeit blumig gerühmt wird.[140]

Als hässlich werden nur die Gralsboten *Kundrie la Surziere (die Hexe)* und ihr Bruder Malcreature bezeichnet, die von tierischem, fremdartigem, dämonischem Aussehen sind mit Eberzähnen, Bärenohren, Händen wie aus Affenhaut, Fingernägeln gleich Löwenkrallen, wobei das Fremdartige gleichzeitig das Abstoßende, weil Unbekannte ist, was einer typisch menschlichen Einstellung entspricht: Im Ähnlichen findet der Mensch sich selbst wieder, vor dem Fremdartigen, Andersartigen schreckt er zurück. Die Geschwister erweisen sich jedoch als Gralsboten von edlem Charakter, hoher Bildung[141] und ethischer Standfestigkeit, so dass hier das Problem der Unverträglichkeit von hässlichem Äußeren und tugendhaftem Inneren auftritt, jedoch zugunsten des inneren Wesens und Charakters entschieden wird.

Während in der Antike die Korrespondenz von Tüchtigkeit bzw. Tauglichkeit und körperlicher Schönheit durch die notwendige körperliche Angemessenheit an die kämpferischen Aufgaben begründet war, taugt diese Argumentation nach dem Wechsel und der Verinnerlichung der äußerlich gesehenen Tauglichkeit bzw. Tüchtigkeit zur inneren Tugend nicht mehr. Als Argument könnte allerdings noch angeführt werden, dass nach christlicher Auffassung der Mensch Ebenbild Gottes ist und damit per se schön und vollkommen, ein ideales Abbild Gottes.

Das Problem der Vereinbarkeit von Äußerem und Innerem, dass die Schönheit des Äußeren Spiegel, Erscheinung oder Wirkung einer inneren Sittlichkeit ist, spielt auch weiterhin in der abendländischen Philosophie- und Ästhetikgeschichte eine Rolle und taucht an prominenter Stelle wieder auf bei Friedrich Schiller in dessen philosophisch-ästhetischem Aufsatz *Über Anmut und Würde*[142] sowie in den Briefen *Über die ästhetische Erziehung des Menschen*[143] und in den *Kallias-Briefen über die Schönheit*[144].

Den Ausgangspunkt für Schillers Auffassung bildet die Ethik Immanuel Kants, der eine rigoristische Auffassung von Sittlichkeit als rigoroser Pflich-

140 „Wîplîcher kiusche ein bluome
ist si, geliutert âne tou.“ A.a.O., Vers 252,16 f.

141 Kundrie hat sogar die *artes liberales* studiert mit Dialektik,Geometrie und Astronomie.

142 Friedrich Schiller: *Über Anmut und Würde,* in: *Sämtliche Werke*, auf Grund der Originaldrucke hrsg. von Gerhard Fricke und Herbert G. Göpfert in Verbindung mit Herbert Stubenrauch, München 1958 f., Bd. 5, S. 433-488.

143 A.a.O., Bd. 5, S. 570-669

144 A.a.O., Bd. 5, S. 394-433.

terfüllung vertreten hatte bei nicht selten entgegenstehenden sinnlichen Neigungen. Kant hatte die Problematik auf die Spitze getrieben, da für ihn die Pflichterfüllung gemäß dem kategorischen Imperativ oberstes Gebot war auch auf Kosten der Sinnlichkeit, der naturhaften Neigungen.

Dies nahm Schiller zum Anlass einer Kritik an Kants Rigorismus in dem berühmten Distichon:

> „Gerne dien ich den Freunden, doch tue ich es leider mit Neigung,
> Und so wurmt es mir oft, daß ich nicht tugendhaft bin.“[145]

Der auf Harmonie bedachte Schiller konfrontierte der Würde, bei der die Pflichterfüllung über die Neigungen siegt, die Anmut, die Kopf und Herz, Pflicht und Neigung, Sittlichkeit und Schönheit in höchster Weise vereint. Ist Erhabenheit (so der Kantische Terminus) oder Würde (so der Schillersche Ausdruck) der Sieg der Vernunft, der Freiheit und der Sittlichkeit über die sinnlichen Begierden, wenn Sittlichkeit und Sinnlichkeit sich unvereinbar gegenüberstehen, so ist Anmut der Ausdruck höchster Vereinbarkeit, wobei Anmut noch über die natürliche äußere Schönheit hinausgeht, indem sie dieser Liebenswürdigkeit und Anziehung verleiht. Dazu beruft sich Schiller auf den antiken Mythos, demzufolge die Göttin der Schönheit, Aphrodite, einen an- und ablegbaren Gürtel benutzt, der ihr Anmut und Grazie über die Schönheit hinaus verleiht und ihre Attraktivität begünstigt. Zwar ist alle Anmut schön, aber nicht alle Schönheit anmutig, so z.B. nicht die kalte Schönheit.

Schiller unterscheidet zwischen einer naturgegebenen, durch Geburt, Zufall oder Glück gegebenen Schönheit im Körperbau, feinem, freiem Wuchs, gefälligen fließenden Umrissen, zarter Haut, wohlklingender Stimme, und jener Schönheit, die durch Anmut charakterisiert ist und seiner Meinung nach auf das Konto des Intelligiblen und der Freiheit geht und sich im freien, anmutigen Spiel der Bewegungen und Kräfte in der Erscheinung äußert. Geht die erste auf feste Körperformen und Eigenschaften zurück, so die zweite auf Bewegungen. Die eine ist eine fixe Schönheit, die andere eine bewegliche. Im Unterschied zur Natur, dem Tier, der Pflanze, denen die Natur die Zweckbestimmung mitgegeben und zugleich erfüllt hat, ist dem Menschen die Bestimmung zwar vorgegeben, erfüllen muss er sie jedoch selbst durch seinen freien Willen, wodurch er seine Moralität bekundet. Die Verbindung und Einheit von Sinnlichkeit und Vernunft ist für Schiller das Höchste und nur dem Menschen, nicht dem Tier möglich, da diesem eine moralische, frei

145 A.a,O., Bd. 1, S. 299.

entscheidende Instanz fehlt. Schönheit ist für Schiller die Freiheit in der Erscheinung.

Die körperliche Schönheit mag zwar Wohlgefallen auslösen, ihr fehlt aber noch das Epitheton Anmut, das eine Steigerung zur Grazilität bedeutet und mit Attraktivität verbunden ist. „Die architektonische Schönheit kann Wohlgefallen, kann Bewunderung, kann Erstaunen erregen, aber nur die Anmut wird hinreißen. Die Schönheit hat *Anbeter, Liebhaber* hat nur die Grazie; denn wir huldigen dem Schöpfer und liebenden Menschen."[146] Bei der Bezauberung, dem höchsten Grad der Freiheit, verlieren wir uns gleichsam selbst und gehen in den Gegenstand über, so dass der höchste Genuss der Freiheit an den völligen Verlust der Freiheit grenzt und die Trunkenheit des Geistes an den Taumel der Sinnenlust erinnert. Wenn die sittlichen Pflichten, die Tugenden, in vollkommener Harmonie mit den Neigungen vereint sind, wenn ihre Erfüllung wie natürlich erscheint, so wie beim vollendeten Tänzer die höchste Kunstfertigkeit und Meisterschaft in Natürlichkeit übergeht, dann ist von Anmut und Bezauberung die Rede. Würde hingegen ist der Ausdruck, der die Pflichterfüllung bei widerstrebenden sinnlichen Kräften vorherrschen lässt.

Schiller sieht die zweite Art der Schönheit, die Anmut, öfter in weiblichen Personen realisiert als in männlichen und bringt sie einerseits mit deren zarterem Gliederbau und größerer Beweglichkeit in Verbindung, die sich zur Aufnahme und Umsetzung der Eindrücke ins freie Spiel der Kräfte besser eignen, andererseits mit der größeren Harmonie der sittlichen Kräfte,[147] was auf Kritik aus heutiger genderspezifischer Sicht stößt.[148]

Im Zeitalter der Empfindsamkeit taucht der Begriff der ‚schönen' Seele auf, zunächst bei Christoph Martin Wieland, dann in der gesamten zeitgenössischen Literatur, am markantesten bei Johann Wolfgang Goethe in seinem Bildungsroman *Wilhelm Meisters Lehrjahre* (1795/96)[149], womit er seiner geistiger Freundin Susanne von Klettenberg ein Denkmal setzte. Der Begriff ist auch in der übrigen Literatur der Zeit zu finden, so in Jean-Jacques Rousseaus *Julie oder die neue Heloise* (1761) oder bei Johann Georg und Friedrich Heinrich Jacobi. Während er noch bei Schiller in *Anmut und Würde* die zum Charakter gewordene Schönheit bedeutet, bei der der sittliche Grad der Empfindung eine solche Steigerung erfahren hat, dass er dem Affekt ohne Scheu die Leitung des Willens überlassen kann, ohne mit ihm

146 A.a.O., Bd. 5, S. 469.

147 Vgl. a.a.O., Bd. 5, S. 469.

148 Vgl. Matthias Luserke-Jaqui: *Friedrich Schiller,* Tübingen, Basel 2005, S. 250 (Kap. 5: „Das essayistische Werk").

149 Johann Wolfgang Goethe: *Wilhelm Meisters Lehrjahre,* 6. Buch: „Bekenntnisse einer schönen Seele", in: *Werke* (Hamburger Ausgabe), Bd. 7, Hamburg 1950, 6. Aufl. 1965, S. 358-420.

in Widerstreit zu geraten, anders gesagt, bei der Zwang und Nötigung der Pflicht überwunden sind und alles selbständig und freiwillig mit Gelassenheit und Leichtigkeit geschieht,[150] verbindet sich der Begriff in der übrigen Literatur mehr und mehr mit der Religiosität, insbesondere mit dem Pietismus[151] und steigert sich zu einer religiösen Haltung. Er bezeichnet dann eine religiös gesteigerte, hypertrophe Sensibilität, die unter allen Umständen auf seelische Harmonie und Ausgleich bedacht ist und auf eine durchgehende Moralität der Weltanschauung zielt. Von dieser Überempfindlichkeit bemerkte Georg Wilhelm Friedrich Hegel[152] kritisch, dass sie substanz- und willenlos sei und zerfließe, in sehnsüchtiger Schwindsucht dahinschwinde, mit anderen Worten, wirklichkeitsfremd sei und ein übersteigertes Harmoniebedürfnis ausdrücke. Die Kritik an der schönen Seele sowohl im Hinblick auf die Objektivität der Welt wie in Bezug auf das Subjekt selbst hat wohl niemand prägnanter ausgedrückt als er:

> „Es [dem Bewußtsein] fehlt die Kraft der Entäußerung, die Kraft, sich zum Dinge zu machen und das Sein zu ertragen. Es lebt in der Angst, die Herrlichkeit seines Innern durch Handlung und Dasein zu beflecken; und um die Reinheit seines Herzens zu bewahren, flieht es die Berührung der Wirklichkeit und beharrt in der eigensinnigen Kraftlosigkeit, seinem zur letzten Abstraktion zugespitzten Selbst zu entsagen und sich Substantialität zu geben oder sein Denken in Sein zu verwandeln und sich dem absoluten Unterschiede anzuvertrauen. Der hohle Gegenstand, den es sich erzeugt, erfüllt es daher nun mit dem Bewußtsein der Leerheit; sein Tun ist Sehnen, das in dem Werden seiner selbst zum wesenlosen Gegenstande sich nur verliert und, über diesen Verlust hinaus und zurück zu sich fallend, sich nur als verlorenes findet; – in dieser durchsichtigen Reinheit seiner Momente eine unglückliche sogenannte *schöne Seele,* verglimmt sie in sich und schwindet als ein gestaltloser Dunst, der sich in Luft auflöst."[153]

Wenn Hegel schließlich als Vertreter eines absoluten, objektiv-subjektiven Idealismus in seinen *Vorlesungen über die Ästhetik* Schönheit in Anleh-

150 Friedrich Schiller: *Sämtliche Werke,* a.a.O., Bd. 5, S. 468 ff.

151 Auch mit der spanischen Mystik.

152 Georg Wilhelm Friedrich Hegel: *Phänomenologie des Geistes* (Theorie-Werkausgabe), auf der Grundlage der Werke von 1832-45 neu edierte Ausgabe, Redaktion Eva Moldenhauer und Karl Markus Michel in 20 Bden., Frankfurt a. M. 1970, Bd. 3, S. 464-494,

153 A.a.O., Bd. 3, S. 483 f.

nung an Platon[154] als das „sinnliche *Scheinen* der Idee“[155] bezeichnet, als die Einheit von Idee und Realität, dann kann dies als Vollendung eines lange die Geschichte beherrschenden Prozesses der Überwindung des Dualismus angesehen werden.

Der historische Abriss zeigt zwar den Ursprung und die Wirkungsgeschichte der Beziehung von Innerem und Äußerem, genügt aber nicht zur Beantwortung der philosophischen Frage nach der Vereinbarkeit beider heterogenen Sphären. Auch die Art und Weise der Verbindung, ob Korrespondenz bzw. Parallelität oder Harmonie der Gegensätze oder Ursache-Wirkungs-Verhältnis, ist dadurch noch nicht gelöst, vor allem aber bleibt die Frage offen, wie sich nicht schönes, eventuell sogar hässliches Äußeres zum inneren Tugendhaften verhält, was das grundsätzliche Problem nach Erscheinung oder Scheinhaftigkeit (Illusorik) der ganzen Beziehung aufwirft, das Problem, ob der Verweis äußerer Schönheit auf innere Tugendhaftigkeit möglicherweise nur Interpretation ist. Dies bedarf einer grundsätzlichen philosophischen Erörterung.

Prinzipiell sieht sich der Versuch, äußere Schönheit als Spiegelung, Erscheinung oder Wirkung innerer Schönheit – Tugendhaftigkeit – zu erklären, der Schwierigkeit konfrontiert, dass Außen und Innen zwei heterogene Sphären bilden, von denen die erstere direkt zugänglich und erkennbar ist, die letztere nicht. Selbst wenn man die letztere durch eine erkenntnistheoretische Analogie zur äußeren Wahrnehmung, mithin durch innere Wahrnehmung oder Intuition erschließen wollte, bliebe es bei einem Dualismus und der Annahme einer Beziehung zwischen differenten Ebenen. Der Ausweis einer Korrelation, Korrespondenz oder Parallelität gelänge nur über ein *tertium comparationis*, das von einem neutralen archimedischen Standpunkt einen Vergleich gestattete; dieser ist aber nicht gegeben. Die Korrespondenz bleibt somit eine reine Hypothese. Auch die Supposition, die äußere Schönheit sei eine Wirkung oder Ausstrahlung der inneren, die das Modell der Kausalität benutzt, erweist sich als nicht stichhaltig, da von einer Wirkung zwar auf eine Ursache überhaupt geschlossen werden kann, nicht aber auf eine bestimmte, wie das berühmte Kantische Beispiel von der Erwärmung eines Steines zeigt, die sowohl auf das Sonnenlicht wie auf Reibung zurückgehen kann oder sogar auf bloße Einbildung. Und dies gilt auch für die äußere Schönheit, die nicht nur auf innere Schönheit (Tugend) zurückgeführt werden kann, sondern auch auf Anlage, Zufall, Glück, Imagination oder Sonstiges.

154 Vgl. Platon: *Symposion* 210e ff. Dazu auch S. 141 f. dieser Arbeit.

155 Georg Wilhelm Friedrich Hegel: *Vorlesungen über die Ästhetik* (Theorie-Werkausgabe), a.a.O., Bd. 13, S. 151.

Eine moderne, aus dem Angelsächsischen stammende Erkenntnistheorie, der Behaviorismus, der in diversen Formen vorliegt, sowohl in moderater wie in radikaler, und besonders mit den Namen John B. Watson und Burrhus Frederic Skinner verbunden ist, hat sich dem Anspruch verschrieben, auf rein naturwissenschaftlicher Basis und Methodik die Innensphäre, das Psychisch-Geistige, zu erklären und in Außensphärisches, objektiv physikalisch Beschreibbares, zu übersetzen. Der englische Terminus *behavior* bedeutet Verhalten und bezeichnet äußere Vorgänge und Zustände. Naturwissenschaftliche Beobachtungen zeigen, dass sich in solchen gewöhnlich das ausdrückt, was wir innere Vorgänge und Zustände nennen. So zeigt sich beispielsweise Scham in Rötung des Gesichts, Angst in Blasswerden, Zittern und Schweißausbrüchen sowie in wirrem Herumblicken, Schmerz, wenn einem ein Stein auf den Fuß fällt, im Aufspringen, Aufschreien, o-und weh-Rufen. Der Behaviorismus ist der Meinung, dass es gelingen müsse, subjektive Empfindungen und Befindlichkeiten auf rein physiologischer Ebene nach einem äußeren Reiz-Reaktions-Schema als rein objektive, äußerlich wahrnehmbare Vorgänge zu beschreiben, so dass das, was wir innere Zustände und Vorgänge nennen, überflüssig wird. Übertragen auf unseren Fall der Schönheit hieße dies, dass innere Eigenschaften wie Tugend in äußere Beschreibungsweisen zu übersetzen wären und darin aufgehen müssten. Dem steht jedoch entgegen, dass äußere Beschreibungen niemals so exakt sind, dass sie einen ganz bestimmten inneren Zustand und nur diesen wiedergeben, da ein gerötetes Gesicht ebenso auf emotionale Scham wie auf physiologisches Fieber zurückgehen kann. Die gesamte Schauspielkunst und Pantomime beruht auf der Möglichkeit der Vortäuschung und Verstellung von Tatsachen, die nicht existieren und der Illusion dienen. Zudem könnte ein Paralysierter, der bewegungsunfähig ist, oder ein Stoiker, der lebenslang seine Bewegungen zu beherrschen gelernt hat, äußere Bewegungsreaktionen unterdrücken und dennoch innerlich Schmerz empfinden.

Von der Gegenseite geht Ludwig Wittgenstein das Problem an, und zwar gemäß dem *linguistic turn* des 20. Jahrhunderts mit seiner Kritik am Privatsprachenargument und dem Nachweis einer Unmöglichkeit einer rein individuellen privaten sprachlichen Fassung innerer Zustände und Vorgänge. Seine Kritik hat die cartesianische Relation von *res extensa* und *res cogitans* zur Voraussetzung sowie die cartesische Privilegierung innerer Zustände und Vorgänge durch einen direkten Zugang des Subjekts, während äußere Zustände und Vorgänge nurmehr aus den inneren erschlossen werden können. Gewöhnlich meinen wir, dass die inneren Zustände allein dem eigenen Ich-Subjekt in einem privilegierten Zugang zugänglich sind und nicht von Seiten anderer erfahren werden können. Wenn ich Zahnschmerzen habe, so sind diese Schmerzen meine und nicht die eines anderen und können von diesem nicht einfach von außen registriert werden. Gegen diese Vorstellung wendet Wittgenstein ein, dass es eine rein individuelle, subjektive Privatsprache, die meine inneren Empfindungen registriert und zum Ausdruck bringt, in dieser Individualität und Privatheit nicht geben kann, da jede Sprache begrifflich argumentiert und Begriffe Generalisierungen sind, was äußere Objektivität voraussetzt. Sprache ist immer, wie äußere Beschreibungen zeigen, die sich auf äußere Gegenstände und Sachverhalte beziehen, an allgemeinen, publiken Objekten und Sachverhalten orientiert, und dies gilt auch für das Sprechen über vermeintlich rein Inneres, in unserem Falle tugendhaftes Verhalten. Dieses ist nur über einen sogenannten *third person account,* nicht über einen *first person account* zugänglich, was die Außenwelt und ihre Artikulation voraussetzt. Das Wittgensteinsche Argument bleibt bei der cartesianischen Voraussetzung einer Relation zwischen Innen und Außen, kritisiert aber die cartesianische Tendenz zum Solipsismus aufgrund des angeblich privilegierten Zugangs zum eigenen Inneren und der bloßen Erschließbarkeit des Äußeren.

Die Relation zwischen Innen und Außen scheint unaufgebbar zu sein, zumal sie der empirischen Erfahrung und Praxis entspricht. Da sie die Voraussetzung für unsere Diskussion der Beziehung zwischen innerer Tugend und äußerer Schönheit bildet, wollen wir Reduktionsversuche wie die bisherigen beiseite schieben und zur detaillierten Beschreibung der Sphären und ihrer Beziehung übergehen. Was die Innensphäre betrifft, so kommt folgende Einteilung in Betracht:

1. Einzelempfindungen, Gefühle, Stimmungen und Befindlichkeiten,
2. Gedanken, Wünsche, Willensbekundungen,
3. Charaktere als Gesamt- oder Teilzusammenfassungen der vorangehenden Bestimmungen.

Die Aufteilung des äußeren Bereiches lässt sich in folgende Rubriken denken:

1. Mimik, Gestik und Gebärden des gesamten Körpers, insbesondere des Gesichts,
2. äußere Physiognomie von Personen und Gegenständen,
3. äußere Verhaltensweisen, sowohl Haltung wie auch Benehmen und Umgangsformen,
4. Gestaltung der situativen Umgebung.

(1.) Dass Mimik und Gestik eines Menschen der Entschlüsselung seiner subjektiven Befindlichkeit dienen, ist Allgemeingut und bestimmt das Verhalten der Menschen untereinander. Ein freundliches Gesicht mit einem

Lächeln, mit hochgezogenen Mundwinkeln, offenen Augen signalisiert Zugewandtheit, Offenheit und Kontaktbereitschaft, während ein trauriges oder mürrisches Gesicht mit herabhängenden Mundwinkeln, gesenktem Blick, abgewandten Augen Trauer, Bedrückung, Missmut zu erkennen gibt. Nicht weniger aufschlussreich sind eine gerunzelte Stirn mit aufgerissenen Augen, gefletschte Zähne, unterstützt durch Aufrecht- und Sprungstellung des Körpers mit ausgebreiteten Armen,[156] was auf Aggressivität, Wut und Zorn deutet. In Masken von Eingeborenen wird dies oft vergröbert dargestellt und durch Kopfputz, Helme, Federn, Aufsätze, hochhackige Stiefel, eventuell Schulterklappen und Lametta noch ,unterstützt, die alle auf eine feindliche, kriegerische Pose deuten. Dass wir auf eine freundliche, lächelnde Geste positiv reagieren mit Annäherung und Zuneigung, ist selbstverständlich, weil sie als schön empfunden wird, wie es auch selbstverständlich ist, dass wir auf ein aggressives, feindseliges Verhalten mit Abneigung und Flucht reagieren, weil es uns hässlich erscheint.

Wissenschaftliche Studien markieren durch Punkte die Kontraktionsstellen der Gesichtsmuskulatur und entwerfen Deutungsschemata, die auf emotionale Zustände positiver wie negativer oder auch gemischter Art Hinweise geben, wie auf Freude, Glücksgefühl, Hochstimmung, Trauer, Depression, Angst, Panik, Wut, Zorn, Entschlossenheit, Selbstsicherheit, Überheblichkeit, Herablassung, Schläue, Listigkeit usw. Eine derartige Einteilung und Deutung nach Motivation und Funktion hat beispielsweise Carl-Herman Hjortsjö[157] gegeben; auch Computersimulationen wie z.B. die Lorenz-Matrix bieten Aufschlüsse.[158] An immer subtileren Darstellungen wird gearbeitet, da emotionale Ausdeutungen oft mehrdeutig sind und keineswegs eindeutig nach Motivation und Funktion unterschieden werden können. So kann ein Lächeln Freundlichkeit bis hin zu Unterwürfigkeit anzeigen, ein Lachen über andere (Auslachen) auf Aggressivität, Mokieren und Feindseligkeit deuten. Selbst wenn exakte Zugänge schwierig sind und die Forschung noch lange an ihrer Aufschlüsselung arbeiten wird, steht fest, dass wir unsere alltäglichen Verhaltensweisen und Beziehungen zu anderen Menschen nach gewissen Schemata und Typisierungen richten, wobei gelegentlich Täuschungen vorkommen können.

Dasselbe gilt für Gesten und Gebärden, die sich in Körperhaltung und Bewegung ausdrücken. Ein stolzer, aufrechter Gang mit erhobenem Haupt, freiem Blick in alle Richtungen, eroberndem Ausschau-Halten erlaubt den

156 Bei den Aborigines in Australien kommt das Zunge-Ausstrecken hinzu.

157 Vgl. die Darstellung bei Irenäus Eibl-Eibesfeldt: *Die Biologie des menschlichen Verhaltens.* Grundriß der Humanethologie, München 1984, 1995, 3., überarbeitete und erweiterte Aufl. Weyarn 1997 (Lizenzausgabe), S. 628 f.

158 Vgl. a.a.O., S. S. 647.

Schluss auf Selbstbewusstsein, Stolz, Herrschafts- und Unterwerfungsgebaren, während eine gedrückte, gebückte Haltung mit gesenktem Haupt, niedergeschlagenen Augen, herabhängenden Schultern, lahmem Gang den Schluss auf eine traurige Gemütsstimmung, eventuell Depression gestattet.

(2.) Unter Physiognomie versteht man bestimmte stabile Formen und Gestaltungen des Körpers von Menschen, Tieren und Gegenständen, die sich vermutlich in der Evolution durch langwierige Adaptationsprozesse herausgebildet haben und mit Bedürfnissen und Bedürfnisbefriedigung unter den jeweiligen Bedingungen zusammenhängen. Dass sich der Mensch im Laufe der Geschichte von einem gebückten, affenähnlichen Gang zum aufrechten Homo erectus entwickelt hat, dass sich seine Kopfform verändert hat, die ursprünglich flache Stirn in eine gewölbte übergegangen ist, ebenso das Gehirn sich vergrößert hat und damit auch seine Intelligenz, dass der Mensch gelernt hat, seine Emotionalität durch kulturelle Anpassung, Training, Umgang zu beherrschen und unter vernünftige Kontrolle zu bringen, selbst wenn diese immer wieder durchbrochen wird, ist nicht zu bezweifeln.

Dass auf diese Weise durch genetische Adaptation habituelle, intellektuelle und emotionale Veränderungen und Verfestigungen stattgefunden und zu verschiedenen Rassebildungen geführt haben, scheint verständlich zu sein, auch wenn der Begriff Rasse wegen des unseligen Gebrauchs während des Nationalsozialismus und seiner Rassenpolitik heute zum Unwort erklärt ist. Es lässt sich nicht übersehen, dass es genetisch bedingte Unterschiede von Menschentypen gibt, die sich nicht nur nach Hautfarbe und Körperbau, sondern auch nach Temperament, Rhythmik und Beweglichkeit sowie intellektuellen Fähigkeiten unterscheiden. Niemand wird bestreiten wollen, dass Afrikaner aus Schwarzafrika eine andere Motorik aufgrund des andersartigen Knochenbaus aufweisen als beispielsweise steife Nordländer. In ihren ekstatischen Tänzen, den erratischen Sprüngen, energetischen Bewegungen der Arme und Beine, der Hände und Füße, die an die Wildheit von Tieren erinnern, unterscheiden sich die afrikanischen Stämme auch gravierend von den kulturell geprägten, beherrschten, gestylten Bewegungen indischer, thailändischer oder chinesischer Tänzerinnen. Nicht zufällig waren es die ehemaligen Sklaven aus Schwarzafrika, die in den amerikanischen Südstaaten den ‚schrägen' Jazz und Blues einführten.

Physiologen wie Johann Caspar Lavater, Ernst Kretschmer u.a. haben in Fortsetzung der antiken Temperamentenlehre von Sanguinikern, Phlegmatikern, Cholerikern und Melancholikern verschiedene Konstitutionstypen unterschieden, so Kretschmer den Pykniker von gedrungenem, rundlichem Körperbau, den Athletiker von kräftigem, festem, gelegentlich derbem Knochen- und Muskelrelief, den Leptosomen von schlanker, feingliedriger Gestalt und den Dysplastiker, der sich durch kleinere Körperbauvarianten von den vorherigen abhebt. Ihnen werden geistige Fähigkeiten und Gemütszustände zugeordnet, dem ersteren Gemütlichkeit, Gutherzigkeit, Geselligkeit, Heiterkeit, Weltoffenheit, leichte Zugänglichkeit, dem zweiten Forschheit, Aktivität, Dynamik, dem dritten körperliche und geistige Empfindlichkeit, Kompliziertheit, Sprunghaftigkeit, Wirklichkeitsfremdheit und Gefühlskälte usw.[159] Die Zuordnungen mögen in verschiedenen Physiognomien je nach Beobachtung und Akzentuierung und nicht zuletzt wegen der Ambivalenz der Interpretation etwas anders ausfallen, niemand wird aber bestreiten können, dass wir im Alltag unser Verhalten zu anderen Menschen danach ausrichten, auch wenn wir uns gelegentlich irren. Ein etwas behäbiger, rundlicher Menschentyp, der offen und warmherzig auf die Mitmenschen zugeht, sich jovial gibt, wird von uns anders eingeschätzt als ein schlanker, ranker Typ mit scharfen, prägnanten Gesichtszügen und energischem Auftreten. Wir reagieren instinktiv mit unserem Verhalten auf Typen.[160]

(3.) Dass sich aus natürlichen und gemalten Porträts auf den Charakter einer Person schließen lässt, erscheint uns ebenfalls selbstverständlich, wobei Gemälde häufig noch der Herausarbeitung der prägnanten Züge und der Verschönerung dienen, was insbesondere von der Malerei der Renaissance gesagt werden kann, während die moderne Malerei, die nur noch mit flüchtig hingeworfenen Strichen, Streifen und Tupfern arbeitet wie in dem berühmten Kokoschka- Bildnis, keine oder kaum noch Rückschlüsse zulässt.

Eines der schönsten Gemälde Leonardo da Vincis stellt das Porträt der Ginevra de' Benci dar, eines jungen Mädchens, dessen Vater mit Leonardo befreundet war und diesen bat, das Mädchen vor der Heirat zu porträtieren, wie dies zur damaligen Zeit üblich war. Es stellt ein jugendliches Antlitz mit schönen, ebenmäßigen, sorglosen Zügen dar, das noch keinerlei Spuren von Alterung, Sorge und Mühsal aufweist, das jugendlich anmutig ist und Tugendhaftigkeit ausstrahlt, auf die auch ein Eibenzweig[161] auf der Rückseite des Gemäldes hinweist. Ein Hauch von Selbstbewusstsein und Schnippischheit oder Trotz liegt auf dem Antlitz, wie er häufig für Kinder und Jugendliche typisch ist, die eine freie Kindheit genossen haben und nicht drangsaliert wurden. Von diesem äußeren Gesichtsausdruck wird man zweifellos auf die innere Schönheit, die Tugendhaftigkeit, verwiesen.

Ein anderes Bildnis „La Donna Velata" von Raffael porträtiert eine Dame

159 Vgl. *Konstitutionstyp*, in: *Wikipedia*, https://de.wikipedia.org/wiki/Konstitutionstyp.

160 Es gibt die Redewendung, dass jemandem die Klugheit auf die Stirn geschrieben oder die Dummheit ins Gesicht geschrieben sei, was auf die Korrelation von Physiognomie und Intelligenz weist.

161 Dieser galt als Symbol der Tugendhaftigkeit und Reinheit.

mittleren Alters, offensichtlich aus der höheren Gesellschaft, in ein vornehmes Gewand gehüllt, in majestätischer Haltung, die Reife, Würde, Stolz ausdrückt, eine Matrone im reinsten Sinne, deren äußere Schönheit wiederum ein Spiegelbild der inneren Schönheit und Reife ist.

Dass auch Alter Würde, Majestät und Schönheit ausdrücken kann, beweist ein männliches Porträt, das den venezianischen Dogen Andrea Gritti darstellt. Sein hoher gesellschaftlicher Rang an der Spitze der venezianischen Republik wird schon durch sein Äußeres dokumentiert, sein überreiches Gewand, seinen goldenen Helm, mehr noch durch seine Haltung und sein Auftreten als Herrschertyp, die trotz seines Alters und seiner Gezeichnetheit durch das Leben Kraft, Mächtigkeit,Würde und Erhabenheit ausstrahlen, die Respekt einflößen, so dass man ihm nicht zu widersprechen wagt. Gritti wird als Herrschertyp repräsentiert, der während seiner Amtszeit über Krieg und Frieden, Leben und Tod zu entscheiden und Todesurteile zu unterzeichnen hatte, der mit allen Lebenslagen und Situationen konfrontiert war und hohe Verantwortung ausstrahlt. Seine äußere Erscheinung ist Abbild seiner inneren Reife und Sittlichkeit.

Während die bisher beschriebenen Exemplare von der äußeren Schönheit auf die innere Einstellung verwiesen, kann dies in anderen Fällen nicht gesagt werden, gibt es doch auch ausgesprochen hässliche Personen, die dennoch eine schöne Seele und innere Sittlichkeit aufweisen. Zu diesen gehörte zweifellos Sokrates, der ein ausgesprochen hässliches Äußeres aufwies sowohl mit seiner Stupsnase wie mit seinem satyrhaften Aussehen, das dem Satyr Marsyas glich, was von Platon und den anderen Schülern mokierend registriert wurde,[162] und der sich dennoch durch eine hervorragende Sittlichkeit auszeichnete, die allerhöchsten Ansprüchen genügte. Sokrates bewies seinen Mut und seine Tapferkeit, indem er während des Krieges unter dem Fußvolk diente, er zeigte seine Weisheit in der philosophischen Argumentation und in der Gegnerschaft zur sophistischen Rhetorik und deren Scheinheiligkeit, er bewies seine Frömmigkeit und Gerechtigkeit dadurch, dass er sie mit dem Leben bezahlte, er war ein vollendeter Repräsentant der damaligen bürgerlichen Tugenden von Weisheit, Tapferkeit, Besonnenheit, Gerechtigkeit und Frömmigkeit, auf die sein Äußeres keinen Hinweis gibt.[163]

Während ein Porträtmaler in der Wiedergabe des Abbildes zu verschönern und zu schmeicheln vermag, indem er gewisse hässliche Formen abmildert, übertüncht, kann dies die Wirklichkeit nicht. In diesem Falle müssen die exzellenten inneren Qualitäten einen anderen Ausdruck suchen, und

162 Vgl. Platon: *Symposion* 215a ff.

163 Verglichen werden mit ihm oft aufklappbare Bilder, die äußerlich einen Silen zeigen und innerlich ein Götterbild zu erkennen geben.

sie finden diesen nicht in der Physiognomie, sondern im Verhalten, in den Umgangsformen und Auftrittsweisen.[164] Nicht zufällig unterscheidet sich daher ein ‚höfisches Benehmen', das nach gewissen kulturellen Standards einer Elite ausgerichtet ist, von ungestaltetem, barbarischem. Von dem Ausdruck ‚höfisches Benehmen' leitet sich der Begriff Höflichkeit ab, der das gesellschaftliche Leben möglichst konfliktlos und ohne Anecken zu leiten versucht. In diesen Fällen dient nicht die statische Physiognomie, sondern das Auftreten und die Verhaltensweise als Spiegel des Inneren. Während diese in der Realität problemlos registriert werden, sind sie in der darstellenden Kunst schwieriger wiederzugeben oder kaum möglich.

(4.) Die These vom Stereotyp der Verbundenheit externer und interner Schönheit ist noch durch ein anderes Argument zu ergänzen, das in älteren Beschreibungen des Idealzustandes anklingt und bei genauerem Hinhören herausgehört werden kann, so bei Homer wie auch bei Wolfram von Eschenbach, wenn sie neben der Gegebenheit äußerer und innerer Schönheit und deren Ausbildung und Pflege durch Leistung wie Sport, Gymnastik einerseits, Erziehung, Bildung und Züchtung andererseits eine gute äußere Situation (edle Geburt), Reichtum, Besitz, Güter, Habe u.ä. anführen, die dem Helden durch die Gunst des Schicksals, durch Zufall, Glück, Geburt zukommen und das Geschenk der Grazien sind. Dahinter steht die Einsicht, dass zur Veranlagung und Ausbildung noch ein Moment hinzukommen muss, das für die Realisation der physischen und psychisch-ethischen Fähigkeiten mitverantwortlich ist. Das ist das Umfeld und die Situation. Ein Same, der auf fruchtbares Ackerland fällt, wächst und gedeiht prächtig, während derselbe, wenn er auf sauren Regen stößt, verfault und verdirbt. Moderne Sozialprogramme sind daher bestrebt, für alle Menschen den ausreichenden Boden für ein angemessenes Sprießen und Gedeihen zu schaffen, dadurch dass sie an ein allgemeines Grundeinkommen denken, das den Menschen die Sorge um die tägliche Existenz nimmt, oder an eine Grundversicherung, die die Menschen gegen Schicksalsschläge wie Krankheit, Unfall Alter, unverdiente Armut schützt.

Nun gibt es Situationen, die keine Gestaltungsmöglichkeiten, insbesondere nicht zu äußerer und innerer Schönheit zulassen. Dazu gehören Not-, Krisen- und Kriegszeiten, ebenso Krankheit und Alter. Sie entziehen den Boden für die Ausbildung und Gestaltung und verändern die Verhältnisse gravierend, so dass hier der Spruch aus Platons *Charmides*[165] gilt, dass einem

164 Typisch hierfür ist die Schilderung des Alkibiades, der am Ende des platonischen *Symposions* das beherrschte, zurückhaltende Verhalten des Sokrates darlegt.

165 Platon: *Charmides* 161a.

darbenden Manne nicht ansteht, schamvoll zu sein, im Klartext, die Tugend der Scham und Besonnenheit zu üben. Es sind die Situationen, die tragische Konflikte bedingen, indem der Anspruch auf Sittlichkeit bestehen bleibt und mit der Wirklichkeit konfligiert.

Während in der Realität die Situation eindeutig ist, scheint es sich in der Kunst anders zu verhalten. Zwar gibt es auch in der Kunst Zeichnungen und Gemälde, die von ausgesprochener Hässlichkeit zeugen und dennoch die Frage aufwerfen, ob in ihnen die Hässlichkeit durch einen Schimmer von innerer Schönheit gemildert und überstrahlt wird. Hier wären die Hässlichkeit des Sujets und eventuell die Verschönerung der Darstellung zu unterscheiden.

In diesem Kontext wird häufig das Bild von Dürers alter Mutter genannt, das der Künstler kurz vor ihrem Tod angefertigt hat. Es zeigt eine alte Frau mit verhärmtem, von tiefen Falten durchzogenem Gesicht, mit hervorstechenden Wangenknochen, eingefallenen, verzehrten Wangen, hervorquellenden Augen, die für einen Arzt sofort die Diagnose Krebs indizieren. Immer wieder wird die Frage aufgeworfen, ob diese Zeichnung nicht doch einen Schimmer von Schönheit ausstrahlt, dadurch dass in ihm trotz aller Schwere und Last eines entbehrungsreichen Lebens die Mütterlichkeit mit ihrer Hingabe, ihrer Liebe und Fürsorge und Aufopferung für den Sohn usw. zum Ausdruck kommt. Oder ist diese Interpretation nur hineingelegt bzw. herausgeholt, möglicherweise aufgrund der biografischen Kenntnis, dass hier ein Sohn seine Mutter wenige Tage vor ihrem Tod verewigt hat. Dies wirft darüber hinaus die Frage auf, ob nicht jede Deutung eines Kunstwerkes illusorisch ist, eine hineingelegte bzw. herausgeholte Interpretation, der keine Realität entspricht. Schließlich ist jede Interpretation fragwürdig, der jeweiligen Zeit und Situation unterworfen, die sich wandeln und denen sich der hermeneutische Prozess anzupassen hat. Es gibt keine ein für alle Mal feststehenden Daten, sondern nur Deutungen. Faktisches ist, wie Friedrich Nietzsche meinte, nichts anderes als Interpretation. Die Hermeneutik hat hierauf ihr philosophisches Konzept aufgebaut und dies zu ihrer Maxime erhoben.

Alle bisherigen Argumente haben gezeigt, dass äußere Schönheit zwar ein Indiz für innere Schönheit (Sittlichkeit) sein kann, aber nicht sein muss, da sich kein Beweis für deren Existenz beibringen lässt, sondern jeder Versuch mit dem Manko eines möglichen Fehlschlusses von der Wirkung auf eine bestimmte Ursache behaftet bleibt. Äußere Schönheit lässt sich nicht durch innere definieren, innere Schönheit, Sittlichkeit, ist kein Definiens von äußerer Schönheit.Weder kann man sagen, dass äußere Schönheit immer Erscheinung einer inneren sei – möglich ist stets auch die Scheinhaftigkeit und Illusion –, noch dass in ihr die innere bloß aufscheine. Um eine

Entscheidung treffen zu können, braucht man feste Beweise für die Existenz einer Relationalität, nicht bloße Annahmen und Setzungen und Fragwürdigkeiten der Wirkung.

Einen Ausweg scheint Alexander Nehamas‘ Theorie in seinem Buch *Only a Promise of Happiness*[166] zu bieten, in welcher Inneres und Äußeres im ästhetischen Anblick verschmelzen. Ein Erleben des Äußeren unabhängig vom Inneren ist nach ihm so wenig möglich wie umgekehrt ein Erleben des Äußeren unabhängig vom Inneren; beide gehen Hand in Hand. Nehamas demonstriert dies an einem Film von David Lynch „The Elefant Man“ (1980) an der Geschichte von John Merrick, eines durch Neurofibromatosis total entstellten Menschen. Das deformierte Gesicht gehört jedoch einem intelligenten, freundlichen und sensitiven Menschen an. In dem Augenblick, in dem der Hospitalleiter dies erkennt, transformiert sich für ihn das Gesicht. Gleiches geschieht mit dem Zuschauer des Films.

> „[H]is [sc. John Merrick's] looks are no longer in question by the time we have come to know him better, not because we have become aware of his inner qualities but because his personality – his soul – is manifest in his appearance, which alters when it finds an alteration in us“[167],

Inneres und Äußeres gehen ineinander über und sind nicht eindeutig zu unterscheiden.

> „In one sense, all we ever know about a person is physical, since it comes to us through the senses. In another, even a simple smile before the camera or a way of holding one's body is nonphysical, since it manifests, to however small an extent, a character and a personality.“[168]

Den Hintergrund dieser Interpretation bildet Nehamas' Kunsttheorie, nach der Oberfläche und Deutung stets verschmelzen, indem sie ununterscheidbar ineinander übergehen, im Grunde dasselbe sind bzw. zwei Seiten ein und derselben Medaille. Das, was in einer Hinsicht Oberfläche ist, ist in einer anderen Hinsicht Deutung, die selbst wieder einer Deutung bedarf und so zu einem regressus ad infinitum führt. Hierin lässt sich eine Antizipation

166 Alexander Nehamas: *Only a Promise of Happiness*. The Place of Beauty in the World of Art, Princeton, Oxford, Princeton University Press 2007.

167 A.a.O., S. 59.

168 A.a.O., S. 69.

des Spiegel-Arguments erblicken,[169] demzufolge die Spiegelung der Oberfläche nur scheinbar das Sein wiedergibt, vielmehr eine Spiegelung der Spiegelung der Spiegelung usw. ist.[170]

Ein weiteres Argument spricht gegen die These der stereotypen Verbindung von innerer und äußerer Schönheit, und zwar ein historisch-kulturelles. Wiederholt wurde darauf hingewiesen, dass Festlegungen von äußerer Schönheit, ebenso von innerer, historisch und kulturell verschieden sind und wechseln. So präferiert das traditionelle afrikanische Schönheitsmodell die Leibesfülle und Körperlichkeit, während das heutige westliche dem Superschlankheitsmodell huldigt. Daraus den Schluss zu ziehen, dass afrikanische Fülle auf sittliche Unmäßigkeit der Ess- und Trinkgewohnheiten zurückgeht und nicht auf genetische Veranlagung oder auf bestimmte Essgewohnheiten besonders kalorienreicher Nahrung oder die alleinige Verfügbarkeit solcher, ist ebenso unsinnig und unstatthaft wie die Meinung, dass westliche Magersucht auf gesundheitliche Einsicht in die richtige Ernährungsweise zurückgeht und nicht auf Propaganda und Modeerscheinung. Hier liegen kulturelle Präferenzen vor.

Auch der historische und kulturelle Wandel von Idealen wie vom frühgriechisch-homerischen Krieger- und Kämpferideal zum gemäßigten der Polis-Bürger, das mehr auf Verstandeskultur mit Intelligenz, Überlegung, Schläue, auch Täuschung setzt, darf nicht nur als Fortschritt in der Entwicklung eingestuft werden, sondern muss offen bleiben auch für eine Dekadenzerscheinung, sonst müsste auch die heutige Entwicklung der Gesellschaft, die dem Turbokapitalismus huldigt und weitgehend auf Lug und Trug basiert,[171] als Fortschritt und nicht als Dekadenz angesehen werden. Die Unterschiedlichkeit der Präferenzen weist auf kulturell unterschiedliche Schönheits- und Tugendvorstellungen.

169 Vgl. dazu Näheres im Narzissmus Kapitel S. 149 ff. dieser Arbeit..

170 Vgl. dazu Matthias Hunger: *Die Ästhetik des Menschen*, a.a.O., S. 164-166. Hunger lässt dies mit Berys Gaut (*Nehamas on Beauty and Love*, in: *British Journal of Aesthetics*, Nr. 50 [2010], S. 199-204, bes. S. 201) nur für die Kunst, nicht für den realen Menschen gelten, obwohl man mit Jacques Lacan auch von der Selbsterfahrung sagen muss, dass das reflektierte Subjekt für sich selbst stets ein Objekt und Anderes ist als das Ich-Subjekt.

171 Siehe Wirecard-Skandal, siehe auch die vielen Corona-Lügen, etwa, dass das Tragen von Masken angeblich nicht den Träger, sondern nur den Angesprochenen schütze, während später allgemeine Maskenpflicht galt. Die erste Aussage führte sich darauf zurück, dass der Staat für nicht genügen Maskenausrüstung gesorgt hatte.

III. Hauptteil B: Metaphysische Begründung

1. Schönheit als Einheit von Gegensätzen (Leben und Tod)

Wir haben im Vorangehenden verschiedene Versuche unternommen, Schönheit zu definieren, wobei wir nach generellen Kriterien der Schönheit bzw. Hässlichkeit Ausschau hielten, und dies von diversen grundlegenden Erschließungsweisen des Lebens aus, wie der entwicklungsbiologischen, der soziologischen, der epistemologischen usw. Sie ergaben zwar Aspekte der Schönheit, die sich jedoch sofort wieder relativieren ließen aus kultur-, epochen- oder situationsspezifischer Sichtweise, so dass wir erkennen mussten, dass das, was für uns schön ist, aus einer anderen Perspektive für unschön oder gar hässlich gehalten wird. Unsere Suche galt aber letztlich nicht einem kulturbedingten oder epochenbedingten Schönheits- bzw. Hässlichkeitsbegriff, sondern einem universellen. Das Scheitern dieser Definitionsversuche zwingt uns, eine andere Strategie einzuschlagen, da die Fehlversuche offensichtlich mit dem Definitionsprogramm selbst zusammenhängen. Definition, abgeleitet von lateinisch *fines* = ‚Grenze', ‚Begrenzung' und *definire* = ‚ausgrenzen', ‚abgrenzen', ist konkret eine Methode des haptischen Begreifens, indem aus einem mehr oder weniger indifferenten Feld von Möglichkeiten ein Gegenstand oder Sachverhalt durch Aus- und Abgrenzung gegen anderes seiner Umgebung, im Prinzip gegen alles andere, abgegrenzt wird. Spinoza hat hierfür die Formel gebraucht: *Omnis determinatio est negatio* („Jede Definition ist Negation, *scilicet* des anderen, und zwar alles anderen"). Definitionen, wie sie in wissenschaftlichen Kontexten angestrebt werden, zielen auf Exaktheit und Präzision und damit auf Ab- und Ausgrenzung. Da diese Methode jedoch bezüglich der Schönheit nicht weiterführt, ist eine prinzipiell andere, gegensätzliche zu wählen, die symbolische Darstellung oder Explikation, die gemäß dem Wortsinn συμβάλλειν = ‚zusammenfassen', ‚zusammennehmen' gerade die Beziehung zum Umgebenden thematisiert. Das kann über verschiedene Arten der Relation, wie Ähnlichkeitsbeziehungen, zeitliche und räumliche Kontiguität, auch Kausalität geschehen, wobei es sich insgesamt um Assoziationen handelt. Das Gebiet symbolischer Darstellung und Exposition ist nicht das der streng methodisch verfahrenden Wissenschaften, sondern das der Poesie in Gedichten, Mythen, Erzählungen, also der literarischen Kunst, die Zusammenhänge assoziativer Art erschließt, und dies sowohl in sprachlicher Gestalt wie analog in malerischer, musikalischer oder tänzerischer Darbietung.

Hierzu greifen wir zunächst auf die Diotima-Rede aus dem platonischen *Symposion* zurück, die einen Aufstieg vom konkreten Schönen zum ideal Schönen über diverse Stufen und Grade skizziert. Aufgrund der sich hier zeigenden Probleme werden wir verwiesen auf ein für Schönheit typisches ontologisches Problem, das von Sein und Schein. Dessen Problematik lässt sich an einem antiken, jedoch immer wieder aufgegriffenen Mythos diskutieren, dem des Narziss, eines schönen Jünglings, der in seine eigene Schönheit als Spiegelbild verliebt ist und hieran zugrunde geht. Die internen Probleme einer reinen Scheinwelt, wie sie die Moderne und Spätmoderne kennzeichnet, diskutiert Thomas Mann in seiner Novelle *Der Tod in Venedig*. So ist es nicht verwunderlich, dass die gescheiterten Deskriptionen und Definitionversuche von Schönheit bzw. Hässlichkeit in ontologischen und epistologischen Fragestellungen münden. Die nachfolgende Skizzierung der Problematik mag als Leitfaden dienen.

Die vorangehende Untersuchung hinterließ mehrere Defizite, von denen eines schon genannt wurde, die Disqualifikation einer begrifflichen Definition von Schönheit bzw. Hässlichkeit, sofern eine Universalvorstellung intendiert ist, die noch dazu die kulturellen Differenzen mit zu berücksichtigen hat. Die zu klärende Frage zielt auf eine Einheit einer umfassenden Vielheit, was nur eine Einheit von Gegensätzen sein kann, unter die die Begriffe des Schönen und des Hässlichen fallen. Die umfangreichste Erklärung dieser Einheitsstiftung hat Platon einerseits in Form eines Aufstiegs von niederen Formen bis zur höchsten Einheitsform, der *coincidentia oppositorum*, gegeben, andererseits anhand einer Klärung des Verhältnisses einer extensionalen Ganzheit zur Koinzidenz, zum Zusammenfall der Gegensätze.

Angesichts einer Geworfenheit in die reine Immanenz einer solipsistischen Welt und der Unzugänglichkeit einer fundierenden Transzendenz fragt sich, wie in einer solchen die Erkenntnis der Totalität von Bestimmungen, die sich noch dazu widersprechen, geleistet werden kann. Da die Erkenntnis einer solipsistischen Welt mit dem Problem der Selbsterkenntnis zusammenfällt, lässt sie sich am Narziss-Mythos demonstrieren, der mit Sein und Schein operiert und diese Erkenntnis durch das Verfallensein an den schönen, aber Tod-bringenden Schein erklärt.

Die Frage, die sich bei einer Geworfenheit in eine reine Scheinwelt aufdrängt, kann sich nur noch auf die Bestandteile der Immanenz: Schönheit und Hässlichkeit oder in Nietschzescher Terminologie auf das Apollinische und Dionysische konzentrieren. In Thomas Manns Novelle *Der Tod in Venedig* wird die Antwort geliefert: die Verführung durch den schönen rauschhaften Schein, der unweigerlich zum Untergang führt. Voll-Endung impliziert stets auch das Ende und in einer reinen Scheinwelt erliegt die Schönheitssuche unweigerlich dem Schein und Untergang.

So ist es nicht verwunderlich, wenn schon Adorno konstatierte, dass sich Schönheit nicht definieren lässt, und das gilt ebenso für Hässlichkeit, die beide im Schön-Hässlichen oder Hässlich-Schönen enden. Eine eindeutige Definition, wie wir sie gemäß wissenschaftlicher Methode fordern, lässt sich nicht geben, nur der unbefriedigend bleibende Hinweis, dass das, was in einer Hinsicht schön ist, in einer anderen als Gegenteil erscheinen kann, so dass wir uns einem reinen Relativismus ausgeliefert sehen.

2. Schönheit als Sein und Schein: Platons *Symposion*

Worum geht es in Platons *Symposion* (*Das Gastmahl*)? Der Dialog ist eine mehrfach ineinander geschachtelte Erzählung: Ein Mann namens Apollodorus trifft einen Bekannten namens Glaukon, der ihn bittet, von einem Gastmahl zu berichten, das der Tragödiendichter Agathon anlässlich des Sieges seiner ersten Tragödie veranstaltete. Es liegt schon lange zurück. Apollodorus, der selbst nicht anwesend war, hat die Geschichte von einem gewissen Aristodemos erfahren, und dieser wiederum berichtet von Gesprächen und Reden, an denen er nicht selbst beteiligt war, sondern die die anderen Festteilnehmer führten, so Phaidros, ein Gesprächspartner von Sokrates, der Sophist Pausanias, der Arzt und Naturphilosoph Eryximachos, der Komödiendichter Aristophanes und zuletzt Sokrates, der wiederum eine Rede der weisen Seherin Diotima wiedergibt. Es handelt sich literaturwissenschaftlich gesehen um eine mehrfach verschachtelte Wiedergabe, die den zeitlichen und möglicherweise auch sachlichen Abstand zu dem Vorgetragenen deutlich machen soll.[172] Alle Reden sind dem Thema Eros gewidmet. Wir können uns hier auf die Diotima-Rede konzentrieren,[173] müssen jedoch wegen der Komprimiertheit wesentlicher Punkte auch andere Stellen aus dem *Symposion* sowie aus anderen Werken Platons zur Aufklärung mit heranziehen.

Nachdem Eros von den Teilnehmern des Gastmahls teils als ältester, teils als jüngster Gott, teils als schönster charakterisiert und gelobt worden ist – *erstes,* weil er nach Hesiod auf Chaos und Erde als ältester Gott folgte, *zweites,* weil er nach genereller Meinung sich zur Jugend und nicht zum Alter gesellt, und *drittes,* weil er der glückseligste unter den glückseligen Göttern ist, der alles hat und besitzt, was man sich an Schönem und Gutem nur denken kann,[174] schildert Sokrates gemäß der Rede der Diotima den Eros gänzlich anders, weder als jung noch als alt, weder als schön noch als häss-

172 Dem Ganzen folgt ein Satyrspiel: Alkibiades' Rede auf Sokrates, die durch ihre schrankenlose Offenheit einen gänzlich anderen Sokrates als den erwarteten Päderasten darstellt und nochmals ironisch Abstand schafft.

173 Platon: *Symposion* 204d-212a.

174 A.a.O. 204a.

lich, vielmehr als Wesen zwischen den Welten, als Daimon, weder Gott noch Mensch, der wegen seiner Mangelhaftigkeit begehrend ist, stets verlangend nach dem Schönen und Guten, nach dem, was er nicht besitzt. Eros sei Verlangen, Habenwollen dessen, was er nicht hat, aber zu besitzen und für immer zu haben wünscht. Er symbolisiert das Streben nach Glückseligkeit. Diotima erklärt dies aus der Tatsache, dass Eros am Geburtstag der Schönheitsgöttin Aphrodite gezeugt sei aus Poros und Penia, Überfluss und Mangel. Als Sohn der Penia ist er stets der Bedürftigkeit Genosse, nicht fein noch schön, als Sohn des Poros ist er übermütig, verschlagen, keck, tapfer.[175] Nach der Rede der Diotima ist Eros kein Gott, da kein Gott philosophiert oder begehrt, weise zu werden, sondern er ist es.[176] Man hat die Rede stets als Charakterisierung der Philosophie, als Begehren von hier nach dort verstanden.

Diotima schildert aufgrund dieser Konstellation das Verlangen nach dem Schönen selbst, dem Göttlichen, als Aufstieg über Stufen zum Höchsten.

Die erste Stufe gilt der einzelnen schönen Person. Es handelt sich um die gewöhnliche, fleischliche Liebe zu einem Einzelmenschen, im antiken Griechenland im Rahmen der Päderastie präferenziell um die Liebe zum schönen Knaben oder Jüngling.

Die zweite Stufe, ebenfalls noch im Rahmen des Körperlich-Leiblichen, macht die Liebe zur schönen Gestalt aus, die nicht mehr einem einzelnen Menschen, sondern allen gilt. Im Griechischen steht der Terminus εἶδος, der ursprünglich ‚anschauliche Gestalt' bedeutet, auch wenn er später in einem höheren Sinne als intellektuell anschauliche Gestalt oder Idee genommen wurde. Hier dürfte die ästhetische Gestalt gemeint sein, die der Künstler, sei es der Bildhauer, der Maler, der Dichter, im Auge hat, wenn er die Kontur des Ganzen, die Gliederung und Anordnung, die Proportionen der Körperteile nachzeichnet. Nicht gemeint ist der Allgemeinbegriff, der alle Menschen unter sich subsumiert und zur Einheit zusammenfasst, sondern das anschauliche Schema einer Vielheit *in* der Einheit, nicht einer Vielheit *unter* ihr.

Die dritte Stufe übersteigt das Sinnlich-Leibliche und geht über in das Psychische, wobei der Weg von außen nach innen, vom physisch Materiellen zum psychisch Formalen, jedoch immer noch materiell gefüllten führt, zu den Verhaltensweisen der Seele. Hier werden die Tugenden angestrebt.

175 Die Schilderung wird fortgesetzt durch die Kennzeichnung, dass er ein Jäger, Ränkeschmieder, Philosoph, ein Zauberer, Giftmischer, ein Sophist sei (vgl. Platon: *Symposion* 202d-204c), so dass in dieser Schilderung stets die Figur des Sokrates gesehen wurde, zumal betont wird, dass er nicht, wie die meisten glauben, schön und fein, vielmehr rau und unansehnlich, unbeschuht, ohne Behausung, immer auf dem Boden herumliegend und vor den Türen schlafend sei.

176 A.a.O. 204a.

Bemerkt der Liebhaber an der geliebten Person auch nur einen Anflug von Tugendhaftigkeit, so ist er bemüht, diese in beider Sinne zu fördern.

Auf der vierten Stufe werden ἐπιτεδεύματα[177] angestrebt, die von den Übersetzern und Interpreten teils als „Bestrebungen und Sitten"[178] übersetzt werden, teils als Gesetze (νόμοι)[179]. Es dürfte sich hier einerseits um die gewohnheitsmäßig eingeübten und eingespielten Regeln des gesellschaftlichen Lebens handeln, sei es der öffentlichen im Staat, sei es der privaten im Haushalt,[180] andererseits um die schriftlich fixierten Gesetze des Staates, wie sie beispielsweise Lykurg für Sparta verfasst hat. Vom Einzelwesen erfolgt der Aufstieg zur Polis, der Verbindung der Einzelwesen, vom Organischen des Körpers zur Organisation des Staates.

Weiter geht der Aufstieg zur fünften Stufe, die zunächst etwas unverständlich als Schönheit des Wissens beschrieben wird. Im Griechischen stehen die Termini ἐπειστήμη (Singular) oder ἐπστήμαι (Plural) wie auch μαθήματα, deren Verwandtschaft mit Mathematik offensichtlich ist. Bei den letzteren handelt es sich um das Lehr- und Lernbare, was auch der Spruch über Platons Akademie verdeutlichen sollte μεδεῖς εἰς ἰτο ἀγεομέτρικος, was nicht bedeutet, niemand solle ungeometrisch, d.h. in Geometrie unbewandert eintreten, sondern niemand solle ohne die Bereitschaft zu lernen und zu lehren, das Lehrbare aufzunehmen eintreten. Meist werden die griechischen Ausdrücke daher auch als Wissenschaft bzw. Wissenschaften interpretiert, da hier eindeutig eine geistige Sphäre und damit eine höhere Ebene als das Physische und Psychische erreicht ist. Diese Attribution des Schönen zu den Wissenschaften mutet unserem heutigen Verständnis etwas merkwürdig an. Offensichtlich aber sind damit die Strukturen wissenschaftlicher Erkenntnisse angesprochen, die auf Formales abzielen.

Die letzte und höchste Stufe des Aufstiegs über die diversen Stufen von Schönheit ist „das Schöne selbst" (αὐτὸ καθ' αὐτὸ μεθ' αὐτοῦ μονοειδές)[181], das Schöne an und für sich, wie Hegel übersetzt, das eingestaltig Schöne. Es erschließt sich plötzlich (ἐξαίφνης)[182]. Zusammenfassend formuliert Platon:

177 A.a.O. 210c und d.

178 So von Schleiermacher in: Platon: *Sämtliche Werke*, in der Übersetzung von Friedrich Schleiermacher, hrsg. von Walter F. Otto, Ernesto Grassi, Gert Plamböck, Hamburg 1957, wiederholte Aufl. 1961, Bd. 2, S. 239.

179 Platon. *Symposion* 209d, so von Gerhard Krüger: *Einsicht und Leidenschaft*. Das Wesen des platonischen Denkens, 4. Aufl. Frankfurt a. M. 1973, S. 178.

180 Platon: *Symposion* 204a.

181 A.a.O. 211b.

182 A.a.O. 210e.

> „Denn dies ist die rechte Art, sich auf die Liebe zu legen oder von einem andern dazu angeführt zu werden, daß man von diesem einzelnen Schönen beginnend jenes einen Schönen wegen immer höher hinaufsteige, gleichsam stufenweise von einem zu zweien, und von zweien zu allen schönen Gestalten, und von den schönen Gestalten zu den schönen Sitten und Handlungsweisen, und von den schönen Sitten zu den schönen Kenntnissen, bis man von den Kenntnissen endlich zu jener Kenntnis gelangt, welche von nichts anderem als eben von jenem Schönen selbst die Kenntnis ist, und man also zuletzt jenes selbst, was schön ist, erkenne."[183]

Obwohl bezüglich des Schönen an sich von μάθημα = ‚Kenntnis', ‚Erkenntnis' die Rede ist und von γιγνώσκειν = ‚erkennen'[184], ist Vorsicht geboten, dies mit der gewöhnlichen wissenschaftlichen Erkenntnis von Ideen zu identifizieren. Gewarntsein sollte man zum einen durch die Tatsache, dass von der letzten Erkenntnis als anzustrebendem Ziel die Rede ist, wie durch die Tatsache, dass zweimal im Kontext das Wort ἐφάπτειν[185] = ‚berühren' vorkommt, das auf eine besondere Art von Erkenntnis deutet. Zudem fällt auf, dass diese letzte höchste Dimension mit einer Ausnahme *via negativa* beschrieben wird als unzeitlich, weder entstehend noch vergehend, weder zunoch abnehmend,[186] als nicht relational: sie ist nicht in einer Hinsicht schön, in einer anderen hässlich, auch nicht im Vergleich mit dem einen schön, mit dem anderen hässlich, auch nicht hier schön, dort hässlich oder jetzt schön und später nicht.[187] Sie ist alles das, was für die Welt zutrifft, nicht und lässt sich nur durch Absprechen jeder Prädiktion indizieren.[188]

Es ist eine merkwürdige Stufenleiter der Schönheit, bei der die letzte und höchste Stufe der Schönheit, an der sich alle anderen orientieren, gar nicht definiert und begriffen werden kann. Zwar erscheint uns die Stufung der durchschrittenen Sphären verständlich: die sinnliche, primär zugängliche, die psychische, die sich auf dem Weg von außen nach innen, auf dem Weg der Verinnerlichung ergibt, und die geistig intellektuelle, die sich anschließt, doch die letzte und höchste Stufe gibt Rätsel auf, da von ihr Aufschluss für

183 A.a.O. 211b f. (Übersetzung Schleiermacher).

184 Vgl. a.a.O. 211c.

185 A.a.O. 212a.

186 A.a.O. 210e f.

187 Vgl. a.a.O. 211a.

188 Mit Ausnahme des Immerseins handelt es sich hier um eine rein negative Kennzeichnung, was etwas nicht ist.

das Gesamtsystem erwartet wird, wohingegen dieser aus dem Ganzen erst erschlossen werden muss.

Was wir am leiblich Schönen, z.B. der Einzelperson, als schön empfinden und bewundern, ist gewöhnlich das Anlitz oder die ganze Figur, die ebenmäßige, harmonische Züge aufweist. Der Körper setzt sich aus Teilen zusammen, Kopf, Rumpf, Armen, Beinen, Händen, Füßen usw., die in bestimmten Proportionen, Längen-, Breiten- und Höhenverhältnissen zueinander stehen, die weitestgehend symmetrisch angeordnet sind, kurzum, in einer bestimmten Ordnung arrangiert sind, die uns aus dem Umgang vertraut ist und bei besonders gelungener Anordnung den Eindruck des Schönen erweckt, zumal es auch Personen gibt, die der Durchschnittsvorstellung nicht entsprechen, die zu groß oder zu klein sind, zu lange oder zu kurze Extremitäten haben, verkrüppelt oder hinkend sind u.ä. und folglich für uns von der unterstellten Norm abweichen und daher weniger attraktiv, eventuell sogar hässlich erscheinen. Abweichungen von der unterstellten Norm gehören zur Empirie und zum Alltag, nur das besonders Ebenmäßige, Harmonische, Proportionale, das die normalen Abweichungen hinter sich lässt, nennen wir schön. Es ist die Ordnung der Teile zum Ganzen, die Art und Weise, in der die Vielheit differenter Teile sich zueinander und zum Ganzen verhält, was wir Organisation nennen, die uns am leiblichen Organismus sinnlich und sinnfällig begegnet.

Und genau diese Organisation der Teile zum Ganzen ist es, die im nächsten Schritt im Blick auf die Gestalt (*εἶδος*) thematisiert wird, die der Künstler im Kopfe hat, wenn er eine Figur in Marmor meißelt oder mit Worten beschreibt. Sein Blick ist nicht mehr auf die Einzelperson gerichtet, sondern auf die allen Einzelpersonen zugrundeliegende Gestalt, die den Umriss des Körpers, die Linienführung, die Anordnung der Einzelteile, deren Größe und Proportionalität u.ä. ausmacht und die in allen individuellen, konkreten Einzelgestalten als die Idealgestalt des Menschen durchscheint. Die herrlichen Marmorfiguren, die wir in Antikensammlungen bewundern, sind zwar je Einzelausführungen, aber in ihnen schimmert etwas Allgemeines durch, ein Idealbild, ein anschauliches Schema. Dies ist noch kein abstrakter Allgemeinbegriff, unter den die diversen Teile zu subsumieren sind, vielmehr ein anschaulich holistisches Schema, in das die Teile integriert sind und in dem sie koexistieren.

Goethe, dessen Vorstellungsvermögen bekanntlich anschaulich war – anschaulicher vielleicht als das manch anderer Menschen –, hat dieses in einer Tagebuchaufzeichnung vom 17. April 1787 beim Anblick der Pflanzenfülle und -pracht in Palermo zum Ausdruck gebracht, indem er notiert:

„Die vielen Pflanzen, die ich sonst nur in Kübeln und Töpfen, ja die größte Zeit des Jahres nur hinter Glasfenstern zu sehen gewohnt war, stehen hier froh und frisch unter freiem Himmel, und indem sie ihre Bestimmung vollkommen erfüllen, werden sie uns deutlicher. Im Angesicht so vielerlei neuen und erneuten Gebildes fiel mir die alte Grille wieder ein, ob ich nicht unter dieser Schar die Urpflanze entdecken könnte. Eine solche muss es denn doch geben! Woran würde ich sonst erkennen, daß dieses oder jenes Gebilde eine Pflanze sei, wenn sie nicht alle nach einem Muster gebildet wären?“[189]

In der Auseinandersetzung mit dem mehr kantisch orientierten Schiller kam diese Differenz zum Austrag, derart dass Schiller von einer Idee sprach, einem Begriff, unter den eine Unendlichkeit von Einzelvorstellungen subsumierbar ist, während Goethe eine Anschauung vor Augen hatte, die diese Vielheit in sich vereinigt.

Der Terminus *εἶδος*, der auch für die platonischen Ideen auf intelligibler Ebene steht, ist auf sinnlich anschaulicher Ebene insofern gerechtfertigt, als er die Vorstellung einer zusammenfassenden Einheit einer Vielheit von Merkmalen meint.

Der Überschritt von der sinnlich anschaulichen Ebene zur psychischen führt zu Verhaltensweisen, die, sofern sie gut und schön genannt werden können, einer Norm entsprechen, der Tugend. Solche Tugenden, und zwar die sogenannten bürgerlichen Tugenden, hat Platon in seinen Frühwerken einzeln behandelt: die Tapferkeit im *Laches*, die Besonnenheit im *Charmides*, die Gerechtigkeit im *Thrasymachos*, dem ersten Buch der *Politeia*, die Frömmigkeit im *Euthyphron* usw., wobei ihn die Frage umtrieb, wie sich die einzelnen Tugenden zueinander verhalten, ob exkludierend oder inkludierend, so dass im letzten Fall gesagt werden muss, dass, wenn immer Tapferkeit vorliegt, auch Besonnenheit, Weisheit und Gerechtigkeit vorliegt, und wenn immer Gerechtigkeit besteht, auch Weisheit und Besonnenheit vorliegt, was auf eine Wechselimplikation schließen lässt.

In seinen späteren Dialogen, der *Politeia* und dem *Phaidros*, hat Platon ein anderes Modell gewählt, das der Hierarchie. Entsprechend den menschlichen Vermögen: Vernunft (λογιστικόν), Mut (θυμοειδές) und Begierde (ἐπιθυμητικόν) nimmt er eine Stufung an in der Reihenfolge: Weisheit, Tapferkeit, Besonnenheit. Da sie im Menschen nicht gleichrangig und gleichgeordnet sind, sondern einander widerstreben, müssen sie unter der Herr-

189 Johann Wolfgang Goethe: *Italienische Reise*, in: *Werke* (Hamburger Ausgabe), Bd. 11, Hamburg 1950, 6. Aufl. 1964, S. 266.

schaft der Vernunft geeint werden. Gerechtigkeit liegt dann vor, wenn jedes Vermögen das Seinige tut.[190]

Die auf der vierten Stufe genannten Bestrebungen, die als durch Gewohnheit entwickelte Verhaltensweisen, als Sitten und Gebräuche sowie als schriftlich fixierte Gesetze, auftreten, machen ebenfalls kein Chaos aus, sondern bilden ein System gesellschaftskonstituierender Normen. Nach allgemein griechischer und speziell platonischer Ansicht wird diese soziale Ordnung in Analogie zur kosmischen Ordnung gesehen, jener Ordnung, die die Planeten aufgrund ihrer regelmäßigen Bahnen, Abstände und Geschwindigkeiten um ein Zentrum bilden und, sofern ihnen sogar Töne zugelegt werden, die Sphärenharmonie ergeben. Der Ausdruck Kosmos für das Planetarium bedeutet Schönheit und führt bis heute diese Bedeutung in dem Wort Kosmetik weiter. Auch wenn die Ausführungen Platons zu dieser Ebene spärlich sind, dürfte klar sein, dass die Schönheit dieser Ebene sich auf die Gesellschaft und ihre Ordnung bezieht, wie sie sowohl öffentlich im Staat wie privat in den Einzelhaushalten vorliegt.

Wie sich Platon die soziale Ordnung vorstellt, darüber gibt die *Politeia* Aufschluss. In ihr entwickelt er ein Hierarchiemodell entsprechend der kosmischen Harmonie, das in Klassen oder Stände zerfällt mit dem Philosophen-Königtum an der Spitze, dem Kriegerstand als folgendem und dem Handwerker- und Bauernstand als unterstem. Platons Meinung ist die, dass nur im Falle, dass Philosophen Könige und Könige Philosophen seien, Friede auf Erden herrschen würde, da dies die Herrschaft der Vernunft über den draufgängerischen Mut und die Begierden bedeute. Auch wenn dies eine Utopie ist, stellt doch dieses System eine Orientierung an einem Ideal von Schönheit und Gutheit dar, das anzustreben ist. Auch die Dekadenzformen: Timokratie, Herrschaft der Tapferen und Ehrsüchtigen, Oligarchie, Herrschaft der Geldgierigen, Demokratie, Herrschaft der Massen, Tyrannis, Herrschaft eines einzelnen, werden diskutiert.

Auch die Anwendung des Schönheitsbegriffes auf die nächste Stufe, die der Erkenntnisse und Wissenschaften, gibt keine Schwierigkeiten auf, denn Erkenntnisse, die in Urteilen, Subjekt-Prädikat-Beziehungen, formuliert werden, sind Eingrenzungen von Bedeutungssphären, die zugleich verbunden sind mit der Ausgrenzung gegen alles andere und die insofern nicht isoliert und fragmentiert auftreten. Eine Aussage über etwas mittels einer po-

190 Im *Phaidros* 253c ff. wählt Platon hierfür das berühmte Gleichnis vom Pferdegespann, das einen Lenker Vernunft annimmt, der ein gutmütiges, zahmes Pferd und ein wildes, widerstrebendes in Einklang bringen muss. Angesichts der nicht zu leugnenden heterogenen Kräfte im Menschen, die gegenstrebig, ja, auseinanderstrebend sind, kann nach Platons späterer Einsicht nur ein Herrschaftsmodell die Kräfte vereinen und im Idealfall zur schönen und guten Seele führen.

sitiven Prädikation ist gleichzeitig die implizite Negation alles anderen und reicht damit zwangsläufig über sich hinaus. Die Konzeption von Erkenntnis ist so angelegt, dass sie ein System erfordert, wie ausgearbeitet oder unausgearbeitet dieses sein mag. Die Ordnung der Erkenntnisse (der Ideen) hat Platon in seinen logischen Klassifikations- und Spezifikationssystemen aufgezeigt, so im *Sophistes* die Definition des Sophisten anhand des Angelfischerbeispiels, im *Politikos* die des Politikers, und in seiner Akademie von seinen Schülern bis zum Exzess praktizieren lassen, so dass diese Übungen zum Spott des Komödiendichters Epikrates wurden, der sich öffentlich in einer Komödie darüber mokierte. Die logischen Begriffssysteme (*arbor porphyriana*), die nach dem Definitionsschema *genus proximum per differentiam specificam* in Ober- und Unter- und Unterunterbegriffe sowie Nebenbegriffe geordnet sind und damit geregelte Wege vom einen zum anderen erlauben, erwecken aufgrund ihrer Geordnetheit und Übersichtlichkeit den Eindruck einer gewissen Schönheit. Auch wenn diese Ordnungssysteme keine Eindeutigkeit beanspruchen, wie die Definition des Sophisten zeigt, von der es mindestens sieben Varianten gibt, so sind diese Klassifikations- und Spezifikationssysteme doch zur Einordnung und Regelung der Erkenntnisse notwendig.

Ergänzt werden diese hierarchischen Systeme durch ein System der Wechselimplikation der höchsten, allgemeinsten, gleichoriginären Begriffe (συμπλοκὴ τῶν γενῶν), deren es eine Pluralität gibt, wie Einheit, Vielheit, Identität, Differenz, Sein, Nichtsein, Ähnlichkeit, Unähnlichkeit usw. Diese machen eine koextensive Ordnung aus, bei der, wenn ein Genuss gesetzt wird, implizit auch die anderen gesetzt werden, was sich in Form einer dialektischen Methode aufzeigen lässt.

Wie immer die Systeme im einzelnen aussehen mögen, entscheidend ist für Platon der Systemgedanke überhaupt, der mit Ordnung und Übersicht einhergeht und damit auch dem menschlichen Schönheitsbedürfnis entspricht.

Da Schönheit auf allen Ebenen mit dem Verhältnis Einheit – Vielheit operiert, sei es einer anschaulichen Einheit, die Vielheit inkludiert, sei es mit einer begrifflichen, die Vielheit subordiniert, sei es einer begrifflichen, die aus der Interdependenz der Vielheit besteht, muss dies auch für die höchste Stufe bindend sein. Gesucht wird auf dieser Stufe ein μονοειδές, ein absolut Eingestaltiges, in der jede Vielheit, Differenz, Gegensätzlichkeit aufgehoben ist und in letzter Konsequenz auch seine eigene Differenz zur Vielheit. Die Benennung ist dann nur noch vorläufig. Denken lässt sich das Gesuchte nur in Form einer *coincidentia oppositorum,* einer Aufhebung aller Gegensätze, denen von Einheit und Vielheit, von Identität und Differenz, Position und Negation, von Sein und Nichts, von Sein und Erkenntnis usw.

Es handelt sich um dieselbe Situation, der sich Platon in der *Politeia* bei der Beschreibung des höchsten Punktes seiner Philosophie gegenüber sieht, der dort ἰδέα τοῦ ἀγαθοῦ, Idee des Guten, genannt wird. Da alle Begrifflichkeit versagt, kann hier nur noch per analogiam gesprochen werden mittels des Gebrauchs von Gleichnissen wie dem Sonnengleichnis. Und dieses besagt folgendes:

Wie die Sonne (φῶς) im sichtbaren Bereich Ermöglichungsgrund des Sehens ist, dafür, dass das Auge zum Gegenstand und dieser zum Auge durchdringen kann, selbst aber nicht gesehen werden kann, denn im Lichte sehen wir, das Licht selbst im Objektstatus sehen wir nicht, so ist die Idee des Guten im intelligiblen Bereich Ermöglichungsgrund der Erkenntnis, dafür, dass das Erkennen (ἐπιστήμη) zum intelligiblen Gegenstand, den Ideen, zum Sein durchdringen kann und dieses zu jenem, selbst aber ist diese Idee ἐπέκεινα τῆς οὐσίας, jenseits des Seins und, wie man hinzufügen darf, auch jenseits der Erkenntnis. Die Idee des Guten stellt zwar den Ermöglichungsgrund von allem dar, ist selbst aber als dieser Grund nicht erkennbar, sondern Abgrund des Erkennens und Sprechens. Er lässt sich nur noch *via negativa* durch Absprechen aller endlichen Begriffe indizieren.

Theologisch ist hierin der Ursprung der negativen Theologie zu sehen, die bei Dionysios Areopagita in der Schrift *De mystica theologia* dazu geführt hat, Gott seitenweise sämtliche endlichen Prädikate abzusprechen in der Form: die Allursache ist „weder Seele [...] noch Geist; ihr ist auch weder Einbidlungskraft, Meinung, Vernunft oder Denken zuzuschreiben, noch ist sie mit Vernunft und Denken gleichzusetzen, noch wird sie ausgesagt, noch gedacht. Sie ist weder Zahl noch Ordnung, weder Größe noch Kleinheit, weder Gleichheit noch Unähnlichkeit, weder Ähnlichkeit noch Unähnlichkeit. Sie hat weder einen festen Stand, noch bewegt sie sich, noch rastet sie. Auch ist sie nicht Sein, nicht Ewigkeit, nicht Zeit [...]“[191]

Auch der späte Fichte in der *Wissenschaftslehre von 1804* kann hier genannt werden, der nach dem Aufstieg über alle Stufen der Relation von Denken und Sein vor dem Problem steht, die letzte höchste Stufe mittels einer Erkenntnis zu erreichen oder zu verfehlen. Angesichts der Objektivationstendenz jedes Denkens wird die Mittler- und Vermittlerposition des letzten Grundes verfehlt.

Der Vergleich des Schönen an und für sich mit dem Guten an und für sich (ἰδέα τοῦ ἀγαθοῦ) ist naheliegend und nicht ungerechtfertigt, da bei-

191 Dionysios Areopagita: *De mystica theologia*, Kap. 5, S. 1045-1064, in: *S. Dionysii Areopagitae Opera omnia* quae extant, ed. Balthasar Corderius, recognoscente Jacques-Paul Migne, Patrologiae Graecae Tomus 3, Turnholti 1968, S. 997-1064; dt. Pseudo-Dionysius Areopagita: *Über die Mystische Theologie und Briefe*, eingeleitet, übersetzt und mit Anmerkungen versehen von Adolf Martin Ritter, Stuttgart 1994, S. 79-89, bes. S. 79..

de dasselbe Schicksal teilen, nämlich als der letzte, höchste Punkt der platonischen Systematik nicht erkennbar und definierbar zu sein. Die Transzendenz ist unzugänglich

Kehren wir zur Diotima-Rede zurück. An der Stelle, an der eigentlich Aufklärung über Schönheit zu erwarten wäre, weil alle niederen Stufen von ihr dependieren und sich an ihr orientieren, versagt die Sprache und damit auch die Aufklärung. Wir stehen vor lauter Negativa:

1. Das Schöne ist weder entstehend noch vergehend, weder zu- noch abnehmend.
2. Es ist weder in einer Hinsicht schön, in einer anderen hässlich.
3. Es ist weder im Vergleich mit dem einem schön, noch mit dem anderen hässlich.
4. Es ist weder jetzt schön noch später hässlich.
5. Es ist weder hier schön noch dort hässlich.
6. Es ist weder für einige schön, für andere hässlich.[192]

Alle Relationen und alle Relativität, welche die Endlichkeit charakterisieren, werden hier negiert.

Zum anderen kann diese letzte, höchste Stufe der Schönheit nicht nicht existieren, da sie die Daseins- und Orientierungsgrundlage aller niederen Stufen ist. Daher ist eine positive Kennzeichnung geradezu zwingend. So heißt es von ihr:

1. Sie „ist immer"[193] im Gegensatz zum ständigen Entstehen und Vergehen.
2. Sie ist an und für sich und in sich selbst ewig überall dasselbe (αὐτὸ καθ' αὑτὸ μεθ' αὑτοῦ μονοειδὲς ἀεὶ ὄν)[194]. Nicht nur wird das Ewigsein betont, sondern auch die ewige, permanente Identität (Eingestaltigkeit).
3. Sie erscheint dem Erasten am Ende des Aufstiegs plötzlich (ἐξαίφνης).[195] Sie taucht unvermutet und unvermittelt auf.
4. Sie wird erblickt, also in irgendeiner Weise angeschaut.[196] Der Vorgang des Schauens wird auch an anderen Stellen mehrfach betont,[197] womit nicht das sinnliche Sehen bzw. Schauen gemeint sein kann, sondern eine

192 A.a.O. 211a.

193 A.a.O. 211a.

194 A.a.O. 211b f.

195 A.a.O.210e.

196 A.a.O 210e.

197 A.a.O. 211e und 212a.

andere, der letzteren konfrontierte Art, bei der nicht Farben erblickt werden, ebenso wenig Abbilder, sondern die Sache selbst.

5. Zweimal ist von „Berührung" (ἐφάπτειν)[198] die Rede, wobei auch hier kein haptisch sinnliches Berühren gemeint sein kann, sondern eine andere höhere Art der Berührung.
6. Wie nach dem Sonnengleichnis der *Politeia* die Sonne im Werde-Bereich das Wachsen und Gedeihen anregt und die Idee des Guten im intelligiblen Bereich das Sein forciert und über die Vermittlung der Sonne auch das Werden im sinnlichen Bereich, so fungiert das Schöne als Ermöglichungsgrund von allem. Zum Ausdruck kommt dies in dem öfter wiederholten Ausdruck Zeugung im Schönen, was von der Zeugung im leiblichen Bereich über die Produktion schöner Kunstwerke, schöner Gesetzeswerke, schöner Wissenschaften in den höheren Bereich reicht. Übersetzen lässt sich dies so, dass schöne Werke nur auf der Basis und im Rahmen von Schönheit erfolgen. Wir begegnen hier dem Paradox, dass die Transzendenz, das Schöne selbst, irgendwie ist und wirkt und dennoch nicht erkennbar ist. In dieser Beschreibung einerseits *via negativa,* andererseits *via positiva,* ist die Tanszendenz zugleich Ursprung der negativen wie der positiven Theologie. Auf der einen Seite erfolgt ein Absprechen aller endlichen Prädikate in der *via negativa,* auf der anderen ein Zusprechen gewisser Prädikate in der *via positiva,* auch wenn diese Zuschreibung eigentümlich reduktionistisch und minimalistisch ist. Da ist zum einen die Rede von einem plötzlichen Auftauchen des an sich Schönen, wobei plötzlich ein Moment innerhalb des Zeitflusses ist, quasi der Übergang von einem Seienden zu einem anderen Seienden und damit ein Nichts, oder es ist von Berührung die Rede, dem zaghaften, schüchternen Anrühren an eine Dimension, ohne sie wirklich haptisch zu ergreifen, was eher für eine heilige Scheu spricht, oder es ist die Rede von Anschauung, die die Reihe der sinnlichen und der intelligiblen Anschauung fortsetzt, aber diese noch übersteigen muss, weil sie mit ihnen nicht äquivalent ist. Die Schwierigkeit, über diese Dimension zu sprechen, ist der Verfassung unserer Sprache geschuldet, die begrifflicher Art ist und sich der Subjekt-Prädikat-Beziehung bedient, welche offensichtlich auf die transzendente Dimension nicht anwendbar ist.

Mit dem Wort Berührung werden wir trotz seiner minimalistischen Bedeutung auf eine andere Art des Zugangs verwiesen, die wir aus der sinnlichen Beziehung kennen: auf die unmittelbare, direkte Einheit von Berührendem und Berührtem. Die Mystik verwendet hierfür das Wort μύειν, das

198 A.a.O. 212a.

die Bedeutung von Versunkensein, Vertieftsein hat, so wie wir dies aus dem hingebungsvollen Lauschen eines Musikstückes oder von der Lektüre eines fesselnden Buches kennen, in der wir aufgegangen sind, oder aus dem Anblick eines schönen Kunstwerkes und selbst aus der Lösung einer mathematischen Aufgabe, die uns ganz gefangen nehmen. Es handelt sich um Beschreibungen eines Aufgegangenseins in einem anderen, wobei die Subjekt-Objekt-Relation aufgehoben ist. Zwar mag das Subjekt im Hintergrund stehen und jederzeit wieder aktualisiert werden können, wenn uns jemand auf die Schulter klopft und fragt, was es denn so Interessantes gäbe, dass wir ganz darin aufgingen. Im Moment des Hingegebenseins aber ist das Subjekt im Objekt verschwunden, das Objekt freilich ist auch nicht mehr Objekt im Objektstatus.

Wie dies einerseits Erfüllung des Lebens ist, so ist es andererseits die Tragik der Sprache, über dieses Letzte, Transzendente nicht sprechen zu können, es nicht aufklären, es nicht verständlich machen zu können wegen der permanenten Verstellung durch die Sprachstruktur. Was uns bleibt, ist die Rede per analogiam oder die Gestalt der Sprache in Form des Mythos. So sieht sich auch Platon genötigt, den Mythos, den er in seiner unkritischen Form in Homers Epen oder Hesiods *Theogonie* oder in anderen mythischen Erzählungen kritisierte, selbst anwenden zu müssen, um das Letzte und Eigentliche seiner Philosophie andeuten zu können. In diesem Sinne dienen Mythen, von denen Platon reichlich Gebrauch macht zwar einerseits zur leichteren Einführung eines Themas, da Menschen das Bildhafte gegenüber dem rein Rationalen präferieren,[199] andererseits aber sind sie die einzige Möglichkeit, das, was nicht aussagbar ist, sondern im Schweigen endet, anschaulich zur Darstellung zu bringen.

Damit verbunden ist die Tragik einer Verstellungstendenz. Nicht zufällig schließt Platon im *Phaidros* an die philosophische Erörterung des Schönen und des Eros die Abhandlung der Rhetorik an, die zeigt, dass, wie man die Sache auch dreht und wendet, sprachliche Gestaltung in Form der Rhetorik verstellende Lüge bleibt. Dies demonstriert er am Beispiel des Teisias: Ein Schwacher, aber Tapferer hat einen Starken, aber Feigen überfallen und ihm den Mantel geraubt. Vor Gericht werden beide zweckmäßigerweise nicht die Wahrheit sagen, sondern lügen. Der Starke wird sich hüten, einzugestehen, dass er im Grunde schwach ist, so dass der Schwächere ihm, dem Stärkeren, den Mantel rauben konnte. Das würde ihm niemand abnehmen, so dass er

199 So stellt Platon im *Protagoras* zur Disposition, ob er mit einem Mythos über den Staat beginnen solle oder mit der begrifflichen Explikation, und im *Timaios* stellt er den Mythos von Phaeton, dem Sohn des Sonnengottes, der den Wagen seines Vaters nicht zu lenken vermochte und aus der Bahn geriet, der rationalen Erklärung von Katastrophen, Blitz- und Verbrennungskatastrophen auf der Erde durch die Irritation von Gestirnen, voran.

lügt. Und der Schwache wird niemandem weismachen wollen und können, dass der andere schwach und er stark sei, so wird auch er lügen.[200]

Der anschließende Hinweis, bei der Wahrheitssuche vom Wahrscheinlichen (*verisimilis*) auszugehen, zieht nicht, da beide Versionen der Kontrahenten gleich wahrscheinlich sind.

Das Problem hat einen noch tieferen Grund darin, dass für den Fall, dass die Transzendenz in keiner anderen Weise als durch die Sprache zugänglich wäre, eine Ausrichtung auf Wahrheit gänzlich entfiele. Wäre die Subjekt-Prädikat-Beziehung die einzige Möglichkeit, Aussagen über die Transzendenz zu machen, so würde mit der Unerkennbarkeit und folglich dem Wegfall des transzendenten Objekts als Referent aller Prädikate die Gesamtheit der Prädikate mitsamt ihren Gegensätzen, Widersprüchen und Paradoxien in die Immanenz des Endlichen fallen. Ein transzendentes Göttliches entfiele. Die endliche Welt in ihrer Totalität wäre das einzig Erkennbare, womit der Übergang von einem Theismus zu einem Pantheismus geleistet wäre. Anders ausgedrückt: In dem Moment, in dem ein transzendenter Referent entfällt – heiße er metaphorisch das Gute oder das Schöne, das Eine oder auch das Identische oder das Eingestaltige –, herrscht nur noch eine συμπλοκὴ τῶν γενῶν, eine Vernetzung der höchsten gleichoriginären Ideen als koexistenter, nicht mehr aber ein übergeordneter, transzendenter Referent. Platon war sich der Konsequenz seiner Konzeption sehr wohl bewusst, was den Übergang von der Frühzeit und den mittleren Dialogen zur Spätphilosophie betrifft, von den Dialogen *Politeia*, *Symposion*, *Phaidros* zu den Dialogen *Sophistes*, *Parmenides*, *Politikos*.

Im *Symposion* ist er noch von der Existenz der Transzendenz des Schönen überzeugt und nicht nur von dieser, sondern auch von der Ausstrahlungskraft des Schönen über alle untergeordneten Stufen. Im Unterschied zu allen anderen Ideen hat die Idee der Schönheit bei Platon eine Doppelbedeutung: Diese zeigt sich darin, dass das Schöne einerseits das Göttliche selbst ist und andererseits der Weg des Göttlichen in die Endlichkeit über alle Stufen. Zum Ausdruck kommt dies in dem eigentümlichen Glänzen und Strahlen, dem Scheinen. Wie das Licht des Sonnengleichnisses alle Dinge beleuchtet und erhellt, so dass sie gesehen werden können, nicht aber sich selbst beleuchtet und erhellt, da wir im Lichte sehen, nicht das Licht selbst, so lässt sich auch von dem Schönen sagen, dass sein Glanz und seine Helle sich über alle Gegenstände ausbreitet und diese glänzend und schön macht, ohne auf sich selbst in einer Selbstreferenz angewendet werden zu können: Das Schöne *ist* schön, während es anderes schön *macht* und *verklärt*. Es ist die Auszeichnung des Schönen, dass es sinnlich erscheinen

200 Platon: *Phaidros* 273b f.

kann, und dies in einem Grade wie keine andere Idee. Entsprechend groß ist das Begehren nach ihr.

Das Schöne der Diotima-Rede ist das Göttliche und gleichzeitig das Mittlerprinzip, das durch seine Ausstrahlung auf alle Bereich die ihnen immanenten Trennungen überwindet und das Getrennte verbindet, wie umgekehrt der Eros Mittlerprinzip ist, das die Spanne zwischen Hier und Dort, Diesseits und Jenseits vermittelt und so von der anderen Seite dem Schönen entgegenkommt, das von der Idee ausgeht und zum Sinnlichen übergeht.

Mit dieser doppelten Funktion taucht ein Problem auf, das erstmals Martin Heidegger in *Sein und Zeit* am Begriff des Phänomens (φαινόμενον, φαίνεσθαι) thematisiert hat.[201] Der Begriff kann zweierlei bedeuten: Sein und Schein. Die positive Bedeutung liegt vor, wenn wir sagen ‚Die Sonne scheint', ‚Es ist hell', ‚Der Tag bricht an', ‚Der Tag erscheint'. In diesen Fällen geht es um das Sich-Zeigen und -Offenbaren von etwas, das aus der Verborgenheit heraustritt. Es geht um das In-die-Helle-Treten oder das An-den-Tag-Bringen. Was sich zeigt, kann nichts anderes sein als das Sein selbst, das sich offenbart. Die zweite pejorative Bedeutung liegt vor, wenn von bloßem Schein die Rede ist, ohne dass sich etwas in Wahrheit so verhält, was einer Verstellung, Täuschung oder Irritation gleichkommt. Zum letzteren kommt es, wenn die Beziehung des Scheins zu seinem Ursprung verloren geht und nur noch das Erscheinen, nicht mehr das Sein übrigbleibt. Das Erscheinen wird dann zum bloßen Schein.

Dazu ist es nicht einmal notwendig, die Kantische Relation zwischen Ding an sich und Erscheinung aus der *Kritik der reinen Vernunft* zu bemühen, bei der die Erscheinung von etwas auf das Konto des konstatierenden Subjekts geht, das unter bestimmten formalen, anschaulichen und kategorialen Bedingungen eine Sache betrachtet und interpretiert, die damit grundsätzlich gemäß diesen Bedingungen verstellt auftritt. Entfällt dieser Bezug gänzlich, so ist das Resultat reiner Schein. Im Begriff des Scheins selbst liegt also die Gedoppeltheit von Schein als Erscheinung von etwas und bloßem Schein.

Diese Differenz, die bei Platon, in der Antike und im Mittelalter noch unthematisiert bleibt, markiert den Übergang von der Tradition zur Skepsis der Moderne, die auf der Brüchigkeit des Erscheinens basiert und die Morbidität des schönen Scheins zum Ausdruck bringt. So stellt sich die Frage, ob die Welt bloßer Schein (Maya), Traum oder Phantasie ist, deren Grundlage wir nicht kennen und auch niemals kennenlernen werden, oder Erscheinung von etwas gemäß den allgemeinen Erkenntnisbedingungen und der Überzeugung einer Transzendenz (Ding an sich). Die weitere Interpretati-

201 Vgl. Heidegger: *Sein und Zeit*, 18. Aufl. Tübingen 2001, S. 28-31.

on wird genau diesen Zwiespalt thematisieren anhand des Narziss-Mythos, in dessen Mittelpunkt das Problem des Solipsismus und der Selbsterkenntnis steht.

3. Schönheit als Schein: Der Narziss-Mythos

Der Mythos des Narziss berichtet von einem schönen Jüngling, der sich in seine eigene Schönheit verliebt und daran zugrunde geht.[202]

Im vulgären Sprachgebrauch, d.h. in der Alltags- und Umgangssprache verstehen wir unter Narzissmus (ursprünglich auch Narzissismus) eine exorbitante, perverse Selbstverliebtheit, die der Bewunderung der eigenen Person, ihrer Eigenschaften und Verhaltensweisen gilt. Mit dieser Selbstbeziehung und Selbstverliebtheit, ja Selbstvernarrtheit in die eigene Person, die diese für wichtiger nimmt als die anderen, geht umgekehrt eine Beziehung zu diesen anderen einher, die trotz Verachtung derselben von diesen Bewunderung erwartet, so dass sich hier Selbst- und Fremdbeziehung verbinden. Inzwischen ist der Begriff Narzissmus von der Psychoanalyse und Psychotherapie derart vereinnahmt, dass er als eigenständiger philosophischer Begriff in philosophischen Lexika oft gar nicht mehr auftritt.

Die Vereinnahmung[203] begann im 19. Jahrhundert durch den britischen Sexualwissenschaftler Havelock Ellis und den deutschen Psychiater Paul Näcke, die den Begriff für klinische Deskriptionen von psychopathologischen, perversen Zuständen sexueller Autoerotik und Homosexualität heranzogen, teils mit einer abweisenden Beziehung zu anderen, teils im Widerspruch dazu mit einer libidinösen Beziehung zu anderen. Sigmund Freud[204] untermauerte den Begriff mit seiner Trieb- und Libido-Theorie und verschaffte aufgrund seiner Bekanntheit dem Begriff Eingang nicht nur in die Psychologie, Psychiatrie, sondern auch in die Sozialpsychologie, die Soziologie, die

202 Eine historische und systematische Zusammenstellung aller Gedichte, Erzählungen und Artikel bzw. Theriebeiträge über Narziss von der Antike bis zur Gegenwart findet sich bei Almut-Barbara Renger (Hrsg.): *Mythos Narziß*. Texte von Ovid bis Jacques Lacan, Leipzig 1999; dies. (Hrsg.): *Narcissus*. Ein Mythos von der Antike bis zum Cyberspace, Stuttgart, Weimar 2002; *Narziss*, in: Wikipedia http://de.wikipedia.org/wiki/Narziss; *Narzissmus*, in: Wikipedia http://de.wikipedia.org/wiki/Narzissmus.

203 Zur historischen Darstellung des Narzissmus-Begriffes vgl. Alfred Binet: *Über die groteske Entstehung eines widersinnigen Begriffes. Eine Sprachverwirrung von babylonischem Ausmaß*, https://oedipus-online.de/index.php/narzissmus/; vgl. auch Klaus Schlagmann: *Zur Rehabilitation von Narciss* – Mythos und Bericht, in: *Integrative Therapie* – Zeitschrift für vergleichende Psychotherapie und Methodenintegration, Bd. 34 (2008), S. 443-464.

204 Sigmund Freud: *Zur Einführung des Narzissmus* (1914), in: *Gesammelte Werke*, Bd. 10, London 1946, S. 137-170.

Kultur- und Gesellschaftsphilosophie, überhaupt in das Allgemeinbewusstsein, so dass heute keine moderne Theorie, die etwas auf sich hält, an diesem Freudschen Begriff vorbeikommt. Freud verwendete den Begriff sowohl für einen natürlichen Zustand (primärer Narzissmus), den alle Menschen in ihrer Entwicklung in einem frühkindlichen Stadium durchmachen und der noch durch eine symbiotische Urbeziehung zur Mutter charakterisiert ist und dann zugunsten einer Objektbeziehung aufgegeben wird, wie für einen unnatürlichen paranoiden Zustand im Erwachsenenalter, der bei einigen Menschen regeneriert. Inzwischen hat der Begriff einen solchen inflationären Gebrauch angenommen, dass er zur Charakterisierung unserer modernen medialen Welt herangezogen wird, die, was die sogenannten Ich-Medien wie Facebook und Instagram betrifft, dem Ich suggerieren, dass es das größte und bedeutendste sei und sich vor allen anderen auszeichne. Dieser Demokratisierungs- und Nivellierungsprozess des Narzissmus hat dazu geführt, dass jedes Ich glaubt „sowohl in seinen Augen, als auch in den Augen der anderen die Nummer 1 zu sein."[205] Heute befindet sich jeder auf einem Ego-Trip.

Aufgrund der Okkupation des Begriffs durch die verschiedensten Wissenschaften, nicht zuletzt durch die moderne digitale Ich-Gesellschaft, wie auch aufgrund der triebtheoretischen Deutung durch die Psychoanalyse, ist der Begriff derart korrumpiert, dass seine ursprünglich erkenntnistheoretisch-existentielle Bedeutung erst wiedergewonnen werden muss. Zwar ist es keiner Epoche benommen, im Kontext ihrer hermeneutischen Ausdeutung, die stets Modifikationen einschließt, einem Begriff ihren eigenen Stempel aufzudrücken, wenn aber die Absurditäten allzu gravierend werden, scheint es geboten, auf die ursprüngliche Bedeutung zurückzugehen, wie sie dem altgriechischen Mythos von Narziss zugrunde liegt, und allenfalls die Entwicklungsgeschichte zu verfolgen. Der Psychoanalyse hätte es besser angestanden, ihre klinischen Studien und Deskriptionen der Perversion und Paranoidität mittels eigener Begriffe zu umreißen, statt epistemologisch, existentiell und religionswissenschaftlich auszulegende Phänomene und Probleme durch eine sexuelle Triebtheorie zu deuten und damit sich an der Oberfläche einer tiefer reichenden Problematik festzuklammern.

Der Ursprung des Narziss-Mythos liegt im Dunkel. Die früheste Überlieferung, die bislang bekannt geworden ist, stellt ein fragmentarisches Gedicht in griechischer Sprache dar, das in einem Abfallhaufen unzähliger Bruchstücke im ägyptischen Oxyrhynchus entdeckt und als P.Oxy LXIX 4711 publiziert wurde. Es wird einem Autor Parthenios von Nikaia zugeschrieben,

205 Vgl. Cornelius Cornelia Haber: *Narkissos' literarische Karriere*, in: *Universitas*, https://www.unifr.ch/universitas/de/ausgaben/2019-2020/narcissisme/narkissos-literarische-karriere.html, S. 1 von 6.

einem Griechen aus dem früheren griechischen Siedlungsgebiet der heutigen westlichen Türkei, der im Krieg mit den Römern nach Rom deportiert wurde und dort zu Vergils Tutor avancierte. Es handelt sich um ein äußerst komprimiertes, konzises, schroffes Gedicht:

].[
].ọ.φ̣...[
].......[
]...κ̣εραιη..[
]..........[....]........[
]......[..... ἄ]μβροτό[ϲ ἐ]ϲτιν̣.[
]......ν̣...[...]....δ̣..[...]...[
].......[...... θ]ε̣ο̣ε̣ίκελον ε.[
].....[......].[.].....[
]ο̣ν εἶχεν, ἀπεχθαίρεϲκε δ' ἅπανταϲ
μ]ορφῆϲ ἠράϲατο ϲφετέρηϲ
]ρ̣ πηγῆϲ [ὀ]λοφύρατο τέρψιν ὀνείρου
κλα]ύϲατο δ' ἀγλαΐην
]... δῶκε δὲ γαίηι
]...φέρειν
]......[

[206]

206 *The Oxyrhynchus Papyri*, Bd. LXIX, ed. with Translation and Notes by Nikolaos Gonis, Dirk Obbink, Daniela Colomo, Giovan Battista D'Alessio, Alberto Nodar, London 2005, S. 49 f.

In englischer Sprache wird es wiedergegeben als:
„...god-like...
He had a cruel heart, and hated all of them,
Till he conceived a love for his own form:
He wailed, seeing his face, delightful as a dream,
Within a spring; he wept for his beauty.
Then the boy shed his blood and give it to the earth
... to bear“[207]

Der Inhalt lautet kurz und bündig: Ein Jüngling, der ein kaltes Herz hatte und sich aus anderen nichts machte, erblickt in einer Quelle sein Spiegelbild und seine Schönheit, einem Traum gleich, und geht daran zugrunde.

Das Gedicht gehört in die Kategorie der Blumen-Metamorphosen, die im antiken Griechenland beliebt waren und von denen es eine ganze Reihe gibt. Sie stimmen darin überein, dass sie von schönen Jünglingen berichten, die aufgrund ihrer Schönheit und Jugend Lieblinge der Götter, Halbgötter und Menschen waren, jedoch aufgrund einer Tragik, sei es durch Unfall, sei es durch Neid, die in das Leben einbrachen, oder auch durch Suizid den Tod fanden und aus diesem als Blume wiedererstanden.

So berichtet der Hyazinth-Mythos von einem wunderschönen Jüngling, den sich der Gott Apoll als Liebling erkor, mit dem er durch Berg und Tal streifte, auf Jagd ging, wobei es geschah, dass das von Apoll geworfene Wurfgeschoss auf einen Stein aufprallte und dem Hyazinth, der ihm nachlief, um es aufzuheben, an die Stirn schlug und ihn tötete. Nach einer anderen Darstellung trug der neidische Westwind Zephyros die Schuld am Tod des Jünglings, dadurch dass er bei einem sportlichen Wettkampf den von Apoll geschleuderten Diskus an den Kopf des Jünglings lenkte und ihn tötete. Aus dem Blut des Jünglings spross die Hyazinthe hervor.

Im Adonis-Mythos ist es der schöne Jüngling Adonis, den sich die Liebes- und Schönheitsgöttin Aphrodite zum Liebling erkor und mit dem sie einen Teil des Jahres verbrachte, während er einen anderen mit der Unterweltgöttin Persephone lebte, einen dritten für sich hatte.[208] Hier tötet der eifersüchtige Kriegsgott Ares, der sich in einen wütenden Stier verwandelt, Adonis. Aus seinen Blutstropfen gehen im Frühling die Adonisröschen (Anemonen) hervor mit einem Schimmer von rötlicher Farbe.

Im Narziss-Mythos ist es Narziss, der Jugend und Schönheit verkörpert und von allen begehrt und geliebt wird und, indem er sein Spiegelbild im

207 POxy: Oxyrhynchus Online, New light on the Narcissus myth: P.Oxy. LXIX 4711, http://www.papyrology.ox.ac.uk/Poxy/papyri/4711.html, S. 3 von 3.

208 Das sind Hinweise auf die Jahreszeiten von Frühling und wieder erwachendem Leben sowie von Herbst bzw. Winter und untergehendem Leben.

Wasser einer Quelle sieht, „entzückend wie ein Traum" („delightful as a dream"), daran zugrunde geht und sein Blut der Erde übergibt, aus der die Narzisse mit ihren weißen Blüten und dem gelben Kelch neu ersprießt.

Es handelt sich hier um Natur- und Vegetationsmythen, deren Grundmotiv das Stirb und Werde der Natur ist, der Umschlag des Schönen, Erwachenden und Erfreulichen in das Gegenteil, das Alternde, Absterbende und Unerfreuliche und die Rückkehr des ersteren in verwandelter Form. Die Natur ist von einer Tragik – von Umbrüchen – durchzogen, indem Jugend in Alter umschlägt, Entstehen in Vergehen, Schönheit in Hässlichkeit, Leben in Tod, wie auch von der zyklischen Wiederkehr. Im Sinne der symbolischen Darstellung, bei der *pars pro toto* steht, steht das Stirb und Werde der Natur für die Einheit und Zusammengehörigkeit von Leben und Tod überhaupt, wobei das Leben positiv konnotiert wird und der Tod negativ. Den Tod allerdings durch die Negation und Opposition zu Schönheit, durch Hässlichkeit, zu charakterisieren, wäre zu oberflächlich und träfe die Tiefe der Dimension nicht. Näher liegt hier Rainer Maria Rilkes Ausdeutung aus dem Anfang der *Duineser Elegien:* „Denn das Schöne ist nichts als des Schrecklichen Anfang, den wir gerade noch ertragen, und wir bewundern es so, weil es gelassen verschmäht, uns zu zerstören"[209], wobei Rilke hier im christlichen Sinne auf das alttestamentlich Erhabene, Erschreckende, Schrecken Einflößende, das Göttliche zurückgreift, das auch Walter Ottos Interpretation zugrunde liegt, wenn er vom *fascinosum et tremendum* spricht, das zugleich fasziniert und erschüttert, attrahiert und abstößt. Was für uns unergründlich und unbegreiflich ist, Grund und Abgrund zugleich, wird hier angesprochen.

Im *Malte*-Roman Rilkes ist von zwei Seiten des Mondes die Rede, der hellen, uns zugewandten und der dunklen, abgewandten, die wir nicht kennen und doch immer assoziieren. Beide gehören zusammen und bilden eine Einheit und Identität, die Einheit einer internen Zweiheit bzw. einer Zweiheit in der Einheit, jenes uns unbegreifliche ἓν διαφέρον ἐν ἑαυτῷ oder ἓν δὶα δύοιν, das immer auch Ambivalenz ist.

Genau dies macht die Pointe der Symbolik aus, die uns als Definition von Schönheit dienen kann. Sie ist keine Definition im traditionellen Sinne der Eindeutigkeit, Exaktheit und Präzision, sondern der Ambivalenz und Dialektik, dergestalt dass das Schöne stets auch das Gegenteil seiner selbst ist, das Oxymoron des Schön-Hässlichen, das eine eindeutige Festlegung verbietet.

Aufschlussreich ist auch die Metapher der Metamorphose (griechisch μεταμόρφωσις), die den Umschlag einer Form in eine andere und damit

209 Rainer Maria Rilke: *Duineser Elegien,* in: *Werke.* Kommentierte Ausgabe in 4 Bdn., Frankfurt a. M., Leipzig 1996, Bd. 2, S. 199 f., bes. S. 201.

auch einer Phase oder Stufe in eine neue bezeichnet. In der Vollendung (sprich: Voll-endung) einer Phase liegt stets das Ende, das den Anfang einer neuen markiert und den Übergang in diese begründet.

Die etwas später zu datierenden Wiedergaben des Narziss-Mythos, zum einen die von Konon, einem griechischen Mythographen, der etwa gleichzeitig mit Nasus Ovid im 1. Jahrhundert n. Chr. lebte und den Mythos in seiner *Diegeseis* darstellte, von der Auszüge im *Myrobiblon* des byzantinischen Patriarchen Photios tradiert sind, und Ovids Schilderung in den Metamorphosen[210] sowie Pausanias' Darstellung in seiner *Beschreibung Griechenlands*[211] modifizieren und ergänzen die spröde Darstellung bei Parthenios, indem sie den Umschlag von Leben in Tod unter die ethisch-moralische Kategorie von Schuld und Strafe stellen. In der Darstellung Ovids macht Narziss sich wegen der Ablehnung und Zurückweisung der ihn bedrängenden männlichen und weiblichen Freier der Hybris, des Hoch- und Übermuts, schuldig. Ein Verschmäher ruft schließlich die Schicksalsgöttin Nemesis an, die in Rhamnusia verehrt wurde: Narziss möge selbst einmal lieben und den Geliebten nie erringen, so wie er sich gegenüber den anderen verhält. Die Schicksalsgöttin erhört und erfüllt das Flehen, so dass der Tod des Narziss als Strafe und Buße für sein Fehlverhalten erscheint. In Konons Darstellung sendet Narziss dem abgewiesenen Verehrer Ameinias (=‚der Edle') ein Schwert, mit dem sich dieser vor der Tür des Narziss ersticht, nachdem er den Liebesgott Eros zur Rache aufgefordert hat.[212]

Die Deutung des Übergangs von Leben in Tod unter der Perspektive von Schuld und Sühne ist nicht neu, sondern altgriechische Tradition, die sich so schon bei Anaximandros findet in dem berühmten Spruch aus dem Werk *Über die Natur*: „Woraus aber das Werden ist den Seienden Dingen, in das

210 P. Ovidi Nasonis *Metamorphoseon* libri quindecim/ *Metamorphosen* in fünfzehn Büchern von P. Ovidius Naso, lateinisch-deutsch, Stuttgart 1994, 2010, III, 339-510.

211 Pausanias des Periegeten *Beschreibung von Griechenland*, ins Deutsche übersetzt von Hans Reichardt, 2. Abteilung, Bd. 9, Stuttgart 1855, S. 948 f. (9,31,7) online https://books.google.ch/books?id=BetPAAAAcAAJ.

212 Die Sendung eines Schwertes und der Suizid ebenso der Name Ameneias (= ‚der Edle') weisen mitsamt der Darstellung auf eine Kriegerkaste, die mit ihren Sitten und Gebräuchen in die Frühzeit Griechenlands gehört und teilweise heute noch bei Naturethnien bei Initiation existiert. Der durch Initiation in die Welt der Erwach-senen aufgenommene Adoleszent musste sich gewissen Praktiken unterwerfen, bei Misslingen der Aufnah-me entleiben. Die päderastische Kultur Griechenlands und vieler anderer Kulturen zeigt sich bei den Einwoh-nern von Thespiai noch darin, dass sie den Eroskult (Erotidia) erneuern und intensivieren.
Auch das in griechischen Mythen häufige Thema von Jugend und Tod gehört in den Kontext einer frühen Kriegerkaste, die den Adoleszenten animierte, sich im frühen Alter etwa mit 14, 15, 16 Jahren für sein Volk zu opfern und damit zum Gott oder Halbgott, zum Genossen auf dem Olymp aufzusteigen, nicht anders als dies in heutigen Gesellschaften geschieht, die zum Märtyrertod auffordern.

hinein geschieht auch ihr Vergehen nach der Schuldigkeit; denn sie zahlen einander gerechte Strafe und Buße für ihre Ungerechtigkeit nach der Zeit Anordnung."[213]

Ein zweites Motiv des Narziss-Mythos ist durch die Spiegelsymbolik gegeben, die uns in ein epistemologisches Problem von historischer Tragweite hineinführt, das die Bewusstseins- und Ich-Philosophie bis heute beschäftigt: das Problem der Selbsterkenntnis.[214]

Der in das klare Wasser einer Quelle schauende Jüngling Narziss sieht sein Bild im Wasser, von dessen unvorstellbarer Schönheit er angezogen ist, dem er sich hingeben möchte, das er leibhaftig ergreifen möchte, indem er seine Arme danach ausstreckt, und das sich gleichwohl entzieht. Er sieht nur die Oberfläche des Wassers, erfasst aber nicht sein Ich.

Diesen Zustand der Naivität, der Nicht-Erkenntnis, drückt der Name Narcissus aus, der etymologisch mit dem griechischen νάρκη verwandt ist und so viel bedeutet wie Betäubung, Lähmung, Erstarrung, Blindheit, wie sie die Narkose und die Narkotika mit sich bringen. Es ist ein Zustand der Verblendung, des Wahns, der den Spiegel und das Spiegelbild in Verbindung bringt mit Täuschung, Irrtum, Wahn. Narziss sieht im Spiegelbild nur den anderen, nicht das eigene Ich. Der Renaissancemaler Giovanni Antonio Boltraffio hat in seinem Gemälde „Narziss" diesen Zustand des völligen unreflektierten, ruhigen Versunkenseins, quasi der Selbstaufhebung, dargestellt.[215] Das kaum angedeutete Spiegelbild des Jünglings in der ebenfalls kaum angedeuteten Brunnenschale zeigt einen bedürfnislosen, selbstvergessenen, zum Selbst noch gar nicht erwachten Jüngling in reiner Genügsamkeit, in welchem das Bedürfnis nach Erkenntnis, das die Qual der Sehnsucht und des Begehrens auslöst, noch gar nicht erwacht ist.

Pausanias kann in seiner Erzählung nicht begreifen, dass ein Mensch, der

213 Anaximandros, frag.1: ἐξ ὧν δὲ ἡ γένεσίς ἐστι τοῖς οὖσι, καὶ τὴν φθορὰν εἰς ταῦτα γίνεσθαι κατὰ τὸ χρεών· διδόναι γὰρ αὐτὰ δίκην καὶ τίσιν ἀλλήλοις τῆς ἀδικίας κατὰ τὴν τοῦ χρόνου τάξιν, in: *Die Fragmente der Vorsokratiker*, griechisch und deutsch von Hermann Diels, hrsg. von Walther Kranz, Bd. 1, 18. Aufl. Hildesheim 1989, S. 89.

214 Zur Problematik des Selbstbewusstseins vgl. die detaillierten Erörterungen bei Karen Gloy: *Bewusstseinstheorien*. Zur Problematik und Problemgeschichte des Bewusstseins und Selbstbewusstseins, Freiburg, München 1998, 3. Aufl. 2004, bes. S. 246-249; dies.: *Alterität*. Das Verhältnis von Ich und dem Anderen, Paderborn 2019, S. 73 ff. Anders Joachim Ringleben: *Woran stirbt Narziß? Widerhall und Spiegelbild als tödlicher Schein*. Zum Liebestod von Echo und Narziß (Ovid, Metam. III, 339-510), Göttingen 2004 (Nachrichten der Akademie der Wissenschaften zu Göttingen. I. Philologisch-historische Klasse), S 351-378, bes. S. 365. Ring-leben bestreitet die Subjekt-Objekt-Problematik im Selbstbewusstsein, die nur eintrete, wenn der Unterschied zwischen Subjekt und Objekt verfestigt werde, nicht wenn der Schein als Durchsichtigkeit genommen werde.

215 Vgl. *Der Narzissmythos als Schöpfungsmythos bei Boltraffio*, in: https://kunstliebewwu.blogspot.com/2019/03/der-narzissmythos-als-schopfungsmythos.html.

alt genug ist, sich zu verlieben, nicht das Spiegelbild von einem realen Menschen (sich selbst) zu unterscheiden vermag.

Doch dieser Erkenntnisakt, im Spiegelbild (im Anderen) sich selbst (sein Ich) erkennen zu wollen, ist eines der schwierigsten Probleme, das bis heute die Erkenntnistheorie und Philosophie in Atem hält. Die Erkenntnis des Narziss ‚das bist du selbst', wofür man auch das *tat tvam asi* (‚das bist du') aus den *Upanishaden* heranziehen kann, verlangt entweder eine immediate Selbsterkenntnis oder einen Transzensus, quasi eine Metamorphose oder den Aufstieg zu einem neutralen archimedischen Zustand, von dem aus das Ich-Subjekt mit dem Objekt identifiziert werden könnte. Da das identifizierende Ich-Subjekt selbst wieder unbewusst und seiner selbst qua Subjekt nicht zugänglich ist, müsste es selbst wieder transzendiert werden, um von einem neuen, noch höheren Standpunkt aus das vorhergehende Subjekt mit dem Objekt zu identifizieren und so in infinitum. Dieselbe Reflexionsaufstockung kann auch in das Spiegelbild (das Andere) verlagert werden aufgrund des Arguments, dass das Ich-Subjekt, wenn es auf ein Objekt wie das Spiegelbild oder das Andere trifft, diese Selbstidentifikation bereits voraussetzen muss, da es andernfalls ja nicht wüsste, dass das ihm begegnende Objekt es selbst ist. Entweder muss es dieses Wissen der Identität im Anderen voraussetzen oder von sich aus mitbringen. Auch hier zeigt sich ein Regress oder Progress in infinitum. Diese Schwierigkeit resultiert immer, wenn die Identifikation als Vermittlung aufgefasst wird, die dann notwendig über das Andere qua Ich läuft. Der Psychoanalytiker und Philosoph Jacques Lacan hat in seinen aufsehenerregenden Seminaren in Frankreich das Problem wiederbelebt unter Heranziehung der Formel des Dichters Arthur Rimbaud „L'ego, c'est l'autre". Das im Objektstatus begegnende Ich erscheint stets als maskiert, als Oberfläche oder Bild, aber eben nicht als Ich-Subjekt. Mit anderen Worten, das Ich-Subjekt läuft sich ständig davon. Wendet man die Argumentation von der beschränkten Situation der Erkenntnis des Jünglings auf das Ganze des Seienden an, so findet man sich in dem Problem des Solipsismus wieder, bei dem das Erkenntnis suchende Subjekt sich in einem Käfig eingesperrt sieht, aus dem es nicht auszubrechen vermag, da alle zu erkennenden Dinge und Sachverhalte den Erkenntnisbedingungen des Subjekts entsprechen müssen, auch dieses selbst, so dass sich das Erkenntnissubjekt stets im Kreise dreht und nicht zu entscheiden weiß, ob die erkannten Dinge Erscheinungen von Dingen an sich sind, die sich zeigen, oder bloßer Schein. Es ist die Frage, ob hinter der gedeuteten Welt eine Realität steht oder nicht oder diese eine Selbstproduktion und Selbstillusion ist. Die in sich befangene Selbstbeziehung geht aufgrund der Unlösbarkeit des Problems an sich selbst zugrunde. Die Ambivalenz der solipsistischen Welt ließe sich nur im Überschritt über das Leben und die an dasselbe gebundene Erkenntnis in

Richtung auf eine Transzendenz entscheiden, was in diesem Falle jedoch Tod und nicht Erkenntnis bedeutete und damit für den Menschen unvollziehbar bleibt.

Ovid, der den Mythos von allen vorliegenden Fassungen am weitesten ausgebaut hat, thematisiert neben der visuellen Täuschung durch den Spiegel noch die akustische Täuschung durch Einführung der Nymphe Echo. Die Nymphe Echo ist mit einem Fluch belegt. Sie ist verdammt, nicht selbst sprechen zu können, sondern lediglich die Worte anderer, insbesondere die letzten, wiederholen zu können. Diese Verdammung hat sie der Zeus-Gattin Hera zu verdanken, denn Echo war plaudersüchtig – wir würden sagen, eine Plappertante –, die die amourösen Abenteuer des Göttervaters Zeus mit den Nymphen im Wald gegenüber seiner Frau Hera deckte, indem sie diese mit Plaudern hinhielt, bis die Schäferstündchen beendet waren. Als Hera dies bemerkte, belegte sie die Nymphe mit dem besagten Fluch. Echo, die Narziss liebt, aber schüchtern ist, wiederholt jeweils echohaft nur die letzten Worte. Als Narziss allein im Wald herumstreift, von seinen Begleitern verlassen, und ruft „Ist jemand hier?", schallt es zurück „hier". Verdutzt wendet er sich um und ruft erneut „Komm", ebenso schallt es zurück. Sich umblickend, ruft er erneut: „Was fliehst du vor mir? Lass uns hier zusammenkommen", worauf es zurückschallt, zusammenkommen". Echo, die dies als Aufforderung versteht, tritt aus dem Wald heraus, offenbart sich Narziss, der sie brüsk zurückweist, worauf die Nymphe sich schamvoll zurückzieht und in einer Höhle versteckt, verletzt und dennoch erfüllt von Liebeskummer, dahinschmilzt, sich quasi entsubstantiviert, so dass nur noch der Schall, das Echo, bleibt. Der Leib wird zu Stein. So wird nicht nur die visuelle Täuschung von Ovid durchgespielt, sondern auch die akustische.

Dass es bei diesem Mythos um erkenntnistheoretische Probleme geht, belegt auch die Rahmenerzählung von Tiresias. Danach befragte die Mutter des Narziss, die Nymphe Liriope, bei der Geburt den Seher, ob ihrem Sohn ein langes Leben beschieden sei, worauf dieser antwortete: „Wenn er [Narziss] sich nicht selbst kennenlernt (*si se non noverit*)"[216], dann sei ihm ein langes Leben beschert. Angesichts des von den Griechen sonst hochgehaltenen delphischen Spruches γνῶθι σεαυτόν („Erkenne dich selbst"), verwundert es, wenn hier gerade Nicht-Erkenntnis den Tod vermeiden soll. Es dürfte darin jedoch der Hinweis liegen, dass zwischen Nicht-Erkenntnis und Erkenntnis ein gravierender Sprung besteht, eine μεταβολή oder μεταμορφή, wie sie auch für den Übergang von Leben in Tod charakteristisch ist. Mit der Erkenntnis und insbesondere der Selbsterkenntnis wird eine frühere, naive Phase beendet, indem sie in eine andere, fortgeschrittenere übergeht. Selbst-

216 Ovid: *Metamorphosen* III, 348.

erkenntnis setzt im Übergang vom Kindheits- oder Jünglingsstadium zum Erwachsenwerden ein. Die todbringende Selbsterkenntnis wird hier jedoch konterkarriet, dadurch dass Narziss auch im Stadium der Nicht-Erkenntnis seines Spiegelbildes dahinsiecht und stirbt, weil er im Selbstbewusstsein befangen und verblendet bleibt.

Heinrich von Kleist, der die Geschichte des Narziss in seinem *Marionettentheater*[217] wieder aufgreift, verbindet damit einen anderen Gegensatz, nämlich den der Ursprünglichkeit und Reflexion, genauer den der Ursprünglichkeit der Schönheit und Anmut und der Zerstörung derselben durch Erkenntnis und Reflexion. Solange der Knabe, der sich bei Kleist einen Dorn aus dem Fuß zieht, zufällig und unbewusst in den Spiegel schaut und seine Schönheit und Anmut darin erblickt, ist er im Besitz derselben. Je öfter er jedoch in den Spiegel schaut und seine Bewegungen darin bewusst reflektiert, desto mehr verliert er seine Anmut und Grazie.

Die Geschichte ist ein Lehrstück und eine Wiederholung der alttestamentlichen Erzählung des Genusses der Frucht vom Baum der Erkenntnis. Wer einmal vom Baum der Erkenntnis gegessen und seine Naivität verloren hat, kehrt nie wieder in den paradiesischen Zustand der Naivität zurück. Reflexion, welche die Subjekt-Objekt-Spaltung und damit die Objektivation des Subjekts bedingt, hat eine Spaltung bewirkt, deren Aufhebung man sich allenfalls durch eine unendliche Reflexion vorstellen könnte. *Kein* Bewusstsein oder ein *vollendetes* unendliches Bewusstsein bleiben jedoch paradoxal. Am Ende der Geschichte wirft der Erzähler die Frage auf, ob wir wieder vom Baum der Erkenntnis essen sollten, um in den Zustand der Ursprünglichkeit zurückzukehren, was bejaht wird. Es wäre das letzte Kapitel der Geschichte der Welt, mit anderen Worten, der Tod. Auch hinter dieser Geschichte steht die theoretische ideale Einheit von Leben und Tod, Naivität und Bewusstsein, Sein und Schein.

In Kleists Erzählung ist sie sinnreich verbunden mit dem Marionettentheater. Die gewöhnliche Auffassung von Marionetten ist die ihrer Hölzernheit, Mechanik und Unbeholfenheit, während in Wahrheit Marionetten Symbole der Ursprünglichkeit, der Anmutigkeit und Grazie sind. Die Geschichte dekuvriert die gewöhnliche traditionelle Auffassung. In der Hand des Puppenspielers stellen sich die Bewegungen der Marionetten, die von einem Zentrum ausgehen und nur der natürlichen Schwerkraft folgen, als völlig harmonisch und anmutig dar, wohingegen die reflektierten Bewegungen des menschlichen Tänzers Anmut und Grazie verloren haben, bis er sie vielleicht am Ende seiner Meisterschaft wiedererlangt. Bewusstsein und Re-

217 Heinrich von Kleist: *Über das Marionettentheater*, in: *Sämtliche Werke und Briefe*, Bd. 3, hrsg. von Helmut Sembdner, 2., vermehrte und auf Grund der Erstdrucke und Handschriften völlig revidierte Aufl. München 1962, S. 338-345.

flexion und die damit einhergehende Objektivation des Subjekts, die zur Spaltung von Subjekt und Objekt führt, bei der das Ich zum Anderen seiner selbst wird, zerstören durch ihre Artifizialität die ursprüngliche Anmut und Grazie, sind also in diesem Sinne todbringend.[218]

4. Schein als Verführung: Thomas Manns *Der Tod in Venedig*

Auch Thomas Manns Novelle *Der Tod in Venedig* beschäftigt sich mit dem Thema von Schönheit und Tod bzw. Eros und Thanatos. Im Mittelpunkt der Erzählung steht der schöne, etwa 14-jährige Knabe Tadzio, Sprössling einer polnischen Adelsfamilie, der mit seinen weiblichen Geschwistern, einer Gouvernante und seiner Mutter Badeferien am Lido verbringt, wo auch der Schriftsteller Gustav von Aschenbach absteigt und auf den Jungen trifft, dessen verführerischer Schönheit er erliegt. Aschenbach ist von der Anmut und

218 Auch von Rainer Maria Rilke stammen zwei Gedichte zu Narziss (s. Rainer Maria Rilke: *Werke*. Kommentierte Ausgabe in 4 Bdn., hrsg. von Manfred Engel, Ulrich Fülleborn, Horst Nalewski, August Stahl, Frankfurt a. M., Leipzig 1996, Bd. 2, S. 55 f., 475 ff.). Das erste, ganz kurze, entstanden 1913, zuerst publiziert 1918/19, operiert mit der Dualität und Inkompatibilität von Sein und Schein, wobei die Scheinhaftigkeit ausgedrückt wird durch des ‚Wesens Nähe', nicht durch das Wesen selbst, durch den Duft, der durch den Wind vom Heliotrop herübergetragen wird, sowie durch ‚den Umkreis der Gestalten', nicht durch die Gestalten selbst. Da Narziss' Liebe und sein Eigentliches auf den Schein gehen, beide aber inkompatibel sind, geht er dabei zugrunde. Dass die Interpreten und Kommentatoren der Publikation von Rilkes Gedichten eine Nähe zu Freuds Triebtheorie, einer gleichzeitig bestehenden Lebens- und Todessehnsucht, unterstellen, dürfte eher auf Lou Andreas-Salomés Unterstellung aufgrund ihrer Beschäftigung mit Freuds Psychologie (s. *Narzißmus als Doppelrichtung*, in: *Imago* 7, [1921], Heft 4, S. 361-386) und deren Übertragung auf Rilkes Gedichte als auf diesen selbst zurückgehen. In einem Brief an die Gräfin C. Schenk von Stauffenberg vom 23.1.1919 bezeichnet Rilke dieses und andere Stücke als „Annäherungen an die Grenzempfindungen des Daseins", den Übergang von Leben und Tod, die er als zwei Waagschalen ansieht, die zum Ausgleich kommen, die sich also trotz ihrer Verschiedenheit ausgleichen und im Grunde eines sind. Dem entspricht seine mehrfach geäußerte Überzeugung, dass sich Leben und Tod wie die beiden Seiten des Mondes, die helle, sichtbare und die dunkle, unsichtbare zueinander verhalten. Trotz ihrer Verschiedenheit gehören sie zusammen und sind eines. Das zweite Gedicht (1913) nimmt Bezug auf eine Version des *Narziss*-Mythos, die von Pausanias stammt und in der Narziss im Spiegelbild des Wassers seine Schwester erkennt, die ganz ähnlich wie er aussieht und ähnlich gekleidet ist, ihm aufs Äußerste gleicht und in der er sich selbst erkennt. Hier erblickt Narziss im Bild eine Frau, in deren Wesen er das Eigentliche vermutet, aber nicht erfüllt sieht. Die Nichterfüllung der Liebe, die hier die Enttäuschung auslöst, ist begründet in einer Selbstenttäuschung. Auch dieses Gedicht ist bestimmt von einer Selbstzentriertheit und Selbstverliebtheit, deren Einsicht und Erkenntnis zu Trauer führt. Man hat hierin Anklänge an Rilkes Schaffenskrise zu dieser Zeit sehen wollen, die ihn in beider Hinsicht, der Bindung an das Du und an das Werk, unfähig machte. Das Narziss-Motiv findet überall Verwendung, wo es um die Erkenntnisbeziehung von Original und Abbild geht.

Grazie des Knaben derart fasziniert, dass er trotz der in Venedig grassierenden Cholera wider alle Vernunft nicht abreist, sondern bleibt und den Knaben, hingerissen von dessen Schönheit, verstohlen verfolgt, bis er, infiziert von der Cholera, zum letzten Mal am Strand den Jungen trifft, der im seichten Wasser stehend sich ihm zuwendet, zu lächeln scheint, die eine Hand nach ihm ausstreckt, mit der anderen in die Weite des offenen Meeres weist. Aschenbach sinkt in seinem Liegestuhl tot zur Seite.

Die Prosa der Novelle ist kontextuell durchsetzt mit einer Reihe von Anspielungen philosophisch-reflexiver und imaginär-traumhafter, mythologischer Art, wie dies Thomas Manns Markenzeichen ist. Sie fordert zur philosophischen Reflexion geradezu heraus, wie es auch der platonische Dialog *Symposion* tat, der Schönheit als Aufstieg von der Sinnlichkeit zur Idee und Vergeistigung definierte, oder Nietzsches Kontrastierung von Apollinischem und Dionysischem aus der *Geburt der Tragödie* oder der Narziss-Mythos, dessen täuschendes Spiegelverhältnis in der Interpretation des problematischen Kunstverständnisses von Aschenbach eine Fortsetzung findet. Eine Vielzahl von Motiven durchzieht die Novelle und wirft die Frage auf, ob sie unverbunden nebeneinander stehen oder sich ergänzen und steigern und so zu einem Hauptthema zusammenwachsen, dem des Künstlerdaseins und seiner Beziehung zur Schönheit, das zudem symbolisch für die Seinsauffassung der Moderne steht. Dies verlangt zwingend ein bestimmtes Verständnis von Schönheit, wobei das klassische Ideal einer Einheit von Geist und Gefühl hier einer spätmodernen Auffassung gewichen ist, einer morbiden, kränkelnden, gebrochenen Schönheit, wie sie auch in der Stadt Venedig, in der die Novelle spielt, der einstigen Serenissima, die heute dem Untergang geweiht ist, zutage tritt. Die Schönheit zeigt sich als gebrochene Vollkommenheit, auseinandergebrochen in Sein und Schein, deren Nachstreben zum Untergang führt. Der schöne Schein ist hier Verführung in den Tod. Um den verschiedenen Fäden nachgehen zu können, ist eine generelle Inhaltsangabe erforderlich, die als Leitfaden dienen mag.

Die in fünf Kapitel eingeteilte Erzählung folgt literarisch einem fünfteiligen Drama oder auch dem fünffachen Einteilungsschema des Horaz nach Exposition, Komplikation, Peripetie, Retardation und Katastrophe.

(1.) Kapitel

Gustav von Aschenbach, ein bedeutender Schriftsteller, etwa 50-jährig, ist von seiner anstrengenden, konzentrierten geistigen Tätigkeit erschöpft und unternimmt einen Spaziergang, der ihn zum Nordfriedhof Münchens führt, wo er vor dem Portal der Aussegnungshalle einen merkwürdigen Fremden in Wanderkleidung mit Rucksack erblickt, der ebenso plötzlich, wie er aufgetaucht ist, wieder verschwindet. Ihre Blicke treffen sich, so dass Aschenbach sich schnell abwendet. Die Begegnung hinterlässt jedoch eine Nachwirkung, das Gefühl der Sehnsucht in die Ferne, eine Reiselust. In der Nacht träumt Aschenbach von einer schlammigen, morastigen Dschungellandschaft mit wunderlich verschlungenen Pflanzen, umrangt von Luftwuzeln und umflogen von merkwürdigen Vögeln mit unförmigen Schnäbeln. Im Bambus kauert ein Tiger. Der Traum ist eine Anspielung auf seine spätere Enthemmung. Der Reiselust geht Aschenbach zwei Wochen später nach durch eine Reise nach Venedig. Der zunächst angesteuerte Ferienort, eine der istrischen Inseln nahe Triest, gefällt ihm nicht, so dass er sich zur Überfahrt nach Venedig entschließt.

(2.) Kapitel
Im historischen Rückblick wird die Genealogie Aschenbachs aufgerollt. Er stammt aus Schlesien, väterlicherseits von Vorfahren, die königstreu, gewohnt an Gehorsam, Pflichtbewusstsein, Disziplin, preußischen Drill, die Ämter von Offizieren, Richtern und Verwaltungsbeamten bekleideten, ein karges, straffes, anständiges Leben führten, während mütterlicherseits ein tieferer sinnlicher Zug hinzukommt durch die Musik, insofern die Mutter Tochter eines böhmischen Kapellmeisters war.[219] An drei Romanen von Aschenbach: *Friedrich von Preußen, Maja* und *Ein Elender* wird die künstlerische Entwicklung Aschenbachs reflektiert, angefangen von Gehorsam und Pflichtbewusstsein über jugendliche Ausschweifung zum „Wunder der wiedergeborenen Unbefangenheit"[220], einer gewissen Meisterschaft und Klassizität.

(3.) Kapitel
Auf der Überfahrt von Triest nach Venedig hat Aschenbach zwei merkwürdige, zukunftsweisende Begegnungen: einmal mit einem unangenehmen Typ von Kollekteur im Schiffsinneren, der die Tickets zur Überfahrt verkauft. Der Mann von der Physiognomie eines altmodischen Zirkusdirektors, der mit grimassenhaft leichtem Geschäftsgebaren die Personalien der Reisenden aufnimmt und die Fahrscheine ausstellt,[221] erinnert an Charon aus der griechischen Mythologie, der die Toten vom Diesseits ins Jenseits befördert. Der andere Begegnende ist ein geckenhafter, zum Jüngling aufgetakelter Alter, der sich innerhalb einer Schar von Jugendlichen bewegt, supermodisch gekleidet ist, zu viel trinkt, taumelt und strauchelt und anzügliche

219 Vgl. Thomas Mann: *Der Tod in Venedig* und andere Erzählungen, Frankfurt a. M., Hamburg 1954, wiederholte Aufl. 1959, S. 11.

220 A.a.O., S. 15.

221 Vgl. a.a.O., S. 17.

Bemerkungen macht und sich auf das Niveau der Jugendlichen begibt, ja, dieses noch zu übertreffen versucht.

In Venedig angekommen, beauftragt Aschenbach einen Gondoliere, ihn zur nächsten Vaporettostation zu fahren, um von dort ein offizielles Boot zum Lido zu nehmen. Der Gondoliere reagiert nicht, sondern rudert Aschenbach gegen dessen Willen zum Lido, ist dann jedoch verschwunden, als Aschenbach kurz Geld zum Bezahlen wechseln will. Er wird von den anderen Gondoliere bezichtigt, als einziger keine Lizenz zu besitzen und daher bei Auffliegen des Betrugs die Flucht ergriffen zu haben.

Am Lido angekommen, bemerkt Aschenbach abends im Speisesaal eine polnische Familie mit vier klösterlich, herb und nüchtern gekleideten, steif sich verhaltenden Mädchen und einem etwa 14-jährigen Jungen von vollkommener Schönheit und Anmut, schöner, als ein Gemälde es wiedergeben könnte. Begleitet werden sie von einer Gouvernante und der später hinzukommenden vornehmen, perlengeschmückten Mutter.

Da der Scirocco Schwüle, Dunst und Feuchtigkeit über Venedig gelegt hat, die Aschenbach nicht verträgt, beabsichtigt er abzureisen. Eine Vertauschung bei der Kofferaufgabe nimmt er zum willkommenen Anlass, zum Hotel am Lido zurückzukehren, um den Knaben Tadzio wiederzusehen. Äußerlich zwar entrüstet, ist er innerlich froh über diese Wende.

(4.) Kapitel
Das Kapitel nimmt Bezug auf Platons *Phaidros* und die Beziehung des alternden, hässlichen Sokrates zu dem jugendlich schönen Phaidros und spiegelt die behutsame, vorsichtige Annäherung Aschenbachs an Tadzio, die vom Niederschlagen des Blickes über das ernste gegenseitige Anblicken bis hin zum Anlächeln reicht und mit dem Eingeständnis der Liebe Aschenbachs zu Tadzio endet.

(5.) Kapitel
Die Cholera hat Einzug in Venedig gehalten, was zur Abreise der Touristen führt, jedoch von offizieller Seite verheimlicht und dementiert wird. Eine Szene mit Straßenmusikanten, die im Garten eines Gasthofes aufspielen, unter denen sich ein Gitarrist und Komödiant besonders grotesk benimmt, führt dazu, dass dieser, von Aschenbach nach dem „Übel“ befragt,[222] dieses scherzend leugnet.

> „Aber was für ein Übel? Ist vielleicht unsere Polizei ein Übel? Sie belieben zu scherzen! Ein Übel? Warum nicht gar! Eine vor-

222 A.a.O., S. 54.

> beugende Maßregel, verstehen Sie doch! Eine plötzliche Anordnung gegen die Wirkungen der drückenden Witterung […]"[223]

Mit einem grotesken, frechen Lachen verlässt er Aschenbach und verschwindet im Dunkel. Eine Angestellte eines englischen Reisebüros klärt Aschenbach am nächsten Tag über die wahre Situation auf. Inzwischen hat Aschenbach überreife infizierte Erdbeeren gegessen. Innerlich ist er dem Rausch und der Hingabe an den schönen Jüngling erlegen und träumt nachts von dionysischen Orgien und dem Zug der Bacchantinnen. Äußerlich beginnt er, sich aufzutakeln, auffallende Accessoires zu tragen, Edelsteine anzulegen und Parfum zu gebrauchen. Von einem Friseur lässt er sich die grauen Haare schwarz färben, Rouge auf die Wangen legen, Lidschatten über den Augen anbringen, um diese größer und jugendlicher erscheinen zu lassen. In seinem Auftreten steht er dem geckenhaften Alten von der Überfahrt nach Venedig in nichts nach.

Ein letztes Mal geht er an den Strand, um Tadzio vom Liegestuhl aus zu verfolgen, der sich mit einem stärkeren Freund, Jaschu, balgt, unterliegt und sich voll Stolz abwendet, dann in das seichte Wasser tritt und, dort in anmutiger Haltung verharrend, sich Aschenbach zuwendet, ihm mit der einen Hand zuwinkt, mit der anderen in die Weite des Meeres, ins „Verheißungsvoll-Ungeheure"[224], deutet. „Und wie so oft", heißt es,[225] machte sich Aschenbach auf, ihm zu folgen. Er bricht im Liegestuhl tot zusammen.

Obwohl Thomas Manns Novelle literarisch zur Gattung der Prosa zählt, ist sie durchsetzt mit theoretischen Reflexionen und mythologischen Einschüben, die es erlauben, diese als rationalen Leitfaden zur Interpretation zu benutzen. Es geht in der Novelle um das Thema des Künstlerdaseins, das für Thomas Mann zeitlebens ein Problem darstellte, da er sich offensichtlich seines Künstlertums nicht zur Gänze als Lebensform sicher war. Stand in den Frühromanen wie im *Tonio Kröger* das Verhältnis der Kunst zum Leben im Mittelpunkt, dergestalt dass das kränkelnde, problematische Künstlerdasein dem gesunden, naiven, kräftigen Leben konfrontiert wurde, so wird dieses Thema in gewisser Weise weitergeführt, nun jedoch allein in Bezug auf das Künstlerdasein und sein internes Spannungsverhältnis von Geist und Körper, Verstand und Sinnlichkeit, Ratio und Leidenschaft, Beherrschung der Triebe und Hingabe an diese sowie Verführung durch dieselben. So stehen sich gegenüber auf der einen Seite Pflicht, Verantwortung, Beherrschung durch den Verstand, auf der anderen Seite Gefühl, Sinnlichkeit, Genuss, Ver-

223 A.a.O., S. 54.
224 A.a.O., S. 66.
225 A.a.O., S. 66.

gnügen bis hin zu Leidenschaft, Rausch und Raserei, Ekstase und Exzentrik. Die letztere Seite ist gegenüber der hellen, klaren verstandesmäßigen das Fremde, das durch den merkwürdigen, fremdartigen Wanderer symbolisiert wird und in gesteigerter Form in den anderen merkwürdigen Gestalten die ganze Novelle durchzieht bis zum rauschhaften Exzess und zur Todesverlockung am Ende.

In der Gestalt des Schriftstellers Gustav von Aschenbach treffen die beiden Seiten zusammen, was durch die Genealogie des Schriftstellers väter- wie mütterlicherseits erklärt wird.

Das erste Stadium zeigt Gustav von Aschenbach als berühmten, geehrten, öffentlich anerkannten Schriftsteller, dessen Ruhm darauf basiert, dass sein Schaffen dem Geschmack des breiten Publikums entspricht. Für seine Werke wird er sogar von einem Fürsten zum 50. Geburtstag geadelt, und Teile seiner Werke werden zur Schullektüre erklärt. Sein Ruhm verdankt sich seiner Arbeitsmoral und Selbstdisziplin, seinem Pflichtbewusstsein, welche auf Verstand, Ratio und Moralität beruhen und die Sinnlichkeit und das Leben zügeln. Thomas Mann beschreibt einen solchen Künstlertyp als „Soldat[en] und Kriegsmann“[226], für den die Kunst ein „Krieg“, ein aufreibender Kampf der ständigen Selbstüberwindung und des Trotzdem ist, „ein herbes standhaftes und enthaltsames Leben“[227]. Er nennt es einen „zarten und zeitgemäßen Heroismus“[228], der das sinnliche Leben knechtet und unterdrückt und damit sich selbst aufreibt und ermüdet. Da ein solches Künstlertum das lebendige Leben verfehlt, resultiert hier ein Defizit, das auf das Produkt seiner Kunst zurückschlägt, diese schal, fade und hohl erscheinen lässt. Zeitlebens hat sich Thomas Mann nach seinem Selbstzeugnis einem solchen Künstlerethos aus einer protestantisch puritanischen Grundverfassung heraus verpflichtet gefühlt. Seine bürgerliche Moral und das Misstrauen gegenüber der Leidenschaftlichkeit verhinderten, dass er sich als echter Poet fühlte.

Im zweiten Stadium, das durch den fremdartigen Wanderer am Nordfriedhof Münchens ausgelöst wird und durch die Reise nach Venedig und das Kennenlernen des schönen Knaben Tadzio gekennzeichnet ist, wird diese andere Seite der Künstlernatur geweckt: die Sinnlichkeit. Die ganze Begegnung mit dem schönen Tadzio mit dem sehnsüchtigen o- oder u-Klang am Ende des Namens, ist unterlegt mit Erotik, einer homophilen Erotik, deren verschiedene Etappen nachgezeichnet werden, angefangen vom ersten Erblicken über die erste schüchterne Annäherung mit niedergeschlagenem Blick und bewusst achtlosem Vorübergehen über einen zufälligen Blickkon-

226 A.a.O., S. 50.

227 A.a.O., S. 50 f.

228 A.a.O., S. 51.

takt und ein Lächeln bis zur Bewunderung, Anbetung und Verfolgung, ja, bis zum Verfallensein, Rausch und Exzess, die im Traum des dionysischen Rausches ausgelebt werden und bis zum Untergang reichen.

Zwar ist das Moment der Homophilie nicht zu leugnen, hier liegen private Züge des Schriftstellers Thomas Mann vor, die begreiflicherweise die Interpreten und Leser besonders beschäftigten, aus denen aber weder Thomas Mann selbst noch seine Frau Katia einen Hehl machten. Katias konstatiert in *Meine ungeschriebenen Memoiren*,[229] dass ihr Mann beim Adria-Aufenthalt eine besondere, ungewöhnliche Bewunderung für einen schönen Knaben gehabt habe, und Thomas Mann selbst bekennt in seinem *Lebensabriss*[230] von 1930 rückblickend offen seine pädophilen Neigungen. Jedoch gilt für das Verhältnis des Autors zum Protagonisten des Romans dasselbe, was Thomas Mann in einem Essay, an dem er während seiner Arbeiten am *Tod in Venedig* schrieb, über Goethe und dessen Verhältnis zum *Werther* sagte: „Es ist die alte gute Geschichte: Werther erschoss sich, aber Goethe blieb am Leben."[231] Trotz vieler persönlicher Übereinstimmungen bleibt zwischen dem Schriftsteller und seinem Protagonisten eine Differenz.

Des weiteren ist zu bemerken, dass der Inhalt der Novelle *Der Tod in Venedig* ursprünglich nicht als ein homoerotisches Verhältnis zwischen Aschenbach und Tadzio gedacht war, sondern als Goethes Spätliebe zu dem jungen Mädchen Ulrike von Levetzow in Marienbad, die so intensiv war, dass Goethe selbst seinen Herzog bat, sich als Brautwerber bei den Eltern des Mädchens zu verwenden. Die Darstellung dieses Verhältnisses hat Thomas Mann jedoch aus Respekt vor Goethes Größe fallengelassen, da er das Verhältnis als Tragödie einer Entwürdigung klassifizierte.

Abgesehen von allen persönlichen Bezügen ist das eigentliche Thema der Novelle das Einbrechen der dämonischen Leidenschaft in ein vernunftbestimmtes Leben. Es geht um das Phänomen der Faszination und Leidenschaft schlechthin, das sich vor allem an der Schönheit von Personen entfaltet, aber psychologisch generell an der Schönheit aller Gegenstände, ob Sachen, Landschaften, Kunstwerke, religiöse Angelegenheiten und was immer, entfachen kann.

So führt das nächste Stadium auf den platonischen Dialog *Phaidros*, dem die Beziehung des alternden Sokrates zu dem jugendlich schönen Phaidros zugrunde liegt, in dem aber grundsätzlich das Thema Gestaltung, Form, Stil, Ideales angesprochen wird.

229 Vgl. Katia Mann: *Meine Ungeschriebenen Memoiren*, Frankfurt a. M. 1974, S. 71.

230 In: Thomas Mann: *Gesammelte Werke* in dreizehn Bänden, Bd. 11, 2., durchgesehene Aufl. Frankfurt a. M. 1974, S. 98-144.

231 Thomas Mann: *Chamisso*, in: ders.: *Gesammelte Werke* in dreizehn Bänden, Bd. 9, 2., durchgesehene Aufl. Frankfurt a. M. 1974, S. 35-57, S. 57.

In Thomas Manns Interpretation des platonischen Dialogs wird Schönheit als das Göttliche selbst und zugleich als der sinnliche Weg zum Göttlichen beschrieben, wobei Mann sowohl einen platonischen wie Hegelschen Gedanken aufgreift und fortsetzt. Zum einen ist davon die Rede, dass das Schöne selbst als Form Gottes Gedanke und solcherart reine Vollkommenheit sei,[232] die im Geist lebt und von der die menschliche Schönheit ein Abbild und Gleichnis ist. Zum anderen betont Mann vor allem die sinnliche Seite der geistigen Schönheit, den Weg zum Göttlichen. Während für Platon wie für Hegel beide Funktionen gleichermaßen feststehen, legt Mann das Hauptgewicht auf den sinnlichen Aspekt. Während Tugend und Wahrheit aus der Formal ‚das Gute, Wahre und Schöne' als Göttliches selbst zu verstehen sind, ist Schönheit eher die sinnliche Erscheinung des Göttlichen. „Was würde aus uns", fragt er sich, „wenn das Göttliche sonst, wenn Vernunft und Tugend und Wahrheit uns sinnlich erscheinen wollten! Würden wir nicht vergehen und verbrennen vor Liebe, wie Semele einstmals vor Zeus? So ist die Schönheit der Weg des Fühlenden zum Geiste, – nur der Weg, ein Mittel nur."[233] Das Ideal der Schönheit ist die Einheit von Gedanke und Gefühl, so wie Thomas Mann davon spricht, dass das Glück des Schriftstellers der Gedanke ist, der ganz Gefühl ist und das Gefühl, das ganz Gedanke zu werden vermag. Daher gilt es für die Kunst und Kultur, das Sinnliche in Geistiges zu überführen.[234] Schönheit qualifiziert sich vor allem als Scheinen in der Sinnlichkeit, das den Menschen direkt anspricht und motiviert, nach dem Göttlichen zu suchen.

Für die Umsetzung des Eindrucks in die Tat gibt die Novelle ein Beispiel: Nach einer ausführlichen, detaillierten Beschreibung der schönen, edlen Gestalt des Tadzio und seiner ebenso schönen, edlen Posen, beispielsweise seiner Beinstellung, der Körperdrehung, die Gustav von Aschenbach beobachtet hat,[235] überkommt ihn das Verlangen, in Tadzios Gegenwart schriftstellerisch tätig zu werden und ein Werk zu verfassen, das stilistisch den Formen und Linien dieser Schönheit folgt und so auf eventuell wenigen Seiten ein Werk von erlesener Prosa verwirklicht, deren Lauterkeit, Adel und schwingende Gefühlsspannung die Bewunderung des Publikums erregen soll.[236] Doch kündigt sich hier bereits ein Missverhältnis zwischen dem Ursprung des Kunstwerkes an, der Erregung des Künstlers und dem Kunstwerk selbst, das nichts von dieser Leidenschaft verrät.

232 Vgl. a.a.O., S. 42.

233 A.a.O., S. 42.

234 Vgl. a.a.O., S. 42.

235 Vgl. a.a.O., S. 40.

236 Vgl. a.a.O., S. 42.

Ging es im dritten Stadium anhand der Ausdeutung des platonischen Dialogs noch um die Vergeistigung des sinnlich Schönen, so nimmt das vierte Stadium unter Heranziehung Nietzschescher Terminologie von Apollinischem und Dionysischem die Gestalt der sinnlichen Leidenschaften bis zum Exzess, zum Rausch und zum Wahn an. Bezeichnet das Apollinische die Harmonie und Ausgeglichenheit der Gegensätze von Geist und Gefühl, Verstand und Sinnlichkeit, so ist das Dionysische charakterisiert durch die Herrschaft der Sinnlichkeit und des Rauschhaften über das Geistige. In Traumgestalt wird der Zug des Dionysos, des „fremden Gottes", und der Bacchantinnen geschildert und gleichzeitig das Miterleben des Schriftstellers.

> „Und in zerrissenem Licht, von bewaldeter Höhe, zwischen Stämmen und moosigen Felstrümmern wälzte es sich und stürzte wirbelnd herab: Menschen, Tiere, ein Schwarm, eine tobende Rotte,– und überschwemmte die Halde mit Leibern, Flammen, Tumult und taumelndem Rundtanz. Weiber, strauchelnd über zu lange Fellgewänder, die ihnen vom Gürtel hingen, schüttelten Schellentrommeln über ihren stöhnend zurückgeworfenen Häuptern, schwangen stiebende Fackelbrände und nackte Dolche, hielten züngelnde Schlangen in der Mitte des Leibes erfaßt oder trugen schreiend ihre Brüste in beiden Händen. Männer, Hörner über den Stirnen, mit Pelzwerk geschürzt und zottig von Haut, beugten die Nacken und hoben Arme und Schenkel, ließen eherne Becken erdröhnen und schlugen wütend auf die Pauken, während glatte Knaben mit umlaubten Stäben Böcke stachelten, an deren Hörner sie sich klammerten und von deren Sprüngen sie sich jauchzend schleifen ließen. Und die Begeisterten heulten den Ruf aus weichen Mitlauten und gezogenem u-Ruf am Ende, süß und wild zugleich, wie kein jemals erhörter: – hier klang er auf, in die Lüfte geröhrt, wie von Hirschen, und dort gab man ihn wieder, vielstimmig, in wüstem Triumph, hetzte einander damit zum Tanz und Schleudern der Glieder und ließ ihn niemals verstummen. Aber alles durchdrang und beherrschte der tiefe, lockende Flötenton. Lockte er nicht auch ihn, den widerstrebend Erlebenden, schamlos beharrlich zum Fest und Unmaß des äußersten Opfers? Groß war sein Abscheu, groß seine Furcht, redlich sein Wille, bis zuletzt das Seine zu schützen gegen den Fremden, den Feind des gefaßten und würdigen Geistes. Aber der Lärm, das Geheul, vervielfacht von hallender Bergwand, wuchs, nahm Überhand, schwoll zu hinreißendem Wahnsinn. Dünste

bedrängten den Sinn, der beizende Ruch der Böcke, Witterung keuchender Leiber und ein Hauch wie von faulenden Wassern, dazu ein anderer noch, vertraut: nach Wunden und umlaufender Krankheit. Mit den Paukenschlägen dröhnte sein Herz, sein Gehirn kreiste, Wut ergriff ihn, Verblendung, betäubende Wollust, und seine Seele begehrte, sich anzuschließen dem Reigen des Gottes. Das obszöne Symbol, riesig, aus Holz, ward enthüllt und erhöht: da heulten sie zügelloser die Losung. Schaum vor den Lippen tobten sie, reizten einander mit geilen Gebärden und buhlenden Händen, lachend und ächzend, stießen die Stachelstäbe einander ins Fleisch und leckten das Blut von den Gliedern. Aber mit ihnen, in ihnen war der Träumende nun und dem fremden Gotte gehörig. Ja, sie waren er selbst, als sie reißend und mordend sich auf die Tiere hinwarfen und dampfende Fetzen verschlangen, als auf zerwühltem Moosgrund grenzenlose Vermischung begann, dem Gotte zum Opfer. Und seine Seele kostete Unzucht und Raserei des Unterganges.“ [237]

Hier ist nicht mehr von einem Aufstieg zum Höchsten, von der Einheit des Gedankens und Gefühls, die Rede, sondern von Ausschweifung und Untergang par excellence, die mit zum Künstlerdasein gehören.

Dieses Fremde, Triebhafte, Schamlose, das in die Welt des Künstlers einbricht und gewöhnlich durch die Herrschaft des Verstandes zurückgedrängt wird, ja, verschüttet war, kündigt sich am Beginn der Novelle an und durchzieht in gesteigerter Form die gesamte Erzählung: zunächst im Fremden in Wanderkleidung am Nordfriedhof Münchens, der die Reiselust und das Ausschweifen in die Ferne im Schriftsteller weckt, dann in der Gestalt des Ticketverkäufers im Bug des Schiffes nach Venedig, der mit dem Charon aus der griechischen Mythologie verglichen wird, wie auch in der schrägen Gestalt des Alten, der sich unter die Jungen mischt und diese an derben Späßen und Sprüchen und unmäßigem Weintrinken noch übertrumpft, dann in der Gestalt des Straßenmusikanten am Abend im Garten des Gasthofes am Lido, der durch sein dreistes und höhnisches Gelächter über die Unkenntnis der Anwesenden bezüglich der grassierenden Seuche auffällt und dann in der Dunkelheit verschwindet, und schließlich in der Gestalt des Gustav von Aschenbach selbst, der sich geckenhaft auf ‚jung' trimmt, auffällige Accessoires und Schmuck anlegt, sich vom gefälligen Friseur jugendlich herausputzen lässt durch Haarfärben und Make up. Das alles sind Hinweise auf das Bizarre, Groteske und Zügellose, das in der Seele des Künstlers immer

237 A.a.O, S. 59 f.

auch schlummert und bislang durch den Verstand gebändigt war und jetzt hervorbricht.

Die Schilderung der inneren psychischen Verfassung des Protagonisten wird unterstützt durch die Schilderung der äußeren Verhältnisse der Stadt, des Klimas, des Wetters, der gesamten Atmosphäre. Der Schauplatz ist Venedig, einst im Mittelalter und in der Renaissance die schönste, märchenhafteste Stadt der Welt mit Palästen, gotischen Häusern und Kirchen, mit orientalischer Pracht, die durch den Levantehandel zu Reichtum und Ansehen gelangt war, im Laufe der Jahrhunderte jedoch durch die Verlagerung des Handels infolge der Entdeckung neuer Seewege nach Indien und Fernost zusehends verfiel und im 19. Jahrhundert als morbide Schöne Anziehungspunkt für Künstler, Maler, Dichter wurde, die auch August von Platen zu den Zeilen veranlasste: „Wer die Schönheit angeschaut mit Augen, ist dem Tode schon anheimgegeben.“[238] Dem schließt sich Thomas Manns ausführliche Schilderung an:

> „Das war Venedig, die schmeichlerische und verdächtige Schöne, – diese Stadt, halb Märchen, halb Fremdenfalle, in deren fauliger Luft die Kunst einst schwelgerisch aufwucherte und welche den Musikern Klänge eingab, die wiegen und buhlerisch einlullen. Dem Abenteuernden war es, als tränke sein Auge dergleichen Üppigkeit, als würde sein Ohr von solchen Melodien umworben; er erinnerte sich auch, dass die Stadt krank sei und es aus Gewinnsucht verheimliche.“[239]

Klima und Wetter spielen bei der Wiedergabe der Stimmung ebenso eine Rolle. Fast immer ist von einem grauen, nebelverhangenen Tag die Rede, nie von klarer, heller Luft und Sonnenschein, vielmehr liegt brütende Hitze und Schwüle, feuchte, dicke Luft und übler Geruch aus den Kanälen und schmutzigen Gassen über der Stadt. So heißt es beispielsweise:

> „Der Himmel war grau, der Wind feucht; Hafen und Inseln waren zurückgeblieben und rasch verlor sich aus dem dunstigen Gesichtskreis alles Land.“[240]

238 August von Platen: *Tristan* in: *Gesammelte Werke* in einem Band, Stuttgart, Tübingen 1839, S. 29.

239 A-a.O., S. 50.

240 A.a.O., S. 19.

„Aber Himmel und Meer blieben trüb und bleiern, zeitweilig ging neblichter Regen nieder.“ [241]

„Eine widerliche Schwüle lag in den Gassen. Die Luft war so dick, dass die Gerüche, die aus Wohnungen, Läden, Garküchen quollen, Öldunstwolken von Parfum und viele andere in Schwaden standen, ohne sich zu zerstreuen. Zigarettenrauch hing an seinem Orte und entwich nur langsam. Das Menschengeschiebe in der Enge belästigte den Spaziergänger, statt ihn zu unterhalten.“ [242]

„Die Luft war still und riechend, schwer brannte die Sonne durch den Dunst, der den Himmel schieferig färbte. Wasser schlug glucksend gegen Holz und Stein. Der Ruf des Gondoliers, halb Warnung, halb Gruss, ward fernher aus der Stille des Labyrinths nach sonderbarer Übereinkunft beantwortet. Aus kleinen hochliegenden Gärten hingen Blütendolden, weiß und purpurn, nach Mandeln duftend, über morsches Gemäuer. Arabische Fensterumrahmungen bildeten sich im Trüben ab. Die Marmorstufen einer Kirche stiegen in die Flut; ein Bettler, darauf kauernd, sein Elend beteuernd, hielt seinen Hut hin und zeigte das Weiße der Augen, als sei er blind[...]“[243]

„Lauwarmer Sturmwind war angekommen; es regnete selten und spärlich, aber die Luft war feucht und von Fäulnisdünsten erfüllt. Flattern, Klatschen und Sausen umgab das Gehör, und dem unter der Schminke Fiebernden schienen Windgeister üblen Geschlechts im Raume ihr Wesen zu treiben, unholdes Gevögel des Meers, das des Verurteilten Mahl zerwühlt, zernagt und mit Unrat schändet. Denn die Schwüle wehrte der Eßlust, und die Vorstellung drängte sich auf, daß die Speisen mit Ansteckungsgiften vergiftet seien.“[244]

Die letzte Station ist charakterisiert durch die Wiederanknüpfung an die Gesprächssituation des *Phaidros*[245], die jetzt radikalisiert und pervertiert wird.

241 A.a.O., S. 19.

242 A.a.O., S. 33.

243 A.a.O., S. 49 f.

244 A.a.O., S. 62.

245 Vgl. a.a.O., S. 41 f.

Die Frage: „Wer enträtselt Wesen und Gepräge des Künstlertums! Wer begreift die tiefe Instinktverschmelzung von Zucht und Zügelosigkeit, worin es beruht! Denn heilsame Ernüchterung nicht wollen zu können, ist Zügellosigkeit“[246], wird jetzt beantwortet, nicht wie im *Phaidros* durch den Aufschwung und Aufstieg zum Höchsten, sondern durch das Ausschweifen.[247] Das Künstlertum als Erzieherin des Volkes und der Jugend, wie dies die Meinung des 19./20. Jahrhunderts war, wird zurückgewiesen durch die demselben innewohnende „unverbesserliche und natürliche Richtung zum Abgrund“[248]. Der Künstler könne weder weise noch würdig sein,[249] ersteres nicht, da analysierende Erkenntnis stets auflösend ist – als wissend, verstehend und verzeihend ist sie ohne Haltung und Form und in diesem Sinne Sympathie mit dem Abgrund – und würdig nicht, da Kunst als Trachten nach Schönheit, nach Einfachheit, Größe und Strenge, nach einer zweiten Unbefangenheit ebenfalls zu Begierde und Rausch, zu Gefühlsfrevel, zum Abgrund führt, ja, der Abgrund selbst ist. Und dieser Abgrund – Tod – zeigt sich in der letzten Szene insofern, als Schönheit in Form der Verführung mit dem göttlich schönen Knaben Tadzio zusammenfällt, dessen Schönheit gleichfalls in spätmoderner Sicht morbide ist. Tadzios Schönheit ist kränklich. Der Jüngling ist schmal, schmächtig, dem stärkeren Freund Jaschu unterlegen,[250] blass sein Teint, schlecht seine Zähne – für Thomas Mann stets Indiz der Morbidität –, so dass er nach Einschätzung Aschenbachs nicht alt werden würde. Es ist eine laszive Schönheit, die der lasziven, morbiden Schönheit der Stadt Venedig gleicht. In dem Jungen als Spiegelbild erblickt der Schriftsteller seine eigene, morbide gewordene Kunst. ‚Morbide gewordene Kunst‘ bedeutet ihre Brüchigkeit, ihren Abfall vom Sein zu bloßem Schein. Es ist eben jene Gefahr, die Thomas Mann zeitlebens mit der spätmodernen Auffassung von Schönheit und Kunst verband und die auch seine eigene Kunst betraf. Der Narziss-Mythos, der nicht zufällig zweimal erwähnt wird, kehrt auch in dieser Novelle wieder, indem der Schriftsteller Gustav von Aschenbach sich in der Schönheit des jungen Tadzio spiegelt, der ihn mit dem Lächeln des Narziss anblickt, d.h. mit Scheinhaftigkeit.

In der letzten Szene steht der Knabe am Rande des Meeres im seichten Wasser, scheinbar dem im Liegestuhl liegenden und ihn beobachtenden, mit Cholera infizierten Schriftsteller Gustav von Aschenbach zulächelnd und in

246 A.a.O., S 43.

247 Vgl. a.a.O., S. 64.

248 A.a.O., S. 64.

249 Vgl. a.a.O., S. 64.

250 Vgl. a.a.O., S. 65.

die unendliche Weite des Meeres weisend. Der schöne, liebliche, jedoch bleiche Knabe fungiert hier als Psychagoge.

Schluss

Auf der Suche nach einer universellen Schönheitsdefinition (wenigstens für die Zeit des Homo sapiens), die nicht epochen-, stil-, ethno- oder kulturspezifisch ist, sondern immer und überall gilt, zu allen Zeiten und bei allen Völkern, haben wir verschiedene Kriterien der Schönheit ausfindig gemacht – stets mit einem Seitenblick auf das Oppositum Hässlichkeit –, und dies von den gängigen Erschließungsweisen des Lebens aus, wie der evolutionsbiologischen, der psychologischen, der soziologischen, der epistemologischen (kognitiven), der ethischen, die alle auf objektive Eigenschaften zielen, mussten jedoch feststellen, dass sie zwar alle etwas mit Schönheit zu tun haben, aber nicht zum gewünschten Universalbegriff führten, da sich stets zeit- und epochenmäßige, kulturell bedingte Gegenvorstellungen beibringen ließen. Was aus der einen Sichtweise für schön galt, wurde von der anderen bestritten und für nicht schön oder gar hässlich erklärt. Dies dürfte auch der Grund sein, dass in der neuzeitlichen Entwicklung Schönheit und Hässlichkeit auf rein subjektive Geschmacksurteile reduziert wurden.

Da die Verfehlung möglicherweise mit dem Versuch einer wissenschaftskonformen Definition zusammenhängt, die stets begrenzt und eingeengt ist, während Schönheit als Phänomen expansiv ist, lag eine symbolische Erfassung näher, die sich in Narrativen eher findet als in wissenschaftlichen Analysen, zumal Schönheit mit Schein, mit Strahlen und Leuchten, mit verschönerndem, eventuell auch verstellendem Schein zu tun hat. In diesem Kontext untersuchten wir drei Verhältnisbestimmungen von Sein und Schein, anhand von Platons *Symposion* die Aufstiegstheorie der Schönheit zum ideal Schönen, zum Göttlichen, in dem alle Gegensätze wie Schönheit-Hässlichkeit bzw. Hässlichkeit-Schönheit ununterscheidbar zusammenfallen in einer *coincidentia oppositorum* (auch wenn diese einseitig positiv benannt wird als ideal Schönes), die nur als Transzendenz anzusetzen ist. Mit dem Problem des extensional Schön-Hässlichen bzw. Hässlich-Schönen und ihrer Koinzidenz zeigt sich zumindest in unserer abendländischen philosophischen Tradition das Problem der Differenz zwischen Transzendenz und Immanenz oder Sein und Schein verbunden, das im Narziss-Mythos anhand der Selbsterkenntnis expliziert wurde, die der solipsistischen Welterkenntnis analog ist. Da mit dem Entzug oder zumindest der Ungewissheit der Verankerung der Welt in einer transzendentalen Voraussetzung die Grundlage fragwürdig wird, so dass sich nicht mehr sagen lässt, ob die Welt Erscheinung der Transzendenz oder bloßer Schein ist, sehen wir uns in eine reine Scheinwelt eingeschlossen, die historisch die Ansicht der Moderne oder besser der

Spätmoderne bildet und die anhand von Thomas Manns *Der Tod in Venedig* die Verführung durch den schönen Schein zum Untergang zeigt.

Schönheit ist nicht definierbar, und das symbolische Explikationsverfahren führt zu metaphysischen Problemen, die zum Scheitern verurteilt sind oder uns zumindest im Ungewissen lassen. Damit ergeht es dem Schönheitsbegriff nicht anders als den anderen Fundamentalbegriffen der Philosophie, allerdings noch schlimmer, als nicht nur die begriffliche Definition scheitert, sondern auch die symbolische. Die Schuld daran trägt möglicherweise die Sprache, die grundsätzlich verstellend ist, jedoch den einzigen Weg darstellt, sich der Schönheit zu nähern.

Literaturverzeichnis

Alberti, Leon Battista : *Zehn Bücher über die Baukunst*, ins Deutsche übertragen, eingeleitet und mit Anmerkungen und Zeichnungen versehen durch Max Theuer, Darmstadt 1975.

Angelini, Alessandro: *Piero della Francesca*. Die großen Meister der Kunst, Florenz 2013.

Archimedes: *On the Sphere and the Cylinder; On the Measurement of the Circle; On Conoids and Spheroids; On Spirals; On the Equilibrium of Planes; On the Quadrature of the Parabola; The Sand Reckoner*, in: *World Digital Library* 1450-1460, https://www.wdl.org/en/item/10646/.

Aristoteles: *Opera* ex recensione Immanuelis Bekkeri, 2 Bde. Berlin 1831 ff.

Artikel *Goldener Schnitt* in: Wikipedia https://de.wikipedia.org/wiki/Goldener_Schnitt.

Artikel *Narziss*, in: Wikipedia http://de.wikipedia.org/wiki/Narziss.

Artikel *Narzissmus*, in: Wikipedia http://de.wikipedia.org/wiki/Narzissmus.

Artikel *Piero della Francesca*, in: Wikipedia, https://de.wikipedia.org/wiki/Piero_della_Francesca.

Artikel *Schönheit und Hässlichkeit (Wolfram von Eschenbach, Parzival)*, in: Mediae Wiki, http://mediaewiki.de/wiki/Schönheit_und_Hässlichkeit_(Wolfram_von_Eschenbach,_Parzival).

Augustin: *Confessiones – Bekenntnisse*, eingeleitet, übers. und erläutert von J. Bernhart, München 1955.

Bacon, Francis: *The Oxford Francis Bacon*, Bd. 15: *The Essayes or Counsels, Civill and Moral*, hrsg. von Michael Kiernan, Oxford 2000.

Battisti, Eugenio: *Piero della Francesca*, 1791, neue, überarbeitete und aktualisierte Ausgabe unter wissenschaftlicher Mitarbeit von Marisa Dalai Emiliani 1992.

Bertelli, Carlo: *Piero della Francesca*. Leben und Werk des Meisters der Frührenaissance, Köln 1992.

Beutelspacher, Albrecht, Petri, Bernhard: *Der Goldene Schnitt*. Spektrum, Heidelberg, Berlin, Oxford 1988.

Binet, Alfred: *Über die groteske Entstehung eines widersinnigen Begriffes. Eine Sprachverwirrung von babylonischem Ausmaß*, https://oedipus-online.de/index.php/narzissmus/.

Bourriot, Félix: *Kalos kagathos – Kalokagathia*. D'un terme de propagande des Sophistes à une notion sociale et philosophique. Étude d'histoire athénienne, 2 Bde., Hildesheim, Zürich, New York 1995.

Briggs, John, Peat, F. David : *Die Entdeckung des Chaos* (Titel der Originalausgabe: *Turbulent Mirror*. An Illustrated Guide to Chaos Theory and the Science of Wholeness, New York 1989), aus dem Amerikanischen von Carl Carius unter wissenschaftlicher Beratung von Peter Kafka, München, Wien 1990.

Cassirer, Ernst: *Philosophie der symbolischen Formen*, 2. Teil: *Das mythische Denken*, 8., unveränderte Aufl. Darmstadt 1987.

Darwin, Charles: *The Works of Charles Darwin*, ed. by Paul H. Barett and Richard Broke Freeman, Vol. 22: *The Descent of Man and Selection in Relation to Sex*, Part 2, London 1989.

Der Narzissmythos als Schöpfungsmythos bei Boltraffio, in: https://kunstliebewwu.blogspot.com/2019/03/der-narzissmythos-als-schopfungsmythos.html.

Detterer, Gabriele: *Die Kunst von heute wird dominiert von einem Kult des Hässlichen*, in: *Neue Zürcher Zeitung* vom 11.4.2018, S. 36.

Die Fragmente der Vorsokratiker, griechisch und deutsch von Hermann Diels, hrsg. von Walther Kranz, Bd. 1, 18. Aufl. Hildesheim 1989.

Dionysios Areopagita: *De mystica theologia*, in: *S. Dionysii Areopagitae Opera omnia quae extant*, ed. Balthasar Corderius, recognoscente Jacques-Paul Migne, Patrologiae Graecae Tomus 3, Turnholti 1968, S. 997-1064; dt. Pseudo-Dionysius Areopagita: *Über die Mystische Theologie und Briefe*, eingeleitet, übersetzt und mit Anmerkungen versehen von Adolf Martin Ritter, Stuttgart 1994.

Donlan, Walter: *The Origin of Kalos kagathos*, in: *American Journal of Philosophy*, Nr. 94 (1973), S. 365-374.

Eibl-Eibesfeldt, Irenäus: *Die Biologie des menschlichen Verhaltens*. Grundriß der Humanethologie, München 1984, 1995, 3., überarbeitete und erweiterte Aufl. Weyarn 1997 (Lizenzausgabe).

Etcoff, Nancy: *Survival of the Prettiest*. The Sience of Beauty, New York 1999.

Euklid: *Euclidis Opera Omnia*, 9 Bde., hrsg. von Johan Ludvig Heiberg, Heinrich Menge, Leipzig 1888-1916.

Euripides: *Die Bakchen*, Übersetzung, Nachwort und Anmerkungen von Oskar Werner, Stuttgart 1968.

Fechner, Gustav Theodor: *Über die Frage des goldnen Schnitts*, in: *Archiv für die zeichnenden Künste*, Bd.11(1865), S. 100-112.

Fechner, Gustav Theodor: *Vorschule der Ästhetik*, Teil 1 und 2, Leipzig (3. unveränderte Aufl. 1897), Repr. Hildesheim 1978.

Feinstein, Diego H.: *Palladio und das Problem der musikalischen Proportionen der Architektur*, in: Erik Forssmann (Hrsg.): *Palladio*. Werk und Wirkung, Freiburg i. Breisgau 1999.

Field, Judith Veronica: *Piero della Francesca*. A mathematician's art, Yale University Press, New Haven und London 2005.

Fredel, Jürgen: *Maßästhetik*. Studien zu Proportionsfragen und zum Goldenen Schnitt, Hamburg 1998.

Freud, Sigmund: *Zur Einführung des Narzissmus* (1914), in: *Gesammelte Werke*, Bd. 10, London 1946, S. 137-170.

Freud, Sigmund: *Narzißmus als Doppelrichtung*, in: *Imago* 7, [1921], Heft 4, S. 361-386.

Galilei, Galileo: *Le opere di Galileo Galilei*, ristampa della Edizione Nazionale, hrsg. von Antonio Favaro, 20 Bde., Florenz 1929-1939.

Garelli, Paul und Leibovici, Marcel: *Akkadische Schöpfungsmythen*, in: *Die Schöpfungsmythen*. Ägypter, Sumerer, Hurriter, Hethiter. Kanaaniter und Israeliten (Titel der Originalausgabe: *La naissance du monde*, 1. Teil, Paris), übertragen aus dem Französischen von E. Klein unter Mitarbeit von W. Schenkel und O. Roessler, mit einem Vorwort von Mircea Eliade, Einsiedeln, Zürich, Köln 1964, S. 134-146.

Gaut, Berys: *Nehamas on Beauty and Love*, in: *British Journal of Aesthetics*, Nr. 50 [2010], S. 199-204.

Gloy, Karen: *Bewusstseinstheorien*. Zur Problematik und Problemgeschichte des Bewusstseins und Selbstbewusstseins, Freiburg, München 1998, 3. Aufl. 2004.

Gloy, Karen: *Vernunft und dass Andere der Vernunft*, Freiburg, München 2001.

Gloy, Karen: *Zwischen Glück und Tragik*. Philosophische Daseinsdeutungen, München 2014, S. 29-65.

Gloy, Karen: *Zeit in der Kunst*, Würzburg 2017.

Gloy, Karen: *Alterität*. Das Verhältnis von Ich und dem Anderen, Paderborn 2019.

Gloy, Karen: *Wahrheit und Lüge*, Würzburg 2019.

Gloy, Karen: *Die Philosophie des deutschen Idealismus*. Eine Einführung, Würzburg 2021.

Goethe, Johann Wolfgang: *Goethes Werke* (Hamburger Ausgabe in 14 Bde.), Hamburg 1948 ff., wiederholte Aufl.

Grosse, Félix: *Kalokagathia*, in: *Historisches Wörterbuch der Philosophie*, Darmstadt 1976, Bd. 4, S. 681-684.

Grütter, Jörg K.: *Ist Schönheit messbar?*: einige Überlegungen zu Versuchen, Ästhetik naturwissenschaftlich-mathematisch zu erfassen, https://www.e-periodica.ch/cntmng?pid=sbz-003%3A1996%3A114%3A%3A253.

Haber, Cornelius Cornelia: *Narkissos' literarische Karriere*, in: *Universitas*, https://www.unifr.ch/universitas/de/ausgaben/2019-2020/narcissisme/narkissos-literarische-karriere.html.

Hafner, German: *Polyklet – Doryphoros.* Revision eines Kunsturteils, Frankfurt a. M. 1997.

Hartner, Willy: *Zahlen und Zahlensysteme bei Primitiv- und Hochkulturvölkern*, in: *Paideuma*. Mitteilungen zu Kulturkunde, Bd. 2 (1941/43), S. 268- 326.

Hassebrauck, Manfred, Niketta, Reiner: *Physische Attraktivität*, Göttingen, Bern, Toronto, Seattle 1993.

Hegel, Georg Wilhelm Friedrich: *Werke* in 20 Bden., auf der Grundlage der Werke von 1832-45 neu edierte Ausgabe, Redaktion Eva Moldenhauer und Karl Markus Michel, Frankfurt a. M. 1970.

Heidegger, Martin: *Sein und Zeit*, 18. Aufl. Tübingen 2001.

Heidegger, Martin: *Der Ursprung des Kunstwerkes*, in: *Holzwege*, Frankfurt a. M. 1950, 4. Aufl. 1963, S. 7-68.

Hoffmeister, Johannes (Hrsg.): *Dokumente zu Hegels Entwicklung*, Stuttgart 1936.

Homer: *Ilias und Odyssee*, griechisch – deutsch, verantwortlich für den griechischen Text Eduard Schwartz, Bearbeiter der klassischen Übersetzung von Johann Heinrich Voss E. R. Weiss und Hans Rupé, Abstimmung des griechischen und deutschen Textes Martin Bertheau, hrsg. von Bruno Snell, Berlin, Darmstadt 1956, wiederholte Aufl. 1966.

Horn, Christoph: *Kalokagathie*. Begriff, Ideen- und Wirkungsgeschichte in: Otto Depenheuer (Hrsg.): *Staat und Schönheit.* Möglichkeiten und Perspektiven einer Staatskalokagathie, Wiesbaden 2005, S. 23-32.

Huber, Matthias: *Die Ästhetik des Menschen*. Ästhetisches Erleben, Attraktivität, Schönheit und Liebe, Diss. phil. Universität Münster (Westf.), 2009.

Hume, David: *Of the Standard of Taste*, in: *Four Dissertations* (*The Natural History of Religion, Of the Passions, Of Tragedy, Of the Standards of Taste*, London 1757), deutsche Übersetzung: *Über die Regeln des Geschmacks*, in: *Materialien zu Kants ‚Kritik der Urteilskraft'*, hrsg. von Jens Kulenkampff, Frankfurt a. M. 1974, S. 43-64.

Husserl, Edmund: *Die Krisis der europäischen Wissenschaften und die transzendentale Phänomenologie*. Eine Einleitung in die phänomenologische Philosophie, hrsg. von Walter Diemel, Den Haag, 2. Aufl. fotomechanischer Nachdruck 1976 (*Husserliana*, Bd. 6).

Jäger, Werner: *Paideia.* Die Formung des griechischen Menschen, Bd. 1, 2. Aufl. Berlin, Leipzig 1936.

Janhsen, Angeli: *Perspektivregeln und Bildgestaltung bei Piero della Francesca*, München 1990.

Juvenal: *Satiren*, lateinisch-deutsch, hrsg. von Joachim Adamietz, München, Zürich 1993.

Kant, Immanuel: *Gesammelte Schriften*, hrsg. von der Königlich Preußischen Akademie der Wissenschaften, Berlin 1902 ff.

Kleist, Heinrich von: *Über das Marionettentheater*, in: *Sämtliche Werke und Briefe*, Bd. 3, hrsg. von Helmut Sembdner, 2., vermehrte und auf Grund der Erstdrucke und Handschriften völlig revidierte Aufl. München 1962, S. 338-345.

Kluge, Friedrich: *Etymologisches Wörterbuch der deutschen Sprache*, 18. Aufl., bearbeitet von Walther Mitzka, Berlin 1960.

Knill, Marcus: *Notlügen, Höflichkeit, Beschönigungen, Übertreibungen*, in: *Kommunikation und Lüge*, http://www.rhetorik.ch/Wahrheit/Wahrheit1.html.

Krüger, Gerhard: *Einsicht und Leidenschaft.* Das Wesen des platonischen Denkens, 4. Aufl. Frankfurt a. M. 1973.

Kumschick, Hans: *Problematik um die Maßästhetik. Fragen zu harmonischen Proportionen und zum Goldenen Schnitt*, in: Karen Gloy (Hrsg.): *Kunst und Philosophie*, Wien 2003, S. 145-182.

Lange, Konrad: *Das Wesen der Kunst*, Bd. 1, Berlin 1901.

Laskowski, Birgit: *Piero della Francesca.* 1416/17-1492, Köln 1998.

Longhi, Roberto: *Piero de' Franceschi*, Rom 1927, deutsche Ausgabe *Piero della Francesca: Fresken*, Stuttgart 1949.

Luserke-Jaqui, Matthias: *Friedrich Schiller*, Tübingen, Basel 2005.

Lüttenberg, Beate, Ferrari, Arianna, Ach, Johann S. (Hrsg.): *Im Dienste der Schönheit?* Interdisziplinäre Perspektiven auf die Ästhetische Chirurgie, Berlin 2011.

Mainzer, Klaus: *Symmetrie und Symmetriebrechung.* Von der Urmaterie zu Kunst und Leben, in: Karen Gloy (Hrsg.): *Kunst und Philosophie*, Wien 2003, S. 183-200.Zähle, Basel, Boston, Berlin 1991.

Mandelbrot, Benoît B.: *Les objets fractals*: forme, hasard et dimension, Paris 1975.

Mandelbrot, Benoît B.: *Die fraktale Geometrie der Natur* (Titel der Originalausgabe: *The Fractal Geometry of Nature*, New York 1977), übersetzt aus dem Englischen von Reinhilt

Mann, Katia: *Meine Ungeschriebenen Memoiren*, Frankfurt a. M. 1974.

Mann, Thomas: *Der Tod in Venedig* und andere Erzählungen, Frankfurt a. M., Hamburg 1954, wiederholte Aufl. 1959.

Mann, Thomas: *Der Zauberberg*, Roman, 8. Aufl. Berlin, Frankfurt a. M. 1965.

Mann, Thomas: *Gesammelte Werke* in dreizehn Bänden, 2., durchgesehene Aufl. Frankfurt a. M. 1974.

Martínková, Irena: *Three Interpretations of Kalokagathia*, in: *Körper im Kopf.* Antike Diskurse zum Körper. Vorträge gehalten im Rahmen der 8. Grazer Althistorischen Adventsgespräche am 18. Dezember 2008, hrsg. von Peter Mauritsch, Graz 2010, S. 17-28.

Meier-Graefe, Julius: *Impressionisten*, 2. Aufl. München, Leipzig 1907.

Metzger, Wolfgang: *Gesetze des Sehens*, 3. Aufl. Frankfurt a. M. 1975.

Mons, Mona, Tacheron, Isabelle: *Schön wär's!* Junge Frauen zwischen Idealvorstellungen und Realität, Lucerne University of Applied Sciences and Arts, Luzern 2015.

Nehamas, Alexander: *Only a Promise of Happiness.* The Place of Beauty in the World of Art, Princeton, Oxford, Princeton University Press 2007.

P. Ovidi Nasonis *Metamorphoseon* libri quindecim/ Metamorphosen in fünfzehn Büchern von P. Ovidius Naso, lateinisch-deutsch, Stuttgart 1994, 2010.

Panofsky, Erwin: *Sinn und Deutung in der bildenden Kunst* (Titel der Originalausgabe: *Meaning in the Visual Arts*), Köln 1975.

Pausanias des Periegeten *Beschreibung von Griechenland,* ins Deutsche übersetzt von Hans Reichardt, 2. Abteilung, Bd. 9, Stuttgart 1855.

Perpeet, Wilhelm: *Ästhetik im Mittelalter*, Freiburg, München 1977.

Perrault, Claude: *Ordonnance des ciqe espèces de colonnes selon la Méthode des anciens*, Paris 1683.

Perrett, D. I., May, K. A., Yoshikawa, S.: *Facial shape and judgements of female attractiveness,* in *Nature*, Bd. 368 (1994), S. 239-242.

Perrett, D. I., Lee, D. I., Pennon-Voak, I., Rowland, D., Yoshikawa, S., Burt, D. M., Henzi, S. P. , Castles, D. and Akamatsu, S.: *Effects of sexual dimorphism on facial attractiveness*, in: *Nature*, Bd. 394 (1998), S. 884-887.

Piero della Francesca: *Trattato d'abaco.* Dal Codice Ashburnhamiano 280 (359-291) della Biblioteca Medicea Laurenziana di Firenze, a cura di Gino Arrighi, Pisa 1970 (Testimonianze di storia della scienza, 6).

Piero della Francesca: *De prospectiva pingendi*, hrsg. von Giusta Nicco Fasola, 3 Bde., Florenz 1984 (Manuskript Reg. A 41/2, Biblioteca Panizzi, Reggio Emilia).

Piero della Francesca: *Libellus de quinque corporibus regularibus*, hrsg. von Cecil Grayson, Marisa Dalai Emiliani, Carlo Maccagni, Florenz, Giunti 1995 (Manuskript Urb. Lat. 632, Biblioteca Apostolica Vaticana Rom).

Platen, August von: Tristan in: *Gesammelte Werke* in einem Band, Stuttgart, Tübingen 1839, S. 29.

Platon: *Sämtliche Werke*, in der Übersetzung von Friedrich Schleiermacher und Hieronymus Müller, hrsg. von Walter F. Otto, Ernesto Grassi, Gerd Plamböck, 6 Bd., Reinbek b. Hamburg 1957 ff, wiederholte Aufl. 1961.

POxy: Oxyrhynchus Online, New light on the Narcissus myth: P.Oxy. LXIX 4711, http://www.papyrology.ox.ac.uk/Poxy/papyri/4711.html.

Renger, Almut-Barbara (Hrsg.): *Mythos Narziß*. Texte von Ovid bis Jacques Lacan, Leipzig 1999.

Renger, Almut-Barbara (Hrsg.): *Narcissus.* Ein Mythos von der Antike bis zum Cyberspace, Stuttgart, Weimar 2002.

Richter, Klaus: *Die Herkunft des Schönen*. Grundzüge der evolutionären Ästhetik, Mainz 1999.

Rilke, Rainer Maria: *Duineser Elegien*, in: Werke. Kommentierte Ausgabe in 4 Bdn., hrsg. von Manfred Engel, Ulrich Fülleborn, Horst Nalewski, August Stahl, Frankfurt a. M., Leipzig 1996, Bd. 2.

Ringleben, Joachim: *Woran stirbt Narziß? Widerhall und Spiegelbild als tödlicher Schein.* Zum Liebestod von Echo und Narziß (Ovid, Metam. III, 339-510), Göttingen 2004 (Nachrichten der Akademie der Wissenschaften zu Göttingen. I. Philologisch-historische Klasse).

Schiller, Friedrich: *Sämtliche Werke*, auf Grund der Originaldrucke hrsg. von Gerhard Fricke und Herbert G. Göpfert in Verbindung mit Herbert Stubenrauch, München 1958 f.

Schlagmann, Alfred: *Zur Rehabilitation von Narciss* – Mythos und Bericht, in: *Integrative The-*

rapie – Zeitschrift für vergleichende Psychotherapie und Methodenintegration, Bd. 34 (2008), S. 443-464.

Schmitz, Hermann: *System der Philosophie*, Bd. 1 ff., Bonn 1964 ff.

Schmitz, Julia: *Auf die Leinwand gespuckt*, in: Schirn Mag, 13. April 2017, https://www.schirn.de/magazin/kontext/richard_gerstl/richard_gerstl_aesthetik_des_haesslichen/.

Seitter, Walter: *Piero della Francesca*. Parallele Farben, Berlin 1992.

The Oxyrhynchus Papyri, Bd. LXIX, ed. with Translation and Notes by Nikolaos Gonis, Dirk Obbink, Daniela Colomo, Giovan Battista D'Alessio, Alberto Nodar, London 2005.

Thukydides: *Historiae*, 2 Bde., hrsg. von Henry Stuart Jones, mit Korrekturen von John Enoch Powell, Oxford 1942/1963.

Wankel, Hermann: *Kalos kai agathos*, Diss. phil. Würzburg 1961.

Weiler, Ingomar: *Das Kalokagathia-Ideal und der ‚hässliche' Athletenkörper*, in: *Körper im Kopf*. Antike Diskurse zum Körper. Vorträge gehalten im Rahmen der 8. Grazer Althistorischen Adventsgespräche am 18. Dezember 2008, hrsg. von Peter Mauritsch, Graz 2010, S. 95-119.

Welsch, Wolfgang: *Unsere postmoderne Moderne*, Weinheim 1987.

Wenzel, Horst: *Hören und Sehen*. Zur Lesbarkeit von Körperzeichen in der höfischen Literatur, in: Helmut Brall, Barbara Haupt und Urban Küsters (Hrsg.): *Personenbeziehungen in der mittelalterlichen Literatur*, Düsseldorf 1994, S. 191-218.

Wittkower, Rudolf: *Grundlagen der Architektur im Zeitalter des Humanismus* (Titel der Originalausgabe: *Architectural Principles in the Age of Humanism*, 1949, 3., rev. Aufl. London 1962), aus dem Englischen von Georg Leser, 2. Aufl. München 1990.

Wolf, Naomi: *The Beauty Myth*. How Images of Beauty are used against Women, 2. Aufl. New York 2002.

Wolfram von Eschenbach: *Parzival*, hrsg. von Karl Lachmann, 6. Aufl. Berlin, Leipzig 1926, unveränderter photomechanischer Nachdruck 1962.

Wuthe, Elisabeth Hermine: *Die schönen Männer im Mittelalter*, Wien 2008.

Xenophon: *Opera omnia*, 5 Bde., hrsg. von Edgar Cardew Marchant, Oxford 1900-1920.

Zangwill, Nick: Beauty. Chapter 18, in: *The Oxford Handbook of Aesthetics*, hrsg. von Jerold Levinson, Oxford, Oxford University Press 2004, S. 225-343.

Index

Personen

Sachen